AF577466

GISELA SCHINZEL-PENTH

Sagen und Legenden

um Miesbach, Schliersee, Tegernsee und Holzkirchen

Sagen und Legenden um Miesbach, Schliersee, Tegernsee und Holzkirchen

Gebiet des Landkreises Miesbach

gesammelt und neu erzählt von Gisela Schinzel-Penth
Federzeichnungen von Heinz Schinzel

AMBRO LACUS BUCH – UND BILDVERLAG MÜNCHEN

Bewohner des Gebirgs aus der Gegend von Audorf – Bayrischzell und der Kaiserklause (Valepp). Johann Georg von Dillis vor 1801

Titelbild: Almhütte vor Wendelstein. Aquarell von Wilhelm v. Kobell vor 1805

Deutsche Nationalbibliothek-Einheitsaufnahme
Schinzel-Penth, Gisela
Sagen und Legenden um Miesbach, Tegernsee, Schliersee und Holzkirchen
Gebiet des Landkreises Miesbach
Gesammelt u. neu erzählt von Gisela Schinzel-Penth
Cover, Layout und Gesamtgestaltung Heinz Schinzel
38 Illustrationen von Heinz Schinzel, 16 Illustrationen von Josef Hatzl
sowie viele alte Abbildungen

Ambro Lacus, Buch- und Bildverlag – München 2024 – www.ambrolacus-verlag.de

ISBN 3-921445-46-4
Druck: Druckerei und Verlag Steinmeier GmbH & Co. KG – Deiningen

Inhalt

Auf der Gaisalm.

Ölgemälde von Wilhelm von Kobell um 1826

Hinweis: Die Rechtschreibung wurde bei alten Dokumenten und Quellen (außer bei besonders alten) behutsam der neuen Schreibweise angepasst. Die Sagen und Legenden um Dietramszell, Sachsenkam und Reutberg, obwohl teilweise auch den Landkreis Miesbach betreffend, sind in meinem Buch „Sagen und Legenden um Tölzer Land und Isarwinkel" zu finden.

Vorwort und Danksagung

Die Geschichte der Großen und Mächtigen dieser Welt ist in zahlreichen Büchern und Dokumenten überliefert; die der Bevölkerung wurde früher meist nur mündlich in den Familien von den Großeltern den nächsten Generationen weitererzählt. Was die Menschen, beispielsweise im Dreißigjährigen Krieg, erlebten und erlitten, wo sie damals ihre Wertsachen versteckten, wie sie versuchten sich vor schrecklichen Seuchen zu schützen, all das wurde oft nur mündlich in Sage und Legende weitergeben. Diese Geschichten und Überlieferungen sind aber nicht weniger interessant und sie enthalten fast immer einen wahren Kern.

J. N. Sepp schreibt schon 1856: *Unsere Zeit verwischt so viel von dem, was unsere Vorfahren erfreut und bewegt hat. Und doch dürfen wir den Zusammenhang mit der Vergangenheit unserer Heimat nicht verlieren, wollen wir nicht auf der eigenen Heimaterde Fremdlinge sein.*

Die Bedeutung dieses „Zusammenhanges mit der Vergangenheit" wird vielen Menschen immer mehr bewusst. Das zeigt sich in dem Interesse für Heimat- und Sagenbücher. Als Sagenforscher und -sammler kann man sich der Unterstützung durch die Einheimischen bei der Suche nach alten Überlieferungen sicher sein, wenn leider heute viel Wissen über frühere Zeiten schon in Vergessenheit geraten ist. Das Echo auf meine bisherigen Sagenbücher ist so erfreulich, dass ich mich in meiner Arbeit bestärkt sehe. Immer wieder bekomme ich Anrufe oder Briefe, in denen die Leute mir weitere Sagen und Geschehnisse berichten, die in die vorhandenen Sammlungen über die einzelnen Gebiete noch aufgenommen werden können, vielen Dank.

Allen, die mir bei meinen Nachforschungen behilflich waren, die mir geduldig die einzelnen Orte, wo die Geschichten spielen, gezeigt haben (auch wenn sie dabei durch unwegsames Gelände gehen oder durch dichtes Unterholz zum Eingang eines unterirdischen Ganges schlüpfen mussten), allen, die mir die Erzählungen aus alter Zeit, an die sie sich noch erinnern konnten, geduldig mitgeteilt haben, mich mit Menschen bekannt gemacht haben, „die auch noch etwas wissen könnten“, allen Leitern von Archiven oder Heimatzeitungen, die mich stundenlang in ihren Schätzen stöbern ließen, möchte ich hier meinen Dank aussprechen.

Dieser gilt besonders Josef (Sepp) Hatzl aus Bruck, dessen heimatkundliches Wissen sowie seine Recherchen, Schriften und Fotos über das Gebiet um Miesbach, Irschenberg und Weyarn, als wertvolle Beiträge dieses Buch bereichern, wie auch die von Benno (Beni) Eisenburg über das Gebiet von Gmund; er gilt dem Vermessungsdirektor a. D. Günther Koch, Dachau, und Dr. Katja Klee, Weyarn, die mit ihrem umfassenden historischen Wissen für wichtige Ergänzungen gesorgt haben; meiner Freundin Antonie Schuch, die das Manuskript lektoriert hat; allen, die mir alte Geschichten oder Überlieferungen von ihren Vorfahren erzählt, Texte oder Fotos beigesteuert haben:

Leonhard Wöhr, Weyarn; Veronika Eisenburg, Gmund; Werner Jennerwein-Pötzl, Holzkirchen; Pauline Brückl, Sachsenkam; Josefine Heuschneider, Dietramszell; Ludwig Rauch, Großseeham; Georg Staudinger, geb. 1899, Reichersdorf; Engelbert Reichersberger, Valley; Hans-Peter Haiptmeyer, Miesbach; Helga Gebhardt, Poing; Magdalena Bucher, Sandbichl; Heidi Strobl, Bad Tölz; Ulrike Hinüber, Mitterdarching; Maria Bartl, Gaißach; Marlies Storr, geb. 1900, Fischbachau; Katharina Reisberger, Fischbachau; Johann Seebauer, Thankirchen; Martina u. Andreas Ransberger, Feldschuster; Brigitte u. Rainer Küppers, Waakirchen; Georg Schmotz, Riedern; Katharina Demmel, Georgenried; Waldtraud Lettenbichler, Schlachtham.

Mein ganz besonderer Dank aber gilt meinem Mann Heinz Schinzel, der Zeichnungen und Fotos beigesteuert, mich unermüdlich bei meinen Recherchen begleitet und immer unterstützt hat.

Nur durch die Mithilfe von allen konnte dieses Buch entstehen.

Herbst 2024 Gisela Schinzel-Penth

Wie der Wendelstein zu seinem Namen kam

Vor Zeiten hausten in den Höhlen hoch oben am Wendelstein uralte Männlein und bewachten sorgsam die Schätze, die im Berg verborgen waren. Nur ganz selten gelang es einem Menschen, sie zu beobachten, wenn sie des Nachts aus ihrem unterirdischen Reich herauskamen und im Mondlicht zwischen den Felsen spazieren gingen.

Manchmal besuchten die Zwerge dann auch die hochgelegenen Almen, schlichen sich heimlich in eine Hütte und verrichteten dort Arbeiten, die deren Bewohner während des Tages nicht geschafft hatten. Sie räumten die Stube auf, machten Butter oder Käse, kochten das Essen für den nächsten Tag, kurz, sie halfen da, wo es notwendig war. Sie waren aber sehr scheu und wollten bei ihrem freundlichen Werk nicht beobachtet werden.

War eine Sennerin zu neugierig und schaute ihnen bei der Arbeit zu, dann kamen sie, wenn sie es bemerkten, nie mehr wieder auf diese Alm.

Besonders armen oder auch besonders fleißigen Menschen legten sie manchmal ein Geschenk hin, einen funkelnden Stein aus den Tiefen des Berges oder ein Stück Gold, das sie aus den Felsen herausgeschlagen hatten, denn sie hatten Mitleid mit den Armen und mochten die Fleißigen, weil sie selbst fleißig waren.

Die Almbewohner freuten sich über die Hilfe der Bergmännlein und über ihre Geschenke und achteten ihren Wunsch, nicht gesehen zu werden. Als einmal eine junge Sennerin einen besonders schönen Stein, der wie pures Gold glänzte, erhalten hatte, lief sie voller Freude ins Tal hinunter und zeigte ihn überall herum.

So gelangte die Kunde von dem wertvollen Geschenk auch in eines der Wirtshäuser im Umkreis und zu ein paar arbeitsscheuen, nichtsnutzigen Gesellen, die den ganzen Tag nur am Biertisch hockten und die Zeit totschlugen. Die wurden bei dieser Nachricht von Habgier gepackt und sahen eine Möglichkeit, ohne viel Mühe zu Reichtum zu gelangen.

Zwerg. Zeichnung von 1888. Monogrammiert C. G.

„Die Zwerge gehen mit den Schätzen im Berg schlecht um", meinte einer und lachte böse. „Es ist doch nutzlos, sie den Leuten auf den Almen zu schenken, die können eh nichts Rechtes damit anfangen. Bei uns wären sie viel besser aufgehoben!"

„Du hast recht!", stimmte ihm einer seiner Kumpane zu. „Ich glaube aber nicht, dass die Bergmännlein sie uns geben werden!"

„Wenn sie uns das Gold nicht freiwillig geben, dann müssen wir es uns eben selbst holen, ob ihnen das passt oder nicht!", erklärte ein anderer und erntete mit dieser Ansicht großen Beifall bei seinen Gesinnungsgenossen.

Schon am nächsten Tag, ganz früh morgens, dass ihnen nur ja keiner zuvorkommen konnte, stiegen die Männer auf den Berg und versteckten sich neben den schroffen Felsen oberhalb der Almhütte, wo sie nach den Erzählungen der Sennerin den Eingang ins Zwergreich vermuteten. In einem dichten Latschengebüsch, das sie völlig verbarg, warteten sie dann dort auf die Dunkelheit. Sie verhielten sich ganz still, um den Gnomen ihre Anwesenheit nicht zu verraten.

Es war schon kurz vor Mitternacht, als sie im fahlen Licht des Mondes sahen, wie sich mit einem Mal ein scheinbar undurchdringliches Gebüsch teilte und aus einer dahinter verborgenen Felsspalte mehrere Zwerge hervorkamen und lautlos zur Almhütte hinunterhuschten, wo sie ihr freundliches Werk verrichten wollten.

„Auf geht's!“, flüsterte einer der Männer triumphierend, als die Gnome außer Sicht- und Hörweite waren, „Jetzt holen wir uns die Schätze!“

Sie zündeten die mitgebrachten Lampen an und zwängten sich durch die enge Felsspalte. Aber, obwohl sie weit in das Innere des Berges vordrangen, konnten sie nirgends Gold finden.

„Verflucht!“ schrie einer zornig, „Wo haben die elenden Wichte ihre Schätze bloß versteckt?“

„Da, da ist etwas!“, rief ein anderer ganz aufgeregt. „Schaut her, hier ist das Gestein ganz anders, vielleicht ist hier Gold!“

Er hielt seine Lampe hoch, dass alle es sehen konnten.

„Hier ist der Fels eisenhaltig!“, stellte einer der Männer sachkundig fest, als er den Fund genau geprüft hatte. „Das ist besser als nichts. Mit dem Abbau von Eisen ist auch eine Menge Geld zu verdienen.“

Etwas enttäuscht, weil sie kein Gold gefunden hatten, aber doch einigermaßen zufrieden kehrten sie ins Tal zurück und versorgten sich dort mit den für ihr Vorhaben nötigen Werkzeugen. Am nächsten Tag stiegen sie schwerbeladen wieder auf den Berg, zwängten sich durch die Felsspalte und drangen bis zu der Stelle vor, wo das metallhaltige Gestein gewesen war. Zu ihrem größten Erstaunen aber fanden sie nur tauben Fels wie überall sonst. Die erzhaltige Ader war verschwunden, so als hätte es sie nie gegeben.

„Das kann doch nicht wahr sein!“ „So etwas gibt es doch nicht!“

„Genau hier war das Eisen, ich habe es mit eigenen Augen gesehen! Ich bin doch nicht verrückt!“

So schrien sie durcheinander und hackten in maßloser Enttäuschung wütend auf den Felsen ein.

„Ein Stein kann sich doch nicht über Nacht wandeln!“

„Vielleicht doch!“ gab einer zu bedenken. „Vielleicht ist er von den Zwergen verwandelt worden, weil sie ihre Schätze nicht hergeben wollen.“

Die anderen aber wollten davon nichts wissen und suchten stundenlang verzweifelt weiter. Aber es war umsonst. Das wertvolle Gestein war und blieb verschwunden. So mussten sie unverrichteter Dinge wieder abziehen und ihren Traum vom schnellen Reichtum aufgeben.

Von der Stunde an aber waren auch die freundlichen Bergmännlein verschwunden und wurden nie mehr gesehen. Vergeblich warteten die Almbewohner noch lange Zeit auf die nächtlichen Besuche der Zwerge, bis sie endlich einsehen mussten, dass diese nie mehr wiederkommen würden. Seit dieser Zeit heißt der Berg, auf dem sich die Geschichte zugetragen hat „Wandelstein“ und später „Wendelstein“. (Anmerkung 1)

Bergleute beim Schmelzen von Metallen. Holzschnitt von 1630

Der Schatz im Wendelstein

Hoch droben am Wendelstein, irgendwo in der oberen Wendelsteinhöhle, ist – so geht die Sage – ein unermesslich reicher Schatz verborgen.

Vor Urzeiten soll er einmal drei Schwestern gehört haben, denen aufgetragen war, ihn gerecht untereinander zu teilen. Nun war aber eines der Mädchen blind. Diesen Umstand machten sich die beiden anderen zunutze und betrogen sie bei der Teilung. Sie maßen nämlich das Geld mit dem Viertelmaß. Bei ihren eigenen Teilen machten sie das Maß ganz voll, wenn aber die Reihe an die Blinde kam, kehrten sie das Viertelmaß um, bedeckten bloß die Bodenvertiefung bis zum Rand mit Münzen und ließen die Schwester dann ganz scheinheilig mit den Händen darüberstreichen, so dass sie meinte, sie bekäme den gleichen Anteil wie die anderen.

Zur Strafe für diesen gemeinen Betrug wurde der Schatz in den Wendelstein verwünscht. Dort muss er sich noch immer befinden, denn bis heute hat ihn noch niemand gefunden. (Anmerkung 2)

Der Bauernknecht und die Hexe vom Wendelstein

Zu einer Zeit, in der viele Leute am Hungertuch nagten, in der ein Stück Fleisch rarer war als ein Stück Seide, und viele nicht wussten, wo sie für ihre Kinder das tägliche Brot hernehmen sollten, da hatte auch ein armer Bauernknecht aus der Gegend von Miesbach schon lange nichts Rechtes mehr in den Magen bekommen.

„Länger halte ich das nicht mehr aus“, dachte er und kaute, weil er sonst nichts zu Beißen hatte, verzweifelt auf einem Stück Leder herum, „ich geh' zur Resl auf die Alm am Wendelstein. Sie ist zwar ein verrücktes Frauenzimmer, aber sie sieht mich gerne und gibt mir sicher etwas Käse zu essen und Milch zu trinken."

Er nahm Joppe und Hut und machte sich, obwohl es schon lange nach Mittag war, auf den langen und steilen Weg zur Hütte hinauf.

Der wurde ihm sauer genug, so ohne jegliche Stärkung. Manchmal wurde ihm ganz schwarz vor den Augen und er glaubte, seine Beine seien aus Watte und nicht mehr imstande, ihn zu tragen, so schwach war er vor Hunger. Dann erschienen vor seinem geistigen Auge ein Krug frischer, warmer Milch und ein großes Stück Käse. Nur der Gedanke an diese Köstlichkeiten, die ihn auf der Alm erwarteten, gab ihm die Kraft weiterzusteigen. Endlich, es war schon etwas dämmrig geworden, sah er die Hütte vor sich stehen.

„Nanu, warum hat die Resl denn kein Licht angezündet?", wunderte sich der Bursche. „Sie wird doch um diese Zeit noch nicht schlafen?" Er rüttelte an der Türe, die er verschlossen glaubte.

Aber sie öffnete sich unter seinen Händen mit einem unheimlichen Knarren und gab ihm den Blick in das Innere der Hütte frei. Es sah aus, als sei diese jahrelang nicht bewohnt gewesen: Spinnweben hingen von der Decke und eine dicke Staubschicht lag auf Tischen, Pfannen und sonstigen Gerätschaften und Möbeln.

„Na sowas", dachte der Bursche verblüfft und kratzte sich ratlos am Kopf. Nun fiel ihm auch ein, dass er auf der Weide kein Vieh gesehen hatte.

„Die Resl wird doch nicht schon wieder im Tal sein, es ist doch erst August, da ist sie doch sonst immer heroben auf der Alm!"

Kopfschüttelnd ging er in die Hütte hinein und suchte nach etwas Essbarem. Aber nicht einmal einen Kanten altes Brot hatte die verschwundene Sennerin dagelassen. Es gab nichts, womit er seinen knurrenden Magen hätte beruhigen können.

„Verflixt und zugenäht, so ein Pech auch!" schimpfte er vor sich hin. „Und ich Esel latsche umsonst den ganzen Weg herauf!"

Er trank von dem Brunnen vor der Hütte ein wenig kaltes Wasser und kletterte dann die steile, enge Treppe von der Stube in den darüberliegenden Heuboden hinauf, um dort zu übernachten, denn die Dunkelheit war inzwischen hereingebrochen und machte ihm den Abstieg ins Tal unmöglich. Trotz seines grimmigen Hungers schlief er alsbald vor Erschöpfung ein.

Plötzlich, es mochte wohl um die mitternächtliche Stunde sein, wachte er wieder auf, weil ihm mit einem Mal ein köstlicher Duft von gebratenem Fleisch in die Nase stieg und Geräusche wie von einem ausgelassenen Fest an sein Ohr drangen.

„Was ist denn da los?“ wunderte er sich. „Die Hütte war doch ganz verlassen! Hier geht's nicht mit rechten Dingen zu!“

Er lauschte erst eine Weile, dann drehte er sich vorsichtig, um ja nicht bemerkt zu werden, herum und spähte durch einen breiten Spalt im Bretterboden auf die darunterliegende Stube hinab. Da fühlte er, wie sich ihm die Haare einzeln auf dem Kopf sträubten und er glaubte, sein Herz müsse ihm stehenbleiben vor Entsetzen.

Die ganze Stube war in ein flackerndes rötliches Licht, wie bei einem Brand, getaucht, das von einem hellen Feuer auf der Herdstelle herkam. Unter schrillem Gelächter und ausgelassenem Gegröle drehten sich Männer und Frauen in wilden, verrückten Tänzen herum. Einige ritten auf Besenstielen, andere auf zottigen Ziegenböcken. Auch die Resl, die verschwundene Sennerin der Alm, war unter ihnen.

Alle hatten sie seltsame, altmodische Gewänder an, nur die Resl trug wie sonst ein Dirndl. Die Feiernden hatten alle einen eigenartig entrückten Ausdruck im Gesicht, der es entstellte und verzerrte und dadurch hässlich erscheinen ließ, auch wenn der Betreffende jung und hübsch war. Es war ganz unheimlich.

Am Herd aber stand ein riesiger Mann, vom Feuer gleichsam umlodert, dem aus der Stirne schwarze Hörner ragten und der der Herr über alle anderen zu sein schien. Mit teuflischem Grinsen drehte er einen Braten über dem Herd und begoss ihn von Zeit zu Zeit mit einer seltsamen Flüssigkeit, so dass er ganz eigentümlich, aber überaus köstlich roch.

„Hoffentlich knurrt mein Magen nicht so laut, dass sie mich bemerken“, fürchtete der heimliche Lauscher, „wer weiß, was sie dann mit mir anstellen!“

Als hätte er diesen Gedanken laut ausgesprochen, lachte da der Höllische am Feuer plötzlich höhnisch auf, schnitt ein großes Stück von dem knusprigen Braten ab, steckte es auf einen langen spitzen Stock und reichte es durch den breiten Spalt im Heuboden zu dem Burschen hinauf. Dabei wünschte er spöttisch:

„Guten Appetit!"

In tödlichem Schrecken, weil er sich entdeckt sah und nicht wusste, was nun mit ihm geschehen würde, wagte dieser nicht, die ungewünschte Gabe abzulehnen. Mit zitternden Fingern nahm er das köstlich duftende Stück Fleisch und legte es neben sich. Aber obwohl ihm das Wasser im Mund zusammenlief und sich sein ausgehungerter Magen völlig verkrampfte vor Gier, widerstand er doch tapfer der ungeheuren Versuchung, das Fleisch zu essen. Und das war sein Glück. Er hätte sonst zu den Verdammten unten in der Stube gehört.

Sei es, weil ihn das so viel Kraft gekostet hatte, dass es ihn völlig erschöpfte, sei es, weil ein heimlicher Zauber über ihn geworfen worden war, plötzlich wurden seine Augenlider schwer und er hörte den Hexenlärm nur noch wie ganz von ferne, bevor er in einen bleiernen Schlaf versank.

Am nächsten Morgen erwachte er frisch gestärkt, so als hätte er reichlich gegessen. Er erinnerte sich zwar an den Hexenspuk in der Nacht, glaubte aber, einen Alptraum gehabt zu haben. Da sah er neben sich ein großes Stück Fleisch liegen, dasjenige, das ihm der Höllische durch den Spalt heraufgereicht hatte. Nun wusste er, dass alles wahr gewesen war, was er gemeint hatte, im Traum erlebt zu haben, denn es war keineswegs ein köstlicher Braten, wie es ihm in der Nacht in seiner Verblendung geschienen hatte, sondern ein verschimmeltes, stinkendes Stück uralten Fleisches, das schon von Würmern zerfressen wurde.

Voller Ekel warf er den Braten fort und kehrte so schnell er konnte der Hexenalm den Rücken und rannte ins Tal zurück.

Von der Resl, der verschollenen Sennerin der Alm, aber hat niemand mehr etwas gehört. Sie war und blieb verschwunden.

Der unheimliche Tänzer auf der Mitter-Alm

Ein ähnlich unheimliches Erlebnis wie der Bauernknecht hatte auch einmal eine Sennerin auf der Mitter-Alm am Wendelstein. Johann Deisenrieder aus Elbach erzählte die Sage um 1908 so:

Einmal waren mehrere Senner und Sennerinnen auf der Mitter-Alm am Wendelstein zum „Hoagascht" beieinander. Da haben sie gesungen und getanzt bis spät in die Nacht. Auf einmal hörten sie einen Juchizer und zu gleicher Zeit trat ein unbekannter Jäger in die Hütte.

„So Jäger, jetzt nur glei tanzt!", riefen sie übermütig ihm zu und er tanzte mit der Sennerin dieser Alm. Als es schon dem neuen Tag zuging, gingen die übrigen Senner und Sennerinnen heim. Der Jäger blieb. Da g'wahrte sie zu ihrem Schrecken, dass er Bockfüße hatte. Der fremde Jäger war der Teufel. Sie wollte um Hilfe schreien, konnte aber nicht. Da trat plötzlich ein Priester ein, welcher auf dem Wege zum Wendelstein war, und der Teufel verschwand.

Ähnliche Geschichten werden vom Breitenstein, wo leichtlebige junge Leute am Schutzengelsamstag (Anmerkung 3) tanzten, und vom Schwarzenberg, wo die Senner und Sennerinnen den Fronleichnamssonntag nicht heilighielten und darum vom Teufel besucht wurden, erzählt.

Das Wetterloch im Wendelstein

Auf dem Gipfel des Wendelsteins befindet sich ein tiefes Loch im Felsgrund, das „Wetterloch". Es soll durch unterirdische Wasseradern mit dem Chiemsee in Verbindung stehen. Als Beweis für diese Sage erzählten die Leute, dass einmal eine Sennerin ihrer verirrten Kuh bis zum Gipfel des Wendelsteins nachgestiegen war, um sie dort zu melken. Da fiel ihr das Milchschaff aus Versehen in das tiefe Loch, das im Volksmund „Wetterloch“ heißt. Einige Zeit später, so wird weiter berichtet, fand man die Bretter des kleinen Holzfässchens im Chiemsee treibend wieder (Anmerkung 4).

Almhütte vor Wendelstein. Aquarell v. Wilhelm v. Kobell 1805

Wie die Kapelle auf dem Wendelstein entstand

Der Hauptgipfel des Wendelsteins wird durch eine kleine Kirche gekrönt. Sie wurde im Jahre 1718 von Georg Klarer, Sixbauer von Bayrischzell, erbaut, wie es heißt, „in Erfüllung eines Gelübdes“, weil seine Kuhherde bei einem schweren Gewittersturm heil geblieben war,

Der Legende nach befand sich aber schon viele Jahrhunderte vorher eine kleine hölzerne Kapelle dort oben, die von einem Bayrischzeller Bauern errichtet worden war, weil er die ruhelose Seele eines Urahnen erlösen wollte. Dieser hatte einst durch sein hartherziges Verhalten einen greisen Pilgersmann dazu gezwungen, in der lebensabweisenden Felsregion am Wendelsteingipfel zu hausen, weil er sich geweigert hatte, ihm Obdach zu gewähren, und ihn schroff von seiner Schwelle gewiesen hatte, als dieser demütig um Aufnahme gebeten hatte.

Zur Strafe für sein unmenschliches Verhalten, stürzte der Bauer von einem steilen Felsen des Berges zu Tode und musste seither umgehen, so lange, bis sich einer seiner Nachfahren dazu bereitfinden würde, auf dem Gipfel des Wendelsteins eine Kirche zu errichten (Anmerkung 5). Die Kirche wurde im Lauf der Zeit mehrmals restauriert und vergrößert und erfreut sich bei Wallfahrern aus weitem Umkreis großer Beliebtheit. (Anmerkung 6)

Diese Legende brachte im 19. Jahrhundert Elisabeth Gwendtner aus Gschwendt (Fischbachau) in Gedichtform. Dieses Gedicht war vertont und wurde früher als Lied gesungen.

Der Einsiedler auf dem Wendelstein

Am Wendlstoa z'höchst aufn Grat
steht iatza a Kapelln.
Wer aber z'erst hot drob'm loschiert,
dös will enk i vozähl'n:

Vor tausad Jahr da kimmt amoi
vom Welschland außa g'rennt
an alta Mo mit zrissni Schuach
und niemad hat'n kennt.

Und neamad hat'n b'halt'n will'n,
verdächti schaut a aus:
Eisgraue Haar, a zrissns G'wand
und bartat, dass a Graus.

Dä sitzt amoi bein Zellerbau'n
ganz trauri vor da Tür,
weil eam de christli Nächstenliab
wa z' Herz'n gangu schier.

Da schreit da Baur beim Fenschta raus:
Steig aufi dort an d' Wand,
da find'st Loschie und kost di nix
und siehst weit rum an Land!

Da Alt steht auf und draht si' um
und schaut eam scharf as G'sicht.
Da Baur dä schlagt sei Fenstal zua
und woaß nit, wia eam g'schiecht.

Und schnurgrad auf'n Wendlstoa
steigt iatz da Kuttnmo.
Is no koa Steig g'wen, - wia no grod
oas aufi kenna ko!

Und denascht hats da Alt damacht;
a Wunda is do gscheng;
denn wenn nix andas nimma hilft,
kimmt insa Herrgott zweng.

Und acht Tag drauf voziahlt's an Dorf
a Jaga scho fi gwiss,
dass a da Wand vom Wendlstoa
a hilzas Hüttl is.

A Oasiedl, a olta Mo
hat eam an Segn dort geben.
Dä müasst, des kunnt nit andascht sei,
vo Gras und Raut'n lebn.

Do han dö Leut von ganz'n Gau
nauf ganga Wallfahrt aufn Stoa
und ham dort Trost und Christenlehr
mit hoambracht groß und kloa.

Da Zellerbaur hat's a probiert,
dort oba an da Wand,
da drahtsn um und wirftn o;
Nix find ma was sei G'wand.

Nach tausad Jahr erscht hat sei Seel
a Ruah kriagt drunt an Gram,
wia Zellabuam Kapelln eam baut
am Wendlstoa drobn ham. –

Leut, mirkts enk: Wann oas nix gleichsiecht
a diemoi auf da Welt,
es ko drum do was Rars dro sei',
danach dass hi' werd gschtellt!

Seit dass si' hat da heili Mo
vo' Gras und Raut'n g'nährt,
werd dös sell Kraut an ganzn Land
als wia a Gweichts verehrt.

Der Tatzelwurm auf dem Sudelfeld

Einst soll auf dem Sudelfeld ein „Tatzelwurm“, ein grauenhaftes Untier, sein Unwesen getrieben haben. Der Überlieferung nach soll er wie eine Mischung von Drache und Seeschlange ausgesehen haben. Er machte die ganze Gegend unsicher, fraß das Vieh auf der

Sonnleiten oder auf dem Wendelstein und nicht selten sogar einen unvorsichtigen Almbewohner.

Einmal soll das Ungeheuer in seiner unstillbaren Fressgier einen Sack mit Kreide erwischt und verschlungen haben und daran verendet sein. (Anmerkung 7)

Anastasia Staudacherin aus Bayrischzell.
Bild von Lorenz Quaglio um 1825

Der verhängnisvolle Schneefall im Sommer

Zu Beginn des 19. Jahrhunderts soll es einmal mitten im Sommer, am 25. Juli, einen ganz unerwarteten Wintereinbruch im Gebirge gegeben haben. Wie es heißt, fiel der Schnee in solchen Massen vom Himmel, dass die Bauern ihr Vieh, so rasch sie konnten, von den Almen holten.

Die Sennerin auf der Bacher-Alm wollte aber ihre Hütte nicht so überstürzt verlassen und erst noch ordentlich aufräumen. Das war ihr Verhängnis, denn die Bacher-Alm wurde von einer Lawine verschüttet, und die Sennerin fand darin den Tod.

Das Gespenst auf der Almhütte Kloaschau

Auf der fast 900 m hoch gelegenen Almhütte Kloaschau am Hausberg bei Bayrischzell war es früher nicht geheuer. Wie es heißt, trieb dort ein Poltergeist sein Unwesen. Es soll sich dabei um einen verstorbenen Senner gehandelt haben, der auf der Alm von einem wildgewordenen Stier totgestoßen worden war und aus irgendeinem Grund keine Ruhe in seinem Grab fand. Im Herbst, als das Vieh schon ins Tal getrieben worden war, kehrte er auf die verwaiste Hütte zurück und werkte des Nachts dort herum. Mehrere Leute, die zufällig dort vorbeigekommen waren oder – von der Dunkelheit überrascht – dort übernachten wollten, wurden von ihm so erschreckt, dass sich bald niemand mehr in die Nähe traute.

Da beschlossen drei junge Männer, die nicht an Geister glaubten, aus Jux einmal eine Nacht dort zu verbringen und damit allen zu beweisen, dass die Geistergeschichten nur dummes Geschwätz waren. Sie versteckten sich auf dem Heuboden und harrten ungeduldig der Dinge, die da kommen sollten, von denen sie aber glaubten, dass sie nicht kommen würden.

Lange war alles still. Plötzlich aber, es mochte wohl Mitternacht sein, wurde es mit einem Mal ganz hell in der Hütte. Sie spähten vorsichtig durch das Heuloch und sahen zu ihrem Entsetzen den verstorbenen Senner im Herd Feuer anmachen und mit den Melkeimern herumhantieren, gerade so, als wäre er noch am Leben.

Den Burschen brach vor Angst der kalte Schweiß aus, und sie hielten den Atem an und wagten keinen Finger zu rühren, um nur ja nicht ihre Anwesenheit zu verraten. Plötzlich machte der Geist Anstalten, zum Heuboden hinaufzusteigen. Da hielt es die Drei nicht länger. In blinder Panik sprangen sie durch das Heuloch hinab, stürzten schreiend aus der Hütte und rannten nach Bayrischzell hinunter, wo sie, noch immer schreckensbleich, ihr Abenteuer erzählten.

Thannermühle bei Bayrischzell.
Aquarell von Johann Georg von Dillis um 1793

Der unselige Jäger am Soinsee

Zur Zeit, als das Land noch den Grafen von Waldeck gehörte, wirtschaftete auf der Soinalm, nahe dem Soinsee unterhalb der Ruchenköpfe im Rotwandgebiet, einmal eine schöne junge Sennerin, der alle Herzen zuflogen, weil sie so fröhlich und freundlich war. Sie war mit einem Holzknecht aus Aurach verlobt, der Sepp hieß. Dieser besuchte sie in den Sommermonaten, die sie auf der Alm war, so oft er nur konnte, obwohl der Weg sehr weit war.

Das Mädchen gefiel aber auch einem der Jäger des Waldeckers, die im Freudenbergjagdhaus wohnten. Auch er kam, so oft es sein Dienst zuließ, zur Soinalm und versuchte die schöne Sennerin für sich zu gewinnen. Er brachte Geschenke, machte ihr Komplimente und versprach ihr das schönste Leben, wenn sie ihn zum Mann nehmen wollte. Sie aber war ihrem Holzknecht treu, obwohl der ihr nicht so viel bieten konnte, und wies den Jäger ab.

„Wenn der Sepp nicht wär“, grollte der Verschmähte innerlich, „dann würde sie mich schon mögen!“

Böse Gedanken nahmen seinen Sinn gefangen und ließen keinen Platz mehr für sein besseres Ich. Er beschloss, sich seines Nebenbuhlers zu entledigen, auch wenn er ihn umbringen müsste, um ihn loszuwerden. Als es ihm trotz aller Mühe nicht gelang, den Holzknecht beim Wildern zu erwischen, wo er ihn ohne viel Federlesens einfach hätte erschießen können, entschied er:

„Dann muss ich die Sache eben selbst in die Hand nehmen. Länger will ich nicht mehr warten!“

In einer Gewitternacht, in der Sturm und Donnergrollen alle anderen Geräusche übertönten, lauerte er dem Holzknecht am Soinsee auf. Als dieser bald darauf ahnungslos vorüberkam. sprang der Jäger aus seinem Versteck hervor und erstach den völlig Überraschten mit seinem Hirschfänger. Dann rollte er den Sterbenden an den Felsenrand und stürzte ihn in den See hinab, wo er im tiefen Wasser verschwand.

Nach dieser furchtbaren Mordtat wusch er sein Messer und seine Hände im See und stieg dann, so als wäre nichts geschehen, zur Almhütte hinauf. Doch so schön er der Sennerin auch tat, sie wies ihn wieder ab und sagte:

„Gib' doch endlich Ruh', du weißt doch, dass ich schon einen Schatz habe, den Sepp!"

Da packte den Jäger blinde Wut und er schrie:

„Dann geh' doch zu deinem Schatz! Den kannst du im Soinsee suchen!"

Als das Mädchen das wild verzerrte Gesicht des Mannes bei diesen Worten sah, wurde es von einer schrecklichen Ahnung erfasst. Es sprang auf und rannte, von furchtbarer Angst getrieben, zum Wasser hinunter, ohne auf Blitz, Donner oder Regen zu achten. Da erblickte sie schon von weitem den Hut des Holzknechtes am Rand des Sees und als sie nahe genug war, eine Blutlache und Schleifspuren.

„Sepp, Sepp!", schrie sie voller Verzweiflung und die Angst krampfte ihr die Brust zusammen, dass sie kaum zu atmen vermochte. „Sepp, wo bist du?"

Doch als Antwort bekam sie nur das Tosen des Sturmes, der das Wasser gegen die Felsen peitschte, und das Grollen des Donners. Da stürzte sie sich, ganz außer sich vor Kummer, mit dem Ruf

„Warte, Sepp, ich komm' zu dir!", in den See hinab und wurde gleich darauf von dem schäumenden Wasser verschlungen.

Der Jäger war ihr zwar gefolgt, hatte sie aber nicht mehr zurückhalten können. Nun stand er wie versteinert und konnte das Geschehene nicht fassen. Erst jetzt kam ihm zum Bewusstsein, dass er nicht nur seinen Nebenbuhler ermordet hatte, sondern auch die Sennerin in den Tod getrieben hatte.

Diese Last auf dem Gewissen nahm ihm jede Freude am Leben. Wohl kam die Mordtat vor kein irdisches Gericht, denn niemand hatte ihn gesehen und hätte sie ihm nachweisen können, aber er fand seine Strafe in sich selbst. In stummer Verzweiflung sonderte er sich fortan von den anderen ab, blieb immer allein und in sich gekehrt, ein mürrischer Einzelgänger, mit dem niemand viel zu tun haben wollte. Wie es heißt, hat er nie mehr im Leben gelacht.

Immer aber, wenn sich seine furchtbare Tat jährte, kehrte er zum Schauplatz des Mordes zurück und starrte in dumpfer Verzweiflung stundenlang in das tiefe Wasser hinab, das die zwei Menschen barg, deren Leben er zerstört hatte. Eines Tages konnte er mit dieser Schuld, die ihn wie eine Zentnerlast zu Boden drückte, nicht mehr länger leben und erhängte sich am Rand des Sees an einer alten Tanne.

Aber auch im Jenseits fand er keine Ruhe. In hellen Nächten, wenn sich der Vollmond als runde Scheibe im Wasser spiegelt, kann man ein geisterhaftes Stöhnen und Klagen vom See her vernehmen, so traurig, dass einem selbst ganz beklommen ums Herz wird. Das kommt, so heißt es, von dem unglücklichen Jäger, der noch in der Ewigkeit seine Tat bejammert.

Das Wilderer-Kreuz bei Bayrischzell

Auf der Oberen Klarer-Alm bei Bayrischzell steht auf einem Felsen ein schmiedeeisernes Kreuz, das an einen hier um 1900 zu Tode gekommenen Wilderer erinnert. Sein Name und die Art, wie er ums Leben kam oder durch wen, ist nicht vermerkt.

Wildern galt früher beim Volk, das Berge, Wald und Wild für frei, also niemandem gehörig erachtete, auch wenn die jeweilige Obrigkeit das anders sah, nicht immer als Diebstahl.

Jagen von Wild zur Nahrungsbeschaffung – nicht aus Gewinnstreben – wurde als ein aus uralter Zeit überkommenes Gewohnheitsrecht angesehen. Darum galt der Wilderer, besonders im Gebirge, wo er große bergsteigerische Fähigkeiten, Geschicklichkeit und viel Mut zeigen musste, beim Volk oft als Held, der Jäger hingegen, der ihn verfolgte, manchmal stellte und in den Tod trieb, als Feind (Anmerkung 8).

Bayrischzell im 19. Jahrhundert.

Der ruhelose Pfarrer im Seeberg

Zu Beginn des 19. Jahrhunderts starb in Elbach ein Pfarrer, der, warum weiß niemand mehr, keine Ruhe in seinem Grab finden konnte.

Jedes Jahr an seinem Todestag raste er um Mitternacht in einer Kutsche mit feurigen Schimmeln mehrmals um den Elbacher Pfarrhof. Sein Eintreffen wurde immer durch einen gewaltigen Sturm, der sich ganz plötzlich aus dem Nichts erhob und nach dem Verschwinden des Spuks ebenso plötzlich wieder legte, angekündigt. Kein Elbacher traute sich in dieser Nacht aus dem Haus.

Da beschloss der neue Pfarrer, angesichts der Ängste seiner Kirchengemeinde, den Geist zu bannen. Am nächsten Todestag seines Amtsvorgängers versammelte er sich mit ein paar Bauern, die den Mut dazu aufgebracht hatten, im Pfarrhof und harrte mit ihnen der Dinge, die da kommen sollten.

Als sich um Mitternacht das Erscheinen des Geistes durch den Sturmwind ankündigte, erklärte der Pfarrer, er werde hinausgehen und ihn bannen. Die Bauern aber sollten die Türe hinter ihm ganz fest zu machen und unter keinen Umständen öffnen, bevor er ihnen den Befehl dazu gebe. Und sie sollten alle ganz fest und andächtig beten. Dann nahm er sein Kreuz, Weihwasser und Gebetbuch und trat vor die Türe. Wie es ihm gelang, den Spuk zu beenden, weiß niemand genau. Tatsache aber ist, dass der Geist seither nie mehr gesehen wurde.

Wie es heißt, hat ihn der Pfarrer in den Seeberg hineingebannt, von wo aus er die Kirche von Elbach, seinen früheren Wirkungskreis, sehen könne. Später wurde auf dem Felsen am Seeberg, der „Bloak" genannt wird und der die Form einer Monstranz hat, ein Kreuz aufgestellt. (Anmerkung 9)

Der Geist bei der „Schanz" an der Grenze

Zu Beginn des 20. Jahrhunderts berichtete Margarethe Auracher aus Geitau von folgender seltsamen Begebenheit:

Der Gemeindediener Deil von Geitau erzählte mir nachstehende Geschichte, die er von alten Veteranen des Jahres 1809 gehört hatte. Im Jahre 1809 kämpften die Bauern gegen die Österreicher. In der Nähe des Stockersees, südlich von Bayrischzell, zwischen Bayern und Tirol, wurden auf dem schmalen Sträßchen 3 Wälle aufgeführt, deren Spuren heute noch dort merkbar sind, um den Österreichern den Eintritt nach Bayern zu erschweren.

Diese Stelle heißt heutzutage noch die Schanz.

Zur Verteidigung derselben zogen zahlreiche Gebirgsschützen aus der Bayrischzeller Gegend und dem Leitzachtale dort hin. Als sie durch Bayrischzell marschierten, bestieg der damalige Pfarrkurat Adam Voeter den Kirchturm, um den Soldaten von dort aus den heiligen Segen zu spenden. Nur ein Schütze, der Forstwart Joseph Sollacher von Bayrischzell, wollte keinen Segen.

Er sagte: „Ich brauche keinen Segen; der hilft uns doch nichts!"

Deshalb schloss er sich auch dem Zuge der Schützen durch das Dorf nicht an, sondern schlich sich abseits der Straße längs des Seeberges zur Schanz. Doch plötzlich traf ihn eine Kugel, die ihm ein am Seeberg sich haltender Österreicher zuschickte. Sollacher wurde schwer verletzt und starb bald darauf. Alle anderen Gebirgsschützen aber, die den Segen empfangen hatten, kamen glücklich und ohne jede Verwundung wieder zurück. Einer von ihnen soll zwar in Gefangenschaft geraten, aber bald wieder befreit worden sein. Der Geist des erschossenen Sollachers soll zur Strafe für den Frevel noch jetzt bei der Schanz umgehen. (Anmerkung 10)

Der Kirchenbau in Bayrischzell

1736 wurde in Bayrischzell die Kirche neu erbaut. Der Legende nach hätte sie eigentlich in Osterhofen errichtet werden sollen. Doch dort ging das fromme Werk nicht recht voran. Immer wieder verzögerten Unfälle und andere Widrigkeiten den Bau.

Bald schlug sich ein Arbeiter mit der Axt in den Fuß, bald sprang einem anderen ein Scheit an den Kopf oder ein dritter hackte sich den Finger ab. Die Holzstücke, die bei der Arbeit abfielen, waren schon richtiggehend mit dem Blut der Zimmerer getränkt. Bald war ihnen nicht mehr ganz geheuer.

Da sahen sie zu ihrem Erstaunen, wie einige Vögel die mit Blut bespritzten Holzstücke aufnahmen und sie zu einer bestimmten Stelle in Bayrischzell trugen. Dieses ungewöhnliche Verhalten der

Tiere deuteten die Bauleute als einen Fingerzeig Gottes, dass die Kirche an dem von den Vögeln angewiesenen Ort errichtet werden sollte. Darum wurde sie in Bayrischzell erbaut, und die Unfälle hatten von der Stunde an ein Ende. (Anmerkung 11)

Scheibenschießen in Fischbachau. Lorenz Quaglio um 1826

Das seltsame „Krapfenlicht" in Bayrischzell

Von einer eigenartigen Erscheinung, die im Ort früher zu beobachten war, berichtete 1912 Andreas Schweiger aus Bayrischzell:

Der Platz zwischen dem Schulhaus in Bayrischzell und dem Bernriederhaus links der Straße heißt „Krapfen". Noch vor 20 Jahren erblickten manche Leute dort öfters des Nachts ein Licht, das man nur das „Krapfenlicht" nannte. Man konnte es zu jeder Zeit, auch im Winter sehen. Rechts der Straße steht eine Kapelle. Von dort aus bewegte sich das Licht, neben der Straße wandelnd bis nach Osterhofen, wo es stets umwendete und zur Kapelle zurückkehrte. Das Lichtlein soll eine arme Seele gewesen sein, die ruhelos bis zu ihrer Erlösung hin und her wandeln musste.

Jetzt ist das Lichtlein nicht mehr zu sehen.

Der Spitzname der Bayrischzeller

Die Bayrischzeller werden von den Bewohnern der Nachbarorte manchmal mit dem Spitznamen „Zehahakler“ verspottet.

Wie es heißt, rührt der Name daher, dass einmal zwei Bayrischzeller die endgültige Entscheidung darüber, wer beim Fingerhakeln der Stärkere war, durch ein Zehenhakeln herbeiführten.

Die Wilde Jagd bei Osterhofen

Ein besonders unheimliches Erlebnis hatte einmal die Mutter des Andreas Schweiger aus Bayrischzell Mitte des 19. Jahrhunderts, als sie noch ein Kind gewesen war. Wie sie ihrem Sohn erzählt hat, war sie einmal mit ihren Eltern noch mitten in der Nacht unterwegs gewesen. Plötzlich hatte ein ohrenbetäubendes, immer lauter werdendes Brausen die Luft erfüllt, vermischt mit Pferdegetrappel und Gewieher, wilden Schreien und zornigen Rufen.

„Die Wilde Jagd!“, hatte die Großmutter entsetzt gerufen und ihrer Tochter verboten, hinzuschauen. Vor Furcht wie gelähmt waren alle in dem Wagen gesessen, während das Pferd das ihn zog, vor Angst gescheut hatte und versucht hatte, auszubrechen. Zum Glück sei aber das Gespensterheer (Anmerkung 12) „beim Lechner“ südlich von Osterhofen abgebogen und Richtung Seeberg weitergetobt, so dass der Familie nichts weiter passiert sei.

Stich von Johann Elias Ridinger v. 1744, Augsburg. Ausschnitt

Der Schatz im Mühltal bei Dorf

Die Sage von reichen Schätzen in den Bergen, insbesondere im Wendelstein, ließ den Menschen keine Ruhe und immer wieder versuchten sie, solche zu finden. Es ist schon ziemlich lange her, da lebte in Dorf bei Bayrischzell eine sehr reiche Bauernfamilie, die Sixtenleute. Sie nannten einen prachtvollen Hof, viele Felder, Wiesen und Wälder und eine Menge Vieh ihr Eigen. Wie bei einem Grafen, waren die Gewichte ihrer Standuhr aus gediegenem Silber, was den Neid und die Verwunderung aller hervorrief, die das wertvolle Möbelstück sahen.

Die Leute konnten sich den Reichtum des Sixtenbauern nur dadurch erklären, dass dieser eine geheime Schatzstelle in den Bergen kannte und von dort immer Nachschub holen konnte. Genährt wurde dieses Gerücht noch dadurch, dass mehrere Nachbarn die Sixtenbäuerin abends nach dem Gebetläuten, wo sich normalerweise kein braver Mensch mehr aus dem Haus begab, ins Mühltal hatten gehen sehen, von wo sie nach einiger Zeit zurückkehrte und etwas in ihrer Schürze trug, das ihren neugierigen Blicken entzogen war.

„Jetzt holt sie wieder Gold“, vermuteten sie und beschlossen, ihr auf solch einem Weg einmal heimlich zu folgen und so die Stelle, wo der Schatz verborgen war, auszukundschaften.

Als sich die Sixtenbäuerin eines Abends wieder auf ihren geheimnisvollen Weg machte, schlichen neun Bewohner des Dorfes vorsichtig hinter ihr her und hielten sich hinter Büschen und Felsbrocken verborgen, um nur ja nicht entdeckt zu werden. Die Frau ahnte nichts von ihren Verfolgern und ging zielbewusst zu einem bestimmten Platz im Mühltal, wo sie hinter einem riesigen Stein verschwand. Schon nach kurzer Zeit kam sie mit einer prall gefüllten Schürze wieder heraus und machte sich unverzüglich auf den Rückweg.

Mit angehaltenem Atem lagen ihre Verfolger im Gebüsch und wagten erst wieder, sich zu rühren, als sie außer Sichtweite war. Vorsichtshalber warteten sie noch eine Weile, dann stürzten sie aus ihrem Versteck hervor und rannten zu der Stelle, wo die Bäuerin hinter dem Stein verschwunden war. Zu ihrer grenzenlosen Enttäuschung aber konnten sie nirgends einen Schatz entdecken, nicht das kleinste Stäubchen Gold.

„Der Schatz liegt sicher unter der Erde, sonst hätte ihn ja schon früher einer gefunden!“, beruhigte einer der Männer seine enttäuschten Kameraden und fing an zu graben.

Mit Feuereifer folgten die anderen seinem Beispiel und bald hatten sie ein großes Loch im Boden ausgehoben, ohne aber auf einen Schatz gestoßen zu sein. Als sie einmal kurz verschnauften und sich den Schweiß von den Stirnen wischten, sahen sie plötzlich ein riesiges Ungetüm von Hund, das sich mit drohend gefletschten Zähnen, wild rollenden glühenden Augen und gesträubtem Fell vor der so mühsam ausgehobenen Grube niederließ und den Männern den Zugang verwehrte. Keiner hatte gesehen, woher der Höllenhund so plötzlich gekommen war, aber alle wurden von solch einem Entsetzen gepackt, dass sie Hals über Kopf davonstürzten, den Schatz Schatz sein ließen und froh waren, ihr Leben retten zu können.

Keiner wagte es später, das begonnene Werk fortzusetzen, denn jeder bangte um seine Seele.

Wie es heißt, ist aber von der Stunde an auch die Sixtenbäuerin nie mehr nach dem Gebetläuten ins Mühltal gegangen.

Sennerin auf der Zelleralm.
Zeichnung von Lorenz Quaglio um 1825

Wie die Wallfahrtskapelle bei Geitau entstand

Eine riesige, fast hundert Tagwerk große Wiese südlich von Geitau, vom Alpbach begrenzt, wird „Baumgarten" genannt. Vor langer Zeit behauptete einmal ein Knecht, der es im Mähen zu einer wahren Meisterschaft gebracht hatte, dass er imstand sei, dort ein über die ganze Fläche reichendes Andreaskreuz – also ein Kreuz in X-Form – stehen zu lassen und die Wiese sonst vollständig zu mähen.

„Dazu brauch' ich nur bis zum Mittag!", prahlte er.

Ein Bauer wollte das nicht glauben und wettete dagegen. Er setzte einen für den armen Knecht sehr hohen Preis aus, falls dieser das schier unmögliche Werk doch in einem halben Tag vollbringen sollte. Am nächsten Morgen versammelten sich der Bauer und einige Leute am Baumgarten, um dem Knecht bei der Einlösung der Wette zuzuschauen.

Dieser begann, nachdem ihm das Kommando zum Anfangen gegeben worden war, wie ein Wilder zu mähen. Unermüdlich schwang er die Sense und gönnte sich keine Pause, auch nicht, als die Sonne höher stieg und es immer heißer wurde.

Er aß nicht und trank nicht und setzte nicht ein einziges Mal aus, um sich den Schweiß von der Stirne zu wischen. Gleichmäßig wie ein Uhrwerk arbeitete er sich durch die Wiese, nur von dem Gedanken getrieben, die Wette und den Preis zu gewinnen.

Wenn seine Kraft zu erlahmen drohte und er glaubte, nicht mehr weiter zu können, sah er im Geist den Lohn für diese Arbeit vor sich, der es ihm ermöglichen würde, dem armseligen Knechtsdasein zu entrinnen.

Dann biss er die Zähne zusammen und zwang sich, weiterzumachen, auch wenn er schon kaum mehr Luft zum Atmen bekam und sein Herz sich schmerzhaft zusammenkrampfte. Kurz bevor die Glocken zur Mittagsstunde läuteten, hatte er es geschafft. Er ließ die Sense fallen und stieß einen lauten Jubelschrei aus, vor Freude darüber, dass er gewonnen hatte.

Dann brach er tot zusammen.

Zum Gedenken an dieses traurige Ereignis wurde am Baumgarten an der Stelle, wo er gestorben ist, die kleine Kapelle errichtet, die heute noch steht.

König Max II. im Kloohof bei Geitau

Eine heitere Begebenheit, die sich Mitte des vorigen Jahrhunderts zugetragen haben soll, berichtete Eduard Stemplinger in „Wir Altbayern“:

Als König Max II. bei seiner Alpenreise von Lindau nach Berchtesgaden in die Nähe des Wendelsteins kam, übernachtete die Hofgesellschaft auf dem Kloohof (Anmerkung 13) *bei Geitau. Am andern Morgen beklagte sich eine Hofdame, während der Nacht habe sie ein Floh nicht schlafen lassen. Das verdross den Herrenbauern arg und er sagte:*

„Ba ins geits koani Floich. Boist Du oan g'wahscht hast, is a aa vo Di.“ (Bei und gibt es keine Flöhe, falls Du einen gewahrt hast, ist er auch von Dir.)

Der gespenstische Schimmel am Kittenrain

Am Kittenrain soll es früher nicht ganz geheuer gewesen sein. Johann Schnitzenbaumer aus Hundham erzählte um 1912 folgende Begebenheit:

Als im Jahre 1856 mein Großvater von Birkenstein über den Kittenrain nach Geitau ging, erschien ihm um zwölf Uhr nachts ein schneeweißer Schimmel. Auf einmal verschwand der Schimmel und es kam so ein starker Wind, dass alle Bäume krachten. Den Groß-

vater überkam eine große Furcht und er fing an zu laufen, nach 1/4 Stunde war alles vorüber.

Wie es heißt, soll dieser gespenstische Schimmel noch einigen anderen Leuten am Kittenrain begegnet sein.

Federzeichnung von Heinz Schinzel

Der Geist an der Riederwiese bei Geitau

Mitte des vorigen Jahrhunderts war es eine längere Zeitspanne hindurch an der Riederwiese bei Geitau nicht geheuer. Immer wieder konnte man dort ein freischwebendes Lichtlein beobachten, dessen Ursache nicht zu erklären war. Einmal kam ein Mann aus Bayrischzell, namens Joseph Braun, an dieser Stelle vorüber und erblickte das seltsame Licht und, weil er ziemlich nahe war, auch ein kleines Kreuz darüber. Es wurde ihm ganz eigenartig zumute und er rief: „Wer bist du? Was willst du?“

Er erhielt jedoch keine Antwort. Er war ein furchtloser Mann, der mit beiden Füßen auf der Erde stand und nicht an Geister glaubte. Darum wollte er der Sache auf den Grund gehen und näherte sich vorsichtig der Erscheinung. Diese wich nicht zurück sondern verharrte reglos an der Stelle, an der er sie zu Anfang erblickt hatte. Da bekam er es doch mit der Angst zu tun, wandte sich um und rannte davon. Noch im Laufen fiel ihm ein, dass das Lichtlein vielleicht eine ruhelose Seele sein könnte, die sehnsüchtig auf Erlösung wartete. Da blieb er stehen, bekreuzigte sich andächtig und sagte: „Gelobt sei Jesus Christus!“ Im gleichen Augenblick verschwand das Licht und wurde fortan nie mehr gesehen. Wie es heißt, hatte sich an dem Platz, an dem es sich immer gezeigt hatte, einst ein Knecht durch Erhängen selbst das Leben genommen.

Der unselige Ritter am Rackasee

Folgende schaurige Sage erzählte Ende des 19. Jahrhunderts der Sagenforscher Dr. J. N. Sepp:

Am Gipfel des Breitensteins bei Fischbachau zunächst dem Wendelstein liegt der schauerliche Racha- oder Rackasee. Derselbe ist vertrocknet und verwachsen, die Stelle aber unterscheidet man genau wegen des sumpfigen Ringes.

Vor alters war dieser See weitum im Lande verrufen: Kein Vogel nahm darüber seinen Flug, kein Hirte wagte sich in seine Nähe, und fasste je einer sich ein Herz, so schaute er in der Tiefe eine versunkene Ortschaft, die Häuser samt der Kirche. Wenn es aber dunkelte, fing der See an zu tosen und zu brausen, besonders in den Rauchnächten. Erhob sich endlich ein Gewitter, so schlug der Blitz unter entsetzlichem Gekrache in die unheimliche Sinke.

Da sieht man oft einen wilden Reiter mit fliegendem Mantel vorüber sausen. Unter andern hatte ein Bauer da oben zu arbeiten als plötzlich der Reiter mit solcher Hast vorbeigaloppierte, dass die Steine unter den Hufen des Rosses aufflogen und einer sogar den arbeitenden Mann verwundete.

Die Umwohner sagen, das wird der Gutsherr des Schlosses sein, das hier ehemals gestanden, aber im See versunken ist.

Federzeichnung von Heinz Schinzel

Einmal kam zu der eine halbe Stunde davon gelegenen Schmiede mitten in der Nacht ein schwarz geharnischter Ritter und lud den Schmied ein, ihm den Weg nach dem Rackasee zu zeigen. Dem Schmied war es gar nicht heimlich zu Mute, der Ritter beschenkte ihn dafür mit einer Hand voll Geld.

Doch als sie nahekamen, erhob sich im See ein fürchterliches Tosen. Auf der Stelle ließ der Unbekannte den Schmied heimkehren, nur möge er nicht umschauen.

Kaum war der einige Schritte entfernt, so hörte er einen Lärm, als wenn die Welt unterginge. Nun konnte er sich nicht länger halten, kehrte sich um und sah den Ritter in feuriger Gestalt in den See hineinfahren, dass die hellen Flammen auffuhren. Der Schmied bekreuzigte sich und gelangte halbtot vor Schrecken nach Hause, wo es ihn auf das Krankenlager warf. Das empfangene Geld fand sich in Kohlen verwandelt. Und so oft der Mann vom Rackasee hörte, schlug er ein Kreuz über das andere. (Anmerkung 14)

Die furchtsamen Räuber am Breitenstein

Vor mehr als hundert Jahren gingen einmal zwei noch ganz junge Burschen auf den Breitenstein. Sie waren übermütig und voll überschüssiger Kräfte und wollten daher etwas anstellen.

„Komm', wir hängen alle Gatter aus und schleppen sie fort!“, meinte der eine. „Das gibt einen Mordsspaß!“

Der andere aber weigerte sich, weil er um das Vieh fürchtete. Als sie jedoch an ein ganz neues Gatter kamen, konnte auch er nicht widerstehen, half seinem Freund beim Aushängen des Gatters und schleppte es mit ihm ein Stück den Berg hinauf. Es wurde schon Abend, daher beschlossen sie, es auf einen Baum zu hängen. Mit vereinten Kräften zogen und schoben sie so lange, bis sie es schon fast oben hatten. Da näherten sich dem Baum plötzlich ein paar zwielichtige Gestalten. Weil es schon dunkel geworden war, sahen sie die Burschen mit dem Gatter, die oben im Baum hockten, nicht und unterhielten sich ganz ungeniert über einen Raubzug, den sie gerade gemacht hatten. Die zwei Freunde verhielten sich ganz still, umklammerten krampfhaft das Gatter und rührten sich nicht, um ihre Anwesenheit nur ja nicht zu verraten.

Den Räubern schien der Platz unter dem Baum als besonders geeignet, das gestohlene Geld zu zählen und machten sich mit Feuereifer ans Werk. So sehr sie sich auch bemühten, nach einiger Zeit konnten die Burschen das schwere Gatter nicht mehr halten. Es rutschte aus ihren Händen, sauste wie ein Fallbeil aus dem Geäst herab und schlug genau neben den Räubern auf dem Boden auf. Die erschraken so sehr, dass sie Hals über Kopf davonliefen und ihre ganze Beute zurückließen. So gelangten die beiden Burschen in deren Besitz und erzählten daheim ihren Familien diese etwas seltsame Geschichte, als sie nach der Herkunft ihres plötzlichen Reichtums gefragt wurden.

Die Wasserjungfrauen vom Auracher Moos

Früher war es im Auracher Moos nicht ganz geheuer. Es galt als besonders unheimlicher Ort mit seinem unsicheren, schwammigen Boden, seinen grundlosen Sümpfen und seinen tückischen Wasserlöchern. Mehrere Menschen, die es ahnungslos über die Gefahren, die dort lauerten, betreten hatten, wurden nie mehr gesehen.

Wie es heißt, wehte der Wind oft zauberhafte, verlockende Melodien vom Moor herüber, die in jedem, der sie vernahm, eine seltsame Sehnsucht erweckten, ihre Ursache zu suchen und so manch einen in das sumpfige Gelände und in den Tod lockten.

Ein Bursche aus der Umgebung, der sich oft beim Auracher Moos aufhielt, war von der süßen Musik so eingenommen, dass er sich mit der Zeit immer weiter in die Sümpfe hineinwagte, obwohl ihn die alten Leute des Dorfes, die um die tödlichen Gefahren wussten, eindringlich davor warnten. Der junge Mann fand jedoch jedes Mal wieder auf festen Boden zurück.

Einmal erzählte er mit verzückten Augen, es sei ihm gelungen, die Wasserjungfrauen, die so schön singen könnten, von weitem in zarten Nebelschleiern zu sehen. Sie hätten ihm freundlich zugewinkt und mit Gesten eingeladen, zu ihnen zu kommen. Voller Angst baten ihn alle, nicht mehr zu den Sümpfen und zu den Nixen zu gehen. Nach einiger Zeit aber konnte er der Verlockung nicht mehr widerstehen. Von unstillbarer Sehnsucht getrieben, folgte er den zauberischen Klängen wieder und wieder, bis er eines Tages von solch einem Gang nicht mehr zurückkehrte. Wie es heißt, haben ihn die Wasserjungfrauen in ihr Reich und damit ins nasse Grab in den Moorgewässern hinabgezogen.

Die versunkene Stadt im Auracher Moos

Vor Urzeiten soll einmal dort, wo sich heute das Auracher Moos befindet, eine Stadt gewesen sein. Wie es heißt, ist sie gänzlich in dem sumpfigen Gebiet versunken, warum weiß niemand mehr. Manche behaupten, man habe aus einzelnen dunklen Wassertümpeln vor langer Zeit noch Reste von steinernen Stufen heraufschimmern sehen, doch auch die seien inzwischen verschwunden. (Anmerkung 15)

Wie die Wallfahrtskirche Birkenstein entstand

Die Gründung der Wallfahrtskirche Birkenstein bei Fischbachau geht auf mehrere Wunder zurück:

„Wo heute Birkenstein steht, war einst ein mit Gras bewachsener Stein, der den Kindern als Spielplatz, den Erwachsenen als Heimgarten diente. In der Nähe stand eine Martersäule“.

Diese war im Jahr 1624 aufgestellt worden. Wohl im Jahr 1663 hatte der Pfarrvikar von Fischbachau, als er sich einmal dort zur Andacht aufhielt, eine Traumvision, in der ihm die Muttergottes erschien und ihm zusagte, dass alle Beter, die zu diesem Ort mit ihren Sorgen, Nöten und Anliegen kämen, ihre Gnade erfahren würden.

„Diesen Traum erzählte er Christoph Haffner, Hofmarkswirth, und Michael Müllauer, Witmössbauer, zwei christlichen Männern mit dem Ansuchen, ihm zur Erbauung einer Kapelle auf dem Birkensteine behilflich zu sein.“

Zu seinem nicht geringen Erstaunen erfuhr er von diesen beiden, dass sie etwa gleichzeitig mit ihm einen ähnlichen Traum gehabt hatten, in dem sie zahllose Wallfahrer zu einer Kirche auf dem Birkenstein hatten kommen sehen.

Die drei Männer beschlossen daraufhin, auf dem Birkenstein eine Kirche zu Ehren der Gottesmutter zu errichten. Kurze Zeit später starb der Pfarrvikar, die beiden anderen Männer wollten jedoch den beschlossenen Kirchenbau durchführen.

Michael Müllauer erwarb einen gotischen Altarschrein und die Marienstatue darin aus der Kirche von Fischbachau als Gegengabe für einen neuen barocken Marienaltar, den er dieser Kirche stiftete.

Der neue Pfarrvikar von Fischbachau aber gab seine Einwilligung zum Kirchenbau auf dem Birkenstein nicht, weil

„Maria sicher ein deutlicheres Zeichen als das eines Traumes kundtun könne, wenn sie auf dem Birkenstein eine Kapelle wünsche".

Da befiel ihn aus heiterem Himmel eine sehr schwere Krankheit, die ihn an die Schwelle des Todes brachte. In seiner Not versprach er daraufhin, den Kirchenbau auf dem Birkenstein zu unterstützen, wenn er nur wieder gesund würde. Schon am nächsten Tag war er auf wundersame Weise genesen, obwohl das seine Ärzte nicht für möglich gehalten hatten.

Auf dieses „deutliche Zeichen" hin, wurde im Jahr 1673 die Kapelle auf dem Birkenstein für etwa 10 -12 Personen errichtet und der Altar, den Müllauer erworben hatte, hineingestellt.

Der Schmied Georg Bernaier aus Fischbachau pflanzte um die kleine Kirche einige Birken, wodurch sie ihren Namen erhielt.

Bald schon konnte die Kapelle den Zustrom der Wallfahrer, die aus weitem Umkreis zu der Gnadenstätte kamen, nicht mehr fassen, darum wurde 1710 die neue, zweigeschossige Wallfahrtskirche erbaut, die zum großen Teil aus den Spenden der Gläubigen, die in Birkenstein Hilfe erfahren hatten, finanziert wurde.

1735 wurde die Kapelle bei einem schweren Unwetter vom Blitz getroffen und stark beschädigt, das Gnadenbild jedoch blieb unversehrt.

Junge Bäuerin aus Fischbachau.
Lorenz Quaglio um 1825

Die heilkräftige Quelle von Birkenstein

Dem Wasser von Birkenstein wird große Heilkraft zugeschrieben, vor allem bei Augenleiden. Im Ort erzählt man, dass es aus sieben Quellen gespeist wird.

„Bis 1936 lief eine der Quellen durch die Seitenwunde der Christusfigur der Pieta in der ersten Grabkammer. Nach Schäden an der Holzfigur wurde stattdessen 1942 der Rotmarmorbrunnen am äußeren Eingang zur Grabkapelle installiert“.

Im Jahre 1946 wurde ein von Geburt an blindes Kind sehend, nachdem ihm seine Mutter die Augen mit Wasser aus Birkenstein ausgewaschen hatte. Eine Votivtafel in der Kirche bezeugt dieses Geschehen. (Anmerkung 16)

Das Mädchen und der Wolf

Eine Sage, in der auch der Traum über Birkenstein eine Rolle spielt, bringt Franz von Kobell Mitte des 19. Jahrhunderts in Gedichtform:

Der Traam

Es hat amal a Dirndl traamt,
sie hätt'si in an Wald verganga,
und is ihr da, hat nie gwisst, wie,
a Grausn kemma und a Banga;
und wie sie si so gforchtn hat,
da hört s' in Laabern was rebelln,
und kimmt a Wolf nett auf sie her,
als wollt er ihr 'n Weg verstelln.

Und in der Angst, da hat sie globt,
zum Birkenstoa a Wallfahrt z'macha.
da is der Wolf gar gschwind davo,
sie hat scho gmoant, er hätt's in Racha –
Und wacht na auf und hat wohl gschnauft
und hat lang denkt an ihra Traama
und an den Wolf, und wie's wohl waar,
wann s' ebber amal so zammakaama,

Und ob s' die Wallfahrt macha sollt;
hätt s' freili grad in Traam versprocha,
in selli Sachn aber moant s',
da waar halt leichtli was verbrocha.
Sie fragt an Holzknecht, der hat oft
sei Retsl kocht in ihra Hüttn,
der aber is gwest a Teufisstrick,
koa Freund vom Betn und vom Bittn.

„Jetzt roas mit deiner Wallfahrt da,
so sagt er, „is da ja nix geschehgn,
was werst denn betn wegn an Wolf,
hast deiner Lebta no koan gsehgn.“ –
Des Dirndl aber, woltern frumm,
hat denkt, es kunnt ja nie nix schadn,
wann s' ebber gang; sie kaam so mehr
bei Unsrer Lieben Frau in Gnadn.

So geht s' halt hi zan Birkastoa
und tuat ihr Andacht wohl verrichtn,
und fröhli na geht s' wieder hoam,
hat denkt an manchi Wundergschichtn.
Und wia s' am Kuhzack auffikimmt,
da tuat der Holzknecht Baam ausstocka,
der lacht s' wohl aus und sagt dazua:
„Host oan dawischt, an Wunderbrocka?“ –

Kaam aber, dass des Wort heraus,
so rührn si die nächstn Boschn,
und wüti rumpit her a Wolf;
da is den oan der Muat verloschn.
Da san s' wohl gloffa alli zwee;
a Wolf kann aber besser laffa,
den kimmst nit aus, wann er grad mag,
hilft a koa Wihrn und a koa Raffa.

Und schau, den Dirndl tuat er nix,
des soviel frumm gwest in sein Gwissn,
den Holzknecht aber hat er packt
und hat 'n grausamli zerrissn. –
No heutgn Tags, wie alles geschehgn,
kost auf an gmoltn Taferl sehgn,
des hängt dort, in den heilign Haus
am Birkastoa in Gang heraus.

Der unterirdische Gang von Marbach

Vom Keller des historischen Gasthauses von Marbach, dessen Entstehung laut Sage bis ins 13. Jahrhundert zurückreicht, führt ein unterirdischer Gang bis zum ehemaligen Kloster von Fischbachau.

Noch um die Jahrhundertwende vom 19. zum 20. Jahrhundert zeigte man Besuchern des Gasthauses einen runden Stein im Kellergewölbe, unter dem der Gang mündet.

In Fischbachau war das Ende des Ganges auf dem Gebiet des Klosters „beim Schuller“ (das Haus wurde 1910 abgerissen), wie alte Leute, die noch davon in der Schule gehört hatten, zu berichten wissen, also dort, wo heute das Gebäude der Raiffeisenbank steht. (Anmerkung 17)

Zu Beginn des 20. Jahrhunderts wollte einmal die Urgroßmutter der Besitzer des Gasthauses, die damals noch ein ganz junges Mädchen war, mit ihrer Freundin vom Kloster her durch den Gang gehen. Die beiden kamen aber nicht weit, denn schon bald wurde ihnen derart unheimlich zumute, dass sie das Abenteuer sein ließen, umdrehten und Hals über Kopf wieder aus dem finsteren Loch herausstürzten.

Heute sind die Eingänge zu den unterirdischen Gängen zugemauert.

Der Poltergeist in Marbach

Im ehemaligen Herrensitz und späteren historischen Gasthaus von Marbach soll Ende des vorigen Jahrhunderts ein Poltergeist sein Unwesen getrieben haben. Wolfratsh. Tagblatt, Jhrg. 1891:

Am alten Herrenhof zu Marbach bei Fischbachau weiß die Wirtin zu erzählen, wie es um Mitternacht geistert und man gehen hört. Sie warf einmal zwei Aschenhäfen in's Wasser, die von früher dastanden – da schepperte es, als ob lauter Geld darinnen wäre: leider konnte man den Bach nicht abkehren.

Geistermessen in Fischbachau

Die Klosterkirche von Fischbachau war – der Sage nach – an den Vorabenden von hohen Festtagen oft hell erleuchtet, obwohl sich niemand in dem Gebäude befand und auch niemand dort ein Licht entzündet hatte.

Dies deuteten manche als einen Hinweis darauf, dass auch in dieser Kirche „Geistermessen“ der Untersberger stattfinden würden, wie in vielen anderen Kirchen. (Anmerkung 18)

Die Marbacher

Eine Sage in Gedichtform aus dem vorigen Jahrhundert beschreibt das Verhalten der Familie Hafner von Marbach zur Zeit des Aufstandes der Oberländer, der mit der schrecklichen Mordweihnacht 1705 in München Sendling und den anschließenden Hinrichtungen sein blutiges Ende fand:
(Anmerkung 19)

Die Marbacher

von Ernst von Destouches

Wo die Kapell' vom Birkenstein
Ins Tal herniederschauet,
Und wo der ernste Wendelstein
Sich in die Wolken bauet,
Da liegt ein Edelsitz, bekannt
Im ganzen Lande draußen,
Und „Marbach“ wird der Sitz genannt,
Und „Hafner“, so drauf hausen.

In sternenheller Winternacht
Stand einst vor seiner Schwelle
Der Ahnherr, weiß in Silberpracht
Die greise Lockenwelle,
Und vor ihm kniet sein einzig Kind,
Den Segen zu empfangen,
Los flattert ihm im frost'gen Wind
Die Lock' um Stirn' und Wangen.

Noch einmal küsst sein Kind der Greis,
Es ruht am Vaterherzen:
Noch einmal fühlen sie so heiß
Der Trennung bittre Schmerzen.
Dann reißt der Jüngling rasch sich los,
Dass nicht zu schwer sie werde,
Sein harret ja ein schönes Los,
Der Kampf für heim'sche Erde.

Geknechtet lag das Vaterland
Durch wilder Feinde Horden,
Der Fürst war aus dem Reich verbannt,
Verkauft die Söhne worden.
Da in des Oberlandes Gau'n
Ward still und unverdrossen
Ein Bund mit Mut und Gottvertrau'n
Zur Rettung ihm geschlossen.

Nun zog die wackre Bauernschar
Gen München hin zur Rache,
Jedoch, wie groß ihr Mut auch war
Und wie gerecht die Sache:
An Sendlings grauer Kirchhofswand
In heil'ger Christnacht Weihe,
Da starben sie fürs Vaterland
Den schönen Tod der Treue.

Auch jenes Jünglings Heldenmut
Focht kühn im heil'gen Streite,
Nicht achtet er sein rieselnd Blut,
Die Leichen ihm zur Seite,
Bis er der Übermacht erlag,
Bedeckt mit schweren Wunden
Auf blut'gem Schnee am Weihnachtstag
Vom Feind ward aufgefunden.

Da ward er in die Stadt geschafft
Mit andern Leidgefährten:
Er sollt in voller Jugendkraft
Nochmals zum Opfer werden.
Zu heilen ihn ward nichts gespart –
Dann wirft man ihn in Bande,
Um ihn nach Leiden aller Art
Zu weih'n dem Tod der Schande.

Dumpf war das schaurige Gerücht
Nach Marbach auch gekommen,
Da fand der alte Vater nicht
Mehr Ruh und Rast; beklommen
Sucht er den besten Stutzen aus,
Einst seine Lust und Freude,
Verschließt sein stillgeword'nes Haus,
Eilt fort mit schwerem Leide.

Nicht seines Alters achtet er
In seines Herzens Kummer.
Es drängt und treibt ihn immer mehr,
Es flieht ihn Ruh und Schlummer.
So wankt nach München er hinein,
Sein Kind nochmal zu sehen;
So tritt er in den Kerker ein,
Wo Grabeslüfte wehen.

„O guter Vater! Wie? Du hier?“
So ruft in Schmerz und Freude
Der Jüngling.- „O wie schwer wird mir
Die Stunde, wo ich scheide!“
„O armes, armes Kind!“ so stöhnt
Der Greis mit bangem Klagen
Auf seines Sohnes Haupt gelehnt,
Vermag nicht mehr zu sagen.

„O tröste dich, ich bin bereit,“
Spricht Karl mit festem Tone,
„Vorbei ist bald die Leidenszeit,
Mir winkt die Palmenkrone.
Ich sterb ja für mein Vaterland,
Dem ich geweiht mein Leben,
Und fall ich auch durch Henkershand,
Will's freudig doch hingeben.“

Wie dieses Wort der Greis gehört,
Kehrt ihm die Kraft zurücke,
Hoch richtet er sich auf und schwört
Mit schaurig ernstem Blicke:
„Beim großen Gott im Sternenlicht,
Nun gibts kein lang Besinnen,
Mein Sohn stirbt durch den Henker nicht!“
Dann eilt er rasch von hinnen.

Und als die Sonne den nächsten Tag
Mit düsterm Schein gelichtet,
Da wird beim dumpfen Trommelschlag
Ein schwarz Gerüst errichtet
Fünf Oberländer führt man aus,
Um sie dem Tod zu weihen,
Auf jenen Feldern Sendlings drauß,
Wo fielen die Getreuen.

Schon viermal hat das Schwert geblitzt
Zum grausen Todesstreiche,
Vier hatten schon ihr Blut verspritzt
Da wird so ernst das bleiche,
Das letzte Opfer hergebracht,
Das jüngste unter allen,
Des Jugend, die so hold ihm lacht,
Dem Henker soll verfallen.

Schon ist gezückt das breite Schwert,
Der Hals zum Streich schon offen
Da plötzlich wird ein Knall gehört;
Da sinkt ins Herz getroffen
Der Jüngling von dem Stuhl herab
Von blut'ger Henkersbühne.
In frühes, ehrenvolles Grab
Mit heit'rer Todesmiene.

Der eigne Vater hatte dort
Dem Sohn den Tod gegeben
Gehalten treulich ihm sein Wort,
Wie er's versprach im Leben.
Da sucht man ihn, der sich erkühnt,
Des Frevels sondergleichen:
Auch ihn, der Henkerstod verdient,
Soll Strafe nun erreichen.

Da ward nicht fern ein Greis erblickt,
Der lag schon im Verscheiden
Es hatte ihm das Herz erdrückt
Das Übermaß der Leiden.
Wie er den sichern Tod gesandt,
Ward er auch seine Beute,
Entsunken lag dort seiner Hand
Der Stutzen, ihm zur Seite.

So war der Vater mit dem Sohn
Zur Heimat eingegangen,
Um dort vereint den ew'gen Lohn
Der Treue zu empfangen.
Doch bleibt die edle Tat bekannt,
Nicht nur im Oberlande.
Stets wird ihr Stamm und Ruhm genannt
Im ganzen Vaterlande.

Mädchen und Bursche aus der Gegend
von Audorf und Bayrischzell.
Aquarell von Georg von Dillis um 1800

Haberfeldtreiben in Fischbachau

Das „Haberfeldtreiben“, an dem nur die „Eingeschworenen“, durchwegs unbescholtene Männer von hohem Ansehen und untadeligem Lebenswandel, teilnehmen durften, die versprochen hatten, nichts über Personen oder Ziele zu verraten, war ursprünglich eine geheime Gerichtsbarkeit des Volkes, die durchaus neben der oft sehr willkürlichen und bestechlichen öffentlichen Gerichtsbarkeit ihre Berechtigung hatte.

Wie man behauptet, war das Haberfeldtreiben früher auf die dem Kloster Scheyern gehörige Hofmark Fischbachau oder den sogenannten Elbacher Winkel beschränkt. Demnach könnte man fast glauben, dass es von den dortigen Vätern Benediktinern als ein sehr wirksamer Pastoralbehelf, wenn nicht eingeführt, doch mehr als anderswo begünstigt worden sei. (conc. germ. III. 126)

Der Sagenforscher Joh. Nep. Sepp schreibt Ende 19. Jh:

Die Sitte hat sich nur in Altbayern im Gebirge erhalten, und zwar zunächst im Mangfalltale und den alten Grafschaften Hohenwaldeck, Maxlrain und Valley, mit der weiteren Erstreckung über die Gerichte Aibling, Miesbach, Tegernsee, Tölz und Rosenheim, sogar mitunter bis Ebersberg und Anzing.

Die Haberer trafen sich an einer vereinbarten Stelle, zu der sie vom Haberermeister geladen worden waren, und hielten im Geheimen Gericht über die Missetat oder ein Fehlverhalten eines Dorfbewohners. Dann zogen sie in der Nacht mit geschwärzten Gesichtern oder vermummt vor das Haus des von ihnen Verurteilten und taten ihm unter ohrenbetäubendem Lärm „im Namen Kaiser Karls im Untersberg“ ihren Richtspruch kund:

Im Auftrag vom Kaisa Karl in Untaschberg,
der nix Schlechts ko leidn,
müass ma haint wieda ins Howafehid traib'n.
Nachdem werd'n wieda Plakatn ausg'hängt,
da kanns nacha iada no alls extri oschreib'n
in Kaisa Karolus Nam' werd iatza voles'n...

Mit diesem Spruch begann jeweils die öffentliche Verlesung der angeprangerten Missetat.

Solange der „Angeklagte" sich nicht widersetzt, läuft alles harmlos ob, weder Menschen noch Sachen wird irgendein Schaden zugefügt; schlimm dagegen kann es werden, wenn der Gerufene nicht erscheint. Aber auch dann, wenn unter solchen Umständen ihm die Fenster eingeschlagen oder eingeschossen wurden, erhielt er noch in der gleichen Nacht den Sachschaden in barem Geld ersetzt, das man ihm auf die Fensterbank legte.

(Lüers F., Bayerische Stammeskunde)

„Sie fahren wieder heim zu ihrem Herrn, dem Kaiser Karl im Untersberg" hieß es, wenn die Haberer nach dem Urteil jeweils in alle Richtungen ins Dunkel der Nacht verschwanden, denn wenn sie bei Ausübung dieses alten Brauches erwischt wurden, wurden sie wegen Landfriedensbruch vor Gericht gestellt. Manch ein Haberer saß lange Zeit hinter Gittern, weil er, seinem Schwur getreu, seine Mitverschworenen nicht verriet. Schon vor dem ersten urkundlich festgehaltenen Haberfeldtreiben, das 1717 der Ursula beim Hannsen Steindl, Kistler aus Fagen bei Valley, galt, sollen der Überlieferung zufolge, andere stattgefunden haben.

1675, den 13. Januar, erschlug der Wirt Christoph Hafner von Marbach den Fischbachauer Hofmarksamtmann Kaspar Bichler in seiner Wirtschaft. Die Sage erzählt nun, Hafner hätte den Amtmann in Zorne darüber niedergeschlagen, weil Bichler auf einen Haberer geschossen habe.

(Brunhuber, Chronik des oberen Leitzachtales)

In Fischbachau wurde im Jahre 1790 dem Propst (wahrscheinlich Propst P. Benedikt Rauch) der geheime Prozess gemacht und Haberfeld getrieben, weil sein ausschweifender Lebenswandel im Volk Anstoß erregte.

Der Propst gebot Gegenwehr, da sich aber keiner von den Klosterleuten dazu verstand, nahm er selbst dem Klostermaier das Gewehr aus der Hand und schoss – traf einen Tiroler (?), der auf der Brücke stand, dieser konnte just noch profitiert werden, dann starb er. Jeden andern hätte diese rasche Tat auch zugleich das eigene

Leben gekostet. Der Propst, der höheren Geistlichkeit zugehörig, war indes doch – besonders für die damalige Zeit – eine zu gewichtige Persönlichkeit, um eine solche Sühne zu gestatten.

Eine Kriminaluntersuchung wurde zwar sogleich eingeleitet, aber das Verfahren der Justiz befriedigt die Haberer nie.

Der Propst war auf freiem Fuß, im Genuss seiner Propstei, und den Propst wollten sie forthaben. Die Justiz ging ihnen zu langsam. Von dieser Zeit an schien sich eine Anzahl Kobolde mit unirdischen Kräften begabt gegen ihn, seine Habe und seinen Frieden verschworen zu haben, und kein erdenklicher Schabernack blieb unverübt.

(Kern: Oberbayerisches Sittenbild, Stuttgart 1862)

Dem Propst wurde so lange übel mitgespielt, bis er die Propstei verließ.

Noch mehrmals fanden in Fischbachau Haberfeldtreiben statt, so im Jahre 1845, zwei Jahre später, wo Pfarrer Hafner von Fischbachau und 1849, wo wieder Pfarrer Hafner, sowie der Lederer Jakob Maier und der Sohn des Lechenmüllers, Georg Mayr die Beschuldigten waren.

Haberfeldtreiben wurden auch an vielen Orten in der Umgebung abgehalten (vgl. S. 307 und Anmerkung 20), dabei nahmen manchmal bis zu 150 Haberer teil. In späteren Zeiten artete der alte Brauch leider oftmals in Geheimbündelei aus, die sowohl zu politischen Zwecken wie auch für private Feindschaften unter einzelnen Familien missbraucht wurde.

Die Streitwiese bei Elbach

Ein Flurstück zwischen Marbach und Elbach heißt „Streitwiese“. Dort wurden früher von Bauern immer wieder beim Umackern der Erde Waffen gefunden. Ihren Namen hat die Streitwiese laut Sage von einem Kampf, der während der Napoleonischen Kriege hier stattgefunden haben soll.

Von den damals (Anmerkung 21) durch das Leitzachtal ziehenden Franzosen wird berichtet, dass sie beim Grafen von Weißenbach ein sehr wertvolles Pferd requirierten. Als sie damit aber fortreiten wollten, blieben sie im Sumpf stecken und konnten es daher nicht mitnehmen.

Bei Elbach lagerten sie auf ihrem weiteren Weg auf der Wiese beim Bäcker, nachdem sie zuvor Heu und Stroh aus den Stadeln der Bauern gestohlen hatten und den ganzen Boden damit für ihre Bequemlichkeit bedeckt hatten. Auf dieser Wiese soll es dann zu dem oben erwähnten Kampf gekommen sein, nach dem sie seither Streitwiese heißt. (Anmerkung 22)

Der Teufelsbündler

Um die Mitte des vorigen Jahrhunderts soll ein Mann aus der Gegend von Elbach ein Bündnis mit dem Teufel gehabt haben. Herbert Andre aus Elbach berichtete um 1912 darüber:

Vor ungefähr 60 Jahren, als die Schoner Mutter noch ein Kind war, stand in Winkl eine alte Heuhütte, in der es umging. So oft man mit Pferden vorbeifahren wollte, wurden sie scheu und zitterten vor Angst. Die Strohsacklisl, der Hexenleal und der Straßerwangerl behaupteten, dass in der Hütte ein Schatz vergraben sei. Sie gruben nach, fanden aber nichts. Der Straßerwangerl hatte es mit dem Teufel. Er ging nicht in die Kirche und beichtete nie.

Als er dem Tode nahe war und die Leute geweihte Kerzen anzünden wollten, brannten die Kerzen nicht. Als man ihm Weihbrunnen hinspritzte, schrie er:

„Hoaß Teufi". Nun holte man einen Geistlichen. Als dieser kam, drehte sich der Straßerwangerl um und starb.

Die Pest im Leitzachtal

Während des Dreißigjährigen Krieges hielt der schwarze Tod auch im Leitzachtal seinen gefürchteten Einzug. Besonders im Jahr 1634 starben die Menschen wie die Fliegen. Die schreckliche Seuche raffte in kurzer Zeit einen großen Teil der Bevölkerung dahin. Manche Orte an dem Fluss waren fast ausgestorben. Der Sage nach konnte man von Gschwendt aus, wo man einen Überblick über die Gegend hat, nur noch aus drei Häusern im weiten Umkreis Rauch steigen sehen, als Zeichen, dass dort noch jemand lebte.

In Gschwendt lebten nur noch zwei Bauern, der alte Halmer und der alte Heiß. Sie trauten sich nicht mehr zusammen zu kommen, sondern schauten nur noch, ob Rauch beim Dach des Nachbars herausgehe. (Jos. Markhauser, Brunnfeld, 1919)

Nach alten Sagen soll das ganze Leitzachtal ausgestorben sein und man sah des Nachts nur noch in Obergschwendt und in Steingraben ein Licht als Lebenszeichen. – (Jos. Gasteiger, Steingraben)

An der Pest gestorbene Menschen durften nicht im allgemeinen Friedhof begraben werden, wegen der Angst vor Ansteckung. (Anmerkung 23) Darum wurde unterhalb der Kirche von Elbach, beim Schlosseranwesen (in der sog. Mesner-Ötz) eine eigene Begräbnisstätte für sie angelegt. Die Überlebenden der verheerenden Seuche gelobten zur Erinnerung daran, jedes Jahr einen Kreuzgang nach Fischbachau zu machen.

Wie die Blutkirche in Elbach entstand

Die Blutkirche in Elbach galt schon im Dreißigjährigen Krieg als vielbesuchte Wallfahrtsstätte, wie die Spenden aus dem Opferstock, deren Höhe schriftlich festgehalten wurde, beweisen. 1669 wurde die alte Kirche abgebrochen und das Gebäude von Grund auf erneuert. Folgende Legende über die Entstehung der Blutkirche erzählte zu Beginn dieses Jahrhunderts Ludwig Wolfahrt aus Greisbach:

Die ehemaligen Bewohner von Hundham fassten den Entschluss, eine Kirche in Hundham zu erbauen. Als man die Balken zum Bau herrichten wollte, trugen die Vögel die Späne fort, und man sah die Vögel in Elbach niederfliegen. Als man einmal nachsah, fand man die Späne alle in Elbach zusammengetragen. Auf dem nämlichen Platze kratzte ein Gockel vom Bruckböck in Elbach umher, und so oft er eine Grube aufgescharrt hatte, kam immer Blut zum Vorschein.

Die Leute konnten gar nicht begreifen, was das zu bedeuten habe. In der darauffolgenden Nacht hatte der Zimmermann einen sonderbaren Traum. Es erschien ihm im Traume ein Engel des Himmels, nahm ihn bei der Hand, führte ihn an die Stelle, wo die Vögel die Späne hingetragen hatten und sagte: Hier an dieser Stelle musst du eine Kirche erbauen, welche den Namen „zum heiligen Blut" haben soll.

Der Zimmermann erzählte den Leuten der Umgebung am folgenden Tage von seinem Traum, und auf dieses hin half alles zusammen, und so entstand die Kirche zum heiligen Blut. Von dem übrig gebliebenen Baumaterial konnte dann später noch die Kapelle in Hundham erbaut werden.

Einem anderen Bericht zufolge, soll die Kirche an dem Platz errichtet worden sein, an dem ein Hahn einen Kelch mit Bluttropfen von Jesus Christus aus der Erde gescharrt hatte. (Anmerkung 24)

Das verschwundene Heilige Blut

Das Heilige Blut in der Blutkirche von Elbach war einmal auf ungeklärte Weise einfach verschwunden. Das Stück Leinwand aus dem Kleid Mariens, getränkt mit dem Blute Christi, war in einem

Partikel aufbewahrt worden, der plötzlich nicht mehr auffindbar war.

Nach vielen Gebeten der Gemeinde und langem Suchen tauchte die Reliquie plötzlich in Gmund wieder auf. Seither machten die Gmunder alljährlich am Freitag nach Christi Himmelfahrt einen Bittgang nach Elbach.

Die Wilde Jagd in Elbach

In Elbach soll zu der Zeit, als das Huberhaus noch stand, also vor weit mehr als hundertsechzig Jahren, des Nachts oft ein vierspänniges Geisterfuhrwerk in derart atemberaubender Geschwindigkeit an diesem Gebäude vorbeigerast sein, dass von den Hufen der Pferde und den Beschlägen der Wagenräder die Funken nur so gestoben seien. (Anmerkung 12)

Die Elche im Leitzachtal

Früher soll es im Leitzachtal Elche und Auerochsen gegeben haben:

Der Elbach zwischen Marbach und Hundham wurde noch 1078 Elchbach geschrieben, das ist Bach bei den Elchen. 1916 wurde bei der Regulierung des Aurachflüsschens bei Fischbachau der Schädel eines Auerochsen gefunden. Damit wird die Bemerkung des Bischofs Aribo von Freising (+784) bestätigt, der das Vorhandensein von Auerochsen in altbayrischen Gebirgsgegenden behauptete. (Anmerkung 25)

Eduard Stemplinger in: Wir Altbayern

Oberbayrischer Hirt um 1800

Der Jäger und der unsichtbare Wildschütz

Helena Stöger aus Elbach erzählte vor etwa 120 Jahren folgende Geschichte:

Der alte Koller von Durham bei Elbach, ein Wildschütz, hat sich einmal unsichtbar gemacht. Er wilderte halt wieder einmal. Kam auch schon der Jäger daher. Als der Jäger auf den Koller losging, verschwand dieser. An der Stelle, wo der Koller verschwunden war, sah der Jäger einen Baumstock. Er merkte gar nicht, dass der Stock der Koller war und setzte sich neben den Stock hin und schnitt sich auf dem Kopfe des Kollers den Tabak klein für seine Pfeife. Das machte dem Koller einen argen Wehdam und er dachte: Malifizjager, hörst iatz nit auf mit dein' Schneid'n auf mein' Hirn! I kos ja nimmer aushalt'n.

Früher glaubte man, sich durch bestimmte Praktiken oder Rituale unverwundbar oder unsichtbar machen zu können. So wurde beispielsweise behauptet, wer das Blut einer Gämse trinke, werde kugelfest.

Andere ließen sich am Martinstag geweihte Hostien in die rechte Hand einwachsen um sich unsichtbar machen zu können und unverwundbar zu werden. (Anmerkung 8)

Auch die Wildschützen verbünden sich mit dem Teufel, indem sie das heilige Brot einnarben lassen. Schießt der Jäger auf so einen, dann trifft er nur eine Kranawitstaude...

Um sich kugelfest und unsichtbar zu machen, nehmen die Wildschützen das Fingerglied eines vor der Geburt gestorbenen unschuldigen Kindes als Amulett oder sie beten dreimal das Vaterunser Wort für Wort von hinten nach vorn.

(Willibald Schmidt: Sagen aus dem Isarwinkel, 1936)

Die Bauern von Elbach und der Geldteufel

Es muss zu Beginn des 19. Jahrhunderts oder noch früher gewesen sein, da beschlossen einmal ein paar Männer aus Elbach, nachdem sie sich beim Bier den dazu nötigen Mut angetrunken hatten, den Teufel zu beschwören und sich von ihm einen ganzen Sack voller Geld bringen zu lassen. Zu ihrer Überraschung und ihrem nicht geringen Schrecken stand gleich darauf der Höllenfürst höchstpersönlich vor ihnen und überreichte ihnen mit falscher Freundlichkeit den gewünschten Sack Geld.

„Hier habt ihr, was ihr wollt, meine Freunde!“ grinste er dabei höhnisch. „Als kleine Gegengabe dafür aber gehört mir die Seele desjenigen, der am nächsten Sonntag als Letzter aus der Kirche kommt.“

Nach diesen Worten verschwand er wieder, nicht ohne einen abscheulichen Schwefelgestank zu hinterlassen. Die Männer waren wie gelähmt und schlotterten vor Angst. Keiner rührte das Geld an, denn niemand wollte dafür seine Ewige Seligkeit verkaufen. Weil sie nicht mehr wussten, was sie sonst retten könnte, wandten sie sich an den Pfarrer des Ortes. Der schimpfte sie zwar wegen ihrem gottlosen Handeln gehörig aus, versprach aber doch, ihnen zu helfen.

Am nächsten Sonntag schickte der kluge Geistliche alle Gottesdienstbesucher am Schluss der Messe aus der Kirche, nahm das Allerheiligste aus dem Tabernakel und schritt damit als Letzter durch die Türe, wobei er rückwärtsging, so dass Jesus Christus der wirklich Letzte war, der das Gotteshaus verließ.

Wutschnaubend musste der überlistete Teufel, der geglaubt hatte, auf leichte Art eine Seele zu gewinnen, unverrichteter Dinge in sein Höllenreich abziehen. (Anmerkung 26)

Im Wirtshaus. Holzschnitt 1537

Wie der Name Gschwendt entstand

Für den Abbau der Erze im Gebirge wurde sehr viel Holz benötigt, auch für das Schmelzen von Eisen. Auf einem der Berge wurde ganz besonders rücksichtlos Holz geschlagen und leichtsinnig verschwendet. Seither heißt der Berg, auf dem dies geschehen sein soll, „Gschwendner Berg“ und die Ortschaft dort „Gschwendt“.

Der starke Bauer von Mittergschwendt

In Mittergschwendt lebte einmal ein Mann, der Halmerbauer, dessen Bärenkräfte in weitem Umkreis geradezu sprichwörtlich waren. Im Jahre 1807 wurde sein Hof, der kurz zuvor abgebrannt war, wieder aufgebaut. Als endlich der Firstbaum den Dachstuhl krönte, hielten die Zimmerleute, wie es üblich ist, ein kleines Fest und aßen und tranken vergnügt. Plötzlich trat der Halmerbauer zu ihnen und rief:

„He, was feiert ihr schon und trinkt Bier? Der Firstbalken ist ja verkehrt oben auf dem Dach!“

Verdutzt schauten die Handwerker nach und konnten sich selbst davon überzeugen, dass der Hausherr recht hatte: Der schwere Balken lag tatsächlich quer, obwohl sie genau wussten, dass sie ihn richtig angebracht hatten.

Als er ihre verblüfften Gesichter sah, wollte sich der Halmerbauer schier ausschütten vor Lachen über seinen gelungenen Spaß. Er war nämlich, während die Zimmerleute ahnungslos feierten, aufs Dach gestiegen und hatte mit seinen Riesenkräften den Firstbalken ganz alleine so weit gedreht, dass er nun verkehrt auf dem Dach saß. Diese Geschichte verbreitete sich in kürzester Zeit im ganzen Land, dass der Halmerbauer bald überall wegen seiner Stärke bekannt war.

Das Schloss auf der Huberalm

Einst stand an der Ostseite des Schwarzenbergs oberhalb von Kutterling eine kleine Burg, im Volksmund „Gschlössl" genannt. Unterhalb der Huberalm (Poschingeralm) befinden sich auf einem kleinen Bergkegel Mauerreste von einem Turm oder Burgstall.

Der Sage nach soll mit den Steinen dieser ehemaligen Burg Anfang des 14. Jahrhunderts die Kirche von Lippertskirchen erbaut worden sein, die im Jahre 1349 eingeweiht wurde. (Anmerkung 27)

Die Geisterkatzen in Brunnfeld

Im letzten Drittel des vorigen Jahrhunderts befand sich neben dem Hof „beim Brüller" in Brunnfeld ein kleines Gebäude, das „Dollhäusl" hieß. Dort wohnte lange Zeit niemand, weil es darin „umging".

Die Leute behaupteten, es sei oft Gepolter und anderer Lärm daraus zu vernehmen gewesen, obwohl sich keiner darin aufgehalten habe. Zudem seien ständig die Möbel verschoben gewesen, der schwere Tisch darin sei einmal in der einen, dann wieder in der anderen Ecke des Hauses gestanden.

Viele Bewohner des Ortes wagten des Nachts nicht an dem verrufenen „Dollhäusl" vorbeizugehen.

Später stellte sich heraus, dass der Sohn des Sonnenbauern für den Spuk verantwortlich gewesen war. Er hatte sich oft heimlich in das Gebäude geschlichen und Radau gemacht oder aber tagelang Katzen darin eingesperrt, bis sie – vor Hunger fast wahnsinnig – wild geworden darin umherrasten und die geisterhaften Geräusche verursachten.

Der Geist des Wilderers von Weißenbach

Ein im weiten Umkreis als Wildschütz (Anmerkung 30) bekannter Mann namens Josef Bacher vom Weber in Weißenbach wurde an einem Skapuliersonntag (Anmerkung 28) erschossen, als er gerade nichtsahnend unter einem Baum rastete, ohne auf etwaige Verfolger zu achten. Von der Stunde an, so heißt es, ging der so jäh aus dem Leben Gerissene als ruheloser Geist um.

Mehrere Male kam er in der Nacht zum Vorderhuber am Auerberg, mit dem er zu Lebzeiten befreundet gewesen war. Einmal ließ er sich nicht nur sehen, sondern machte alle Türen, auch verschlossene, auf, ging ins Haus und geradewegs in die Kammer des Bauern und reichte dem völlig verdatterten Mann die Hand. Dann legte sich der Erschossene auf die Bettdecke und bat seinen ehemaligen Kameraden inständig, ihm doch zu helfen, dass er die Ewige Ruhe finden könne. Dann verschwand der unheimliche Eindringling wieder. Der Bauer ließ daraufhin eine Messe für den Verstorbenen lesen. Da erschien ihm in der folgenden Nacht der Wilderer nochmals, bedankte sich vielmals bei ihm für seine Erlösung und ward von der Stunde an nie mehr gesehen.

Der Schimmel ohne Kopf am Auerberg

Am Auerberg soll es früher nicht ganz geheuer gewesen sein. Viele Geschichten mit gespenstischen Begegnungen oder geisterhaften Erscheinungen werden von dort überliefert.

Eine davon erzählte Berhard Padöller aus Wörnsmühl um 1910:

Im Jahre 1875 war die Sage, dass zwischen 11 und 12 Uhr in der sogenannten Hinterleiten auf dem Wege zwischen Feilnbach und Hundham ein Schimmel ohne Kopf sichtbar wäre. Er soll sich auf den Bäumen aufgehalten haben und wenn man in seine Nähe kam, von einem Baum zum andern sich geflüchtet haben. Auch soll er einem gewissen Auer, Feichtenbauer von Hundham, als er auf dem Wege um die betreffende Zeit heimfuhr, während er seine Notdurft verrichtete, die Pferde ausgespannt haben.

Auch andere Leute aus der Gegend wollen dem gespenstischen Schimmel begegnet sein. Elis Kirchberger aus Elbach berichtete zu Beginn dieses Jahrhunderts darüber:

In der Hinterleiten am Auerberg soll es vor vielen Jahren oft umgegangen sein. Oft einer getraute sich bei der Nacht nicht mehr durchzugehen. Zwei Bauerndirnen, die an die Sache nicht glauben wollten, gingen eigens noch spät abends von Stipfing nach Deisenried auf Besuch. Der Weg führt durch die Hinterleiten. Wie sie nun in das Dunkel des Hochholzes kamen, kommt es rauschend und trabend über die Leiten herunter. Ein schneeweißer Schimmel ohne Kopf, von dem so oft die Rede war, kam daher. Da war es mit ihrer Schneid schon aus. Sie sprangen über das Deisenrieder Moos davon.

Etwas anders wird diese Sage von Martin Steiniger aus Wörnsmühl, auch zu Beginn dieses Jahrhunderts überliefert:

Mein Bruder erzählte mir: Ich war damals beim Grafen in Weißenbach als Kühbub. Es war Abend. Alle saßen um den Tisch. Da fing der alte Knecht zu erzählen an: Droben in der Stipfinger Weide erscheint alle Nächte von 12 - 1 Uhr ein weißes Ross und grast. Kommt man in die Nähe hin, dann schlägt der Schimmel aus und saust davon. In demselben Augenblick fällt eine weiße Taube vom Baum herunter. Doch auch diese verschwindet. (Anmerkung 30)

Der unheimliche Geißbock am Auerberg

Mitte des vorigen Jahrhunderts ging der Moar von Auerberg einmal am Abend zum „Hoagascht". Es war schon sehr spät und er hatte auch schon ziemlich viel Bier getrunken, als er sich endlich auf den Heimweg machte. Es kam ihm so vor, als hätte er Blei in den Schuhen, weil es ihm gar so schwerfiel, nach Hause zu wandern. Da seufzte er laut:

„Ach wenn doch nur etwas da wäre, worauf ich heimreiten könnte!"

Da stand, wie aus dem Boden gewachsen, plötzlich ein Geißbock vor ihm.

„Mir soll's recht sein!", meinte der Moar und stieg auf den Rücken des Tieres. „Besser als nichts!"

Im gleichen Augenblick aber, der Bauer saß noch gar nicht richtig und konnte sich nur im letzten Moment an einem Horn festhalten, sauste der Geißbock mit rasender Geschwindigkeit mit ihm davon. Es ging über Stock und Stein, fast schien es, als flöge er über Büsche, Bäche und Bäume. Das alles geschah in einem solch atemberaubenden Tempo, dass dem armen Mann Hören und Sehen verging. Verzweifelt klammerte er sich an dem seltsamen Reittier fest, um nicht irgendwo herabzufallen. Aber es nützte alles nichts! Mitten in diesem Höllenritt warf ihn der Geißbock einfach ab.

Der Moar fiel in einen tiefen Graben. Als er sich endlich wieder aufgerappelt und seine zerschlagenen Glieder zusammengeklaubt hatte, kroch er mühsam aus dem Loch und blickte um sich. Da sah er, dass er sich in der Nähe von Wilparting befand, also ein gutes Stück von seinem Heimatort entfernt. Nun musste er noch die halbe Nacht lang einen weiten Weg gehen, bis er endlich wieder daheim angelangt war. (Anmerkung 12)

Wie die Kapelle beim Talhäusl entstand

In Talhäusl, an einer Nebenstraße nach Feilnbach, befindet sich eine kleine Kapelle. Ihre Entstehung verdankt sie, wie auf einer Tafel darin aufgeschrieben ist, einer sehr traurigen Begebenheit.

Im 19. Jahrhundert lebte in der damaligen Einöde Talhäusl ein Ehepaar, das nur ein einziges Kind hatte. Dieser Sohn war gerade sechs Jahre alt, als er eines Tages spurlos verschwand. Voller Verzweiflung suchten Eltern und Nachbarn tagelang nach ihm. Es war vergeblich. Das Kind tauchte nie wieder auf. Weil damals gerade ein Zigeunerstamm durch die Gegend gezogen war, vermuteten alle, dass dieser den Buben geraubt und mitgenommen hatte. Doch das konnte nicht bewiesen werden, weil die Nomaden trotz aller Nachforschungen nicht mehr aufgefunden werden konnten.

Die untröstlichen Eltern erbauten zur Erinnerung an ihr Kind an der Stelle, wo dieses immer gespielt hatte, die kleine Kapelle, die heute noch steht.

Der Wildschütz in der Christnacht

So um das Jahr 1750 lebte in einem Dorf am Auerberg ein junger Mann, der ein leidenschaftlicher Jäger war. Weil er aber von Rechts wegen nicht auf die Jagd gehen durfte, wilderte er (vgl. S. 33 u. Anm. 8 und 30). Er ging dabei sehr geschickt und umsichtig vor, so dass ihn die gräflichen Jagdhelfer, obwohl sie ihn im Verdacht hatten, nie erwischten. Seine Jagdleidenschaft ging sogar so weit, dass er sich nicht scheute, in der Christnacht zum Wildern zu gehen. Da glaubte er sich ungestört, weil alle anderen, die Jagdgehilfen eingeschlossen, bei der Mette in der Kirche waren.

Er ging auf den Berg, versteckte sich in einem Heustadel und wartete auf Hasen. Nicht lange, da erblickte er auch schon einen, der ahnungslos vor der ihm drohenden Gefahr geradewegs auf die Hütte zusprang. Der junge Mann riss sein Gewehr hoch, zielte und traf. Aber der Hase fiel nicht zu Boden und hüpfte auch nicht davon, im Gegenteil, er blieb ganz ruhig stehen und schaute seinen Widersacher an. Und von allen Seiten kamen andere Hasen herbeigelaufen und gesellten sich zu ihm. Dem Wilderer wurde bei diesem unnatürlichen Verhalten der Tiere ganz unheimlich zumute, und als immer mehr Hasen herbeisprangen, erfasste ihn eine solche Angst, dass er Hals über Kopf davonlief. Seither wilderte er nie mehr in der Heiligen Nacht oder sonst an einem Feiertag.

Der Grenzfrevler von Deisenried

In Deisenried zeigte sich im vorigen Jahrhundert oftmals eine seltsame Erscheinung. Entlang eines Zaunes im Ort war immer zwischen 12 und 1 Uhr in der Nacht ein Licht zu sehen, das ruhelos hin und her zu gehen schien. Weil dies den Leuten unheimlich war, schossen einmal ein paar Männer auf das Licht, nachdem sie vorsichtshalber zuvor Warnrufe ausgestoßen hatten. Da erhob sich das Licht in die Höhe und verschwand in der Dunkelheit. Aber es hatte nichts genützt. In der nächsten Nacht, zur gleichen Zeit wie immer, war das Licht wieder da und wanderte ruhelos am Zaun hin und her. (Anmerkung 31)

Wie es heißt, hatte ein Bauer diesen Zaun zum Schaden seines Nachbarn heimlich versetzt und musste zur Strafe für das unentdeckt gebliebene Verbrechen nach seinem Tode umgehen.

Der seltsame Widder bei Hundham

Eine eigenartige Begebenheit erzählte um 1912 Georg Gschwendtner aus Untergschwendt:

Das Fahrgässchen, das beim Funk am Bach bei Hundham von der Hauptstraße abzweigt und nach Brunnfeld und Unterachau führt, war früher mit einem Zaun begrenzt, weil es eine Weidestraße war für das Vieh. Dort in der Hoigass haust der Hoigasswidder.

Ein Bauer von der Höch ging bei finsterer Nacht heim. Als er in die Hoigaß einbog, kam ihm schnurstracks der Schafbock entgegen. Er meinte, seine Leute hätten ein Schaf beim Eintreiben übersehen, und wollte es fangen. Als er es ergriff, brach es mitten entzwei und entschwand aus seinen Händen.

Der Grenzsteinversetzer von Hundham

Vor fast 150 Jahren war es einmal längere Zeit auf einem Feld bei Hundham nicht geheuer. Nacht für Nacht war eine geisterhafte Stimme zu hören, die jedem, der sie vernahm, kalte Schauer über den Rücken jagte, so unirdisch und jammervoll klang sie. Wer den Mut aufbrachte, genau hinzuhören, der konnte die Worte, die sie in einem fort seufzte, verstehen:

„Wo soll ich den Stein hinsetzen? Wo soll ich ihn hinsetzen?"

Wie die Leute behaupteten, handelte es sich bei diesem Gespenst um einen verstorbenen Bauern, der zu Lebzeiten bei Hundham gewohnt hatte und der sein Land auf unrechtmäßige Art und Weise vergrößert hatte, indem er des Nachts klammheimlich Grenzsteine ausgegraben und ein Stück weiter drüben im Nachbargrundstück wieder eingegraben hatte. Das war in jenen Tagen, wo es kaum eine Landvermessung gab, eine häufige Art des Diebstahls, die nur sehr schwer nachzuweisen war.

Solche Missetäter aber mussten, nach dem Glauben der Leute, wenn sie schon im irdischen Leben nicht zur Rechenschaft gezogen werden konnten, nach ihrem Tod für das Verbrechen büßen und zur Strafe umgehen.

So soll es auch mit der Armen Seele des Bauern bei Hundham gewesen sein, dem sein Nachbar noch zu Lebzeiten gewünscht hatte, er solle keine Ruhe im Grab finden, bis er alle versetzten Steine wieder an ihre ursprünglichen Orte zurückgebracht hätte. Lange Zeit hallte darum die verzweifelte Frage „Wo soll ich den Stein hinsetzen? Wo soll ich ihn hinsetzen?", durch die Nacht, so lange, bis einmal ein fremder Wanderer, der sich in der Gegend verirrt hatte und deshalb noch um Mitternacht unterwegs war, diesen schaurigen Ruf vernahm.

Weil er ein beherzter Mann war, der sich nicht vor Gespenstern fürchtete, antwortete er:

„So setz ihn halt dorthin, wo du ihn hergenommen hast!"

„Vergelt's Gott, du hast mich erlöst!", klang da die Geisterstimme frohlockend zu ihm herüber.

Seit der Zeit hat man das Rufen nie mehr gehört. (Anm. 31)

Der Goaßsteg bei Oppenried

Bei Oppenried soll früher ein sehr unheimlicher Platz, den die Leute bei Dunkelheit tunlichst mieden, gewesen sein, der sogenannte „Goaßsteg". Der alte Grundnerbauer, so heißt es, wollte einmal darübersteigen. Doch er blieb wie festgebannt hängen. Erst als vom Dorf her das Gebetläuten herüberklang, war der Zauber gebrochen und er konnte wieder weiter. Eine andere seltsame Begebenheit vom Goaßsteg erzählte Michael Meier aus Niklasreuth zu Beginn dieses Jahrhunderts:

Ein Benefiziat von Niklasreuth ging mit seinem Dienstbuben nach Elbach. Da kam er unterhalb Oppenried zu einem Graben, über dem ein Zaun war. Vor diesem stand ein Geißböcklein.

Da sagte der Benefiziat zum Buben:

„Heb das Böckl über'n Zaun!"

Das Böckl war so gering wie Papier. Drüben verschwand es. Aber der Benefiziat konnte nicht mehr vom Platz gehen. Man musste ihn nach Hause fahren. Dem Buben war nichts geschehen.- Seit dieser Zeit hängt an einem Baum beim „Goaßsteg" ein Armenseelentäflein.

Der Geist der Baderin von Wörnsmühl

Es ist schon ein paar hundert Jahre her, da lebte bei Wörnsmühl eine Baderin. Sie war überaus geizig und böse. Nach ihrem Tod fand sie darum in ihrem Grab keine Ruhe und geisterte auf dem Hof beim Baderer herum, sehr zum Unwillen der Bewohner. Jedes Mal, wenn im Haus Schmalznudeln gebacken wurden, streckte sie ihren mit einer altmodischen Mullhaube bedeckten Kopf zum Kamin herein und erschreckte alle.

Da wurde es eines Tages den Leuten auf dem Badererhof zu viel und sie ließen den unliebsamen Geist in einen Stein bannen, der sich in der Laubreche des Oberstadlers befand.

Von da an war bei dem Stein jede Nacht ein unruhiges kleines Lichtlein zu sehen. Wie es heißt, wurde seither dieser Platz von allen gemieden.

Der Spuk in der Mühle

Maria Anzinger aus Wörnsmühl erzählte um 1908 folgende seltsame Geschichte:

Unsere Großmutter war in einer Mühle daheim. Als sie ein kleines Mädchen war, da erzählte man öfter von einem Spuk. Es sollten nämlich früher einmal 2 Schwestern in dem Hause gestorben sein und sich später bemerkbar gemacht haben. Diese Geister hieß man die Wichterl. Die Dienstboten wollten wegen der Geister nicht bleiben. Es mussten 2 Jesuiten kommen und die Wichterl verbannen. Sie flüchteten durch den Kamin. Weil aber der Kamin nicht über das Dach ging, sondern am Dachboden endete, so machten sie dort halt und hinterließen noch ein Merkmal (Fußabdruck?). *An einem jeden, das mit bloßem Fuß hineinstand, passte die Form, war es groß oder klein.* (Anmerkung 32)

Der Geizhals im Baum beim Sulzgraben

Im vorigen Jahrhundert gingen einmal ein paar Bäuerinnen aus Wörnsmühl in den Sulzgraben zum Beerenpflücken. In diesem bewaldeten Seitental des Leitzachtales wuchsen bekanntermaßen ganz besonders viele Heidelbeeren. Sie hatten die mitgebrachten Milchkannen und Eimer mit schönen reifen Beeren schon fast gefüllt, als sie zu einer hohen Tanne kamen, wo der Boden mit Heidelbeersträuchern geradezu übersät war.

„He, was ist denn das?", rief da eine der Frauen ganz verwundert und zeigte auf ein langes weißes Schleiergewand, das von dem Baum hing und sacht vom Wind hin und her geweht wurde.

Während sie noch rätselten, was das zu bedeuten habe, sahen sie, wie eilends ein alter Mann mit flatternden weißen Haaren und grimmigem Gesicht vom Baum herabkletterte. Er hatte auf dem Rücken eine schwere Eisenkette und kam, als er den Boden erreicht hatte, mit zornigen Gebärden drohend auf die Beerenpflückerinnen zu.

Da liefen alle voll Angst davon, einige ließen sogar vor Schrecken ihre Behälter mit den so mühsam gesammelten Waldfrüchten fallen, dass diese über den ganzen Boden verstreut lagen. Erst als sie sich außer Gefahr wussten, blieben sie schweratmend stehen, verschnauften und warteten aufeinander.

„So ein böser Mann, warum gönnt er uns die Beeren nicht und verjagt uns?", fragte eine der Frauen empört.

Und eine andere rief erschrocken: „Schaut, alle meine Beeren sind grün! Dabei habe ich ganz sicher nur reife gepflückt!"

„Meine auch! Meine auch!", erkannten nun auch die anderen verblüfft, als sie in ihren Behältern nachschauten.

Da erklärte eine alte Bäuerin nachdenklich:

„Der frühere Besitzer des Waldes, er hieß Schnitzenbaumer, konnte auch nie leiden, dass jemand hier Beeren sammelte, weil er so geizig war, dass er sich selbst und anderen nichts gönnte. Er ist nun schon lange tot, aber der Alte, der uns vertrieben hat, ist sicher sein Geist. Der hat unsere reifen Beeren in unreife verwandelt, weil er sie uns nicht lassen will!“

Enttäuscht gingen die Frauen mit leeren Händen nach Hause.

Noch viele harmlose Beerensucher soll der Geist des geizigen Mannes erschreckt und ihre reifen Waldfrüchte in unreife verzaubert haben.

Wie es heißt, ließ ihn sein Geiz auch nach seinem Tod keine Ruhe finden sondern fesselte seinen Geist an die Erde und an jenen Tannenbaum, von dem aus er hoffte, seinen ehemaligen Besitz noch immer vor Eindringlingen schützen zu können.

So verzichtete er freiwillig auf die ewige Seligkeit.

Die Waldfee im Sulzgraben

Etwas anders wie in der vorigen Sage wird erklärt, warum Beerensammler aus dem Sulzgraben oft mit unreifen Früchten nach Hause kommen.

Es soll dort eine Waldfee leben, die alles im Wald schützt. Wenn nun jemand kommt und in ihrem Gebiet die Beeren abpflückt, so eilt sie unsichtbar herbei und verzaubert die reifen Beeren in grasgrüne.

Federzeichnung von Heinz Schinzel

Die Geister in der Küche

Ebenfalls aus Wörnsmühl wird von einer alten Frau berichtet, die, als sie gerade Nudeln kochte, plötzlich rund um die Pfanne lauter kleine Geister hüpfen sah. Erschrocken schlug sie mit dem Löffel danach, doch sie sprangen immer wieder herbei. Erst als die Nudeln gekocht waren, verschwanden die unheimlichen Gesellen.

Das Marterl des Wildschützen

Neben dem Hof des Wolfgrubers auf der Parsberger Höhe befand sich ein Gedenkstein für einen erschossenen Wilderer (Anmerkung 29). Darüber berichtete Katharina Kreidl aus Wörnsmühl um 1908: *Der Vater des verstorbenen Wolfgruberbauern stellte es mit Hilfe eines Maurers auf den Sockel. Am andern Morgen war das Marterl abgehoben und es stand neben dem Sockel.*

Der Bauer wurde zornig und ließ eine Eisenstange ins Marterl eingießen, damit es niemand mehr abheben könnte. Bauer und Knecht hielten Wache in der Nacht. Um 12 Uhr in der Nacht gab es einen Krach. Die beiden sahen erschrocken um. Dann gingen sie zum Marterl, und es war zerbrochen. Das Marterl liegt seitdem im Gras.

Ob es sich bei dem Marterl um einen Gedenkstein für den am 24. 8. 1830 im Alter von 30 Jahren ums Leben gekommenen Kaspar Leidgschwendtner aus Osten handelte, der – wie es hieß – aus Versehen von Mitwilderern erschossen worden war, ist nicht bekannt, aber möglich. (Anmerkung 33)

Ausschnitt aus Zeichnung von Simmler,
Gartenlaube Jg. 1869 Nr. 37, Illustriertes Familienblatt

Der Grenzfrevler bei Sonnenreuth

Vor mehr als 300 Jahren hatte der Widdmannbauer über die Grenzen seines Feldes geackert und so seine Nachbarn betrogen, ohne dass sie es bemerkt hatten. Zur Strafe dafür musste er nach seinem Tod umgehen. Mit einer schweren Ackerfurche auf den Schultern schleppte er sich jede Nacht über ein Feld nahe Niklasreuth, jammerte und stöhnte zum Steinerweichen und fragte voller Verzweiflung, wo er seine ihn fast völlig niederdrückende Last endlich loswerden könnte.

Einmal hörte ihn die Huberbäuerin von Sonnenreuth. Sie hatte Erbarmen mit dem unglückseligen Geist und rief ihm mitleidig zu:

„Na leg's halt dahin, wo du's hergenommen hast!“

Im selben Augenblick war der Geist des Widdmannbauern erlöst und konnte den ewigen Frieden finden. (Anmerkung 31)

Die Franzosen in Niklasreuth

In den Jahren 1800 bis 1801, während der Napoleonischen Kriege, hausten die Franzosen, die das Land besetzt hatten, ganz verheerend im Leitzachtal. Sie raubten, brandschatzten, vergewaltigten und mordeten, dass die leidgeprüfte Bevölkerung Bittgänge und Votivtafeln versprach, wenn sie nur endlich von der Plage befreit würde. Auf einer Gedenktafel in der Kirche von Niklasreuth wird darüber berichtet, wie die Franzosen beinahe ganz Niklasreuth abgebrannt hätten:

Im Jahr 1800 den 6. Dezember, also am Schutzfest des hl. Nikolaus, geriet das Dörflein samt dem Gotteshaus in die größte Gefahr. Die französischen Truppen zündeten bei ihrem Durchmarsch allhier das Haus des Mair an (es soll in dem Haus ein Schuss gefallen sein, den die Franzosen auf sich gemünzt ansahen) und da sie das Löschen verhinderten, nahm die Feuersbrunst sogleich überhand. Die Hitze wurde so groß, dass im Riebendlhaus die Fensterscheiben zersprangen etc.

In vielen Kirchen und Kapellen der Umgebung hängen noch Votivtafeln aus dieser Zeit, die von dem Elend und wunderbarer Rettung berichten, so beispielsweise in Fischhausen, Elbach, Esterndorf oder Helfendorf.

Der Teufel und die Kirchenschwänzer

Eine Sage aus Niklasreuth, die erzählt, wie der Teufel von einem pfiffigen Bauern überlistet wurde, wurde im Jahr 1908 von Andreas Bacher aus Schwarzenberg mitgeteilt:

Der Kaltnerbauer von Niklasreuth blieb an einem Sonntagvormittag mit den Kindern von der Kirche daheim. Die Kinder fanden ein Buch und fingen an zu lesen. Auf einmal kam der Teufel. Er schaute aus wie ein Bock. Die Kinder erschraken und schrien.

Da kam der Vater und fragte: „Was ist denn los?“

Der Teufel sagte: „Du musst mir ein Kind geben! Die haben in der Kirchzeit gelesen. Drum musste ich kommen“.

„Oho“, sagte der Vater, „das wird so schnell nicht gehen!“

„Ja, wetten wir“, sagte der Teufel. „Du kannst mir eine Arbeit schaffen, die ich fertigbringen soll, bis Du alles rückwärts liest, was die Kinder gelesen haben“.

Dann hat ihm der Vater einen Metzen Leinsamen in die Hühnersteige geschüttet. „So, die Samen musst alle oaschicht (einzeln) ausklauben.“

Auf 1, 2, 3 ging das Lesen und das Klauben los. Es dauerte lang. Aber der Vater schreit auf einmal: „Gwunna is!“ wie der Teufel mit dem Leinsamklauben noch nicht fertig war. Da hatte der Teufel die Wette verloren und musste wieder verschwinden, ohne dass er ein Kind mitnehmen durfte. (Anmerkung 26)

Die Goldmacher von Harraß

Einst wollten sich ein paar arbeitsscheue Gesellen aus Harraß (Anmerkung 34) bei Niklasreuth nicht länger mit der schweren Bauernarbeit herumplagen, sondern auf leichtere Art zu dem für ihre Ansprüche notwendigen Geld kommen. Sie setzten sich zusammen und beratschlagten, wie das am besten zu bewerkstelligen sei.

„Gold müsste man machen können!“, seufzte einer sehnsüchtig.

„Ja wenn das so leicht wäre, dann hätten es vor uns sicher schon andere gemacht!“, erklärte ein anderer.

Ein Dritter aber meinte: „Wenn man's richtig anstellt, müsst 's schon gehen!“

„Und wie stellt man's richtig an?“, fragte neugierig der Erste.

Der Angesprochene senkte seine Stimme zu einem so leisen Raunen, dass nur seine Freunde ihn verstehen konnten und erklärte dabei: „Man muss Mehlwürmer fangen und mit fetter Milch und dem Staub, der beim Feilen von Messing abfällt, füttern.“

„Und dann, wie bekommt man dann Gold?“, erkundigte sich einer der anderen verblüfft.

„Ganz einfach!“, behauptete sein Freund. „Wenn sich die Milch und der Staub in ihren Mägen ordentlich vermischt haben, dann spucken sie das Ganze wieder aus, weil sie das Metall nicht vertragen, und das wird, wenn es trocken ist, Gold.“

Das überzeugte alle und voller Begeisterung machten sich die Leute ans Werk, fingen Unmengen von Mehlwürmern, feilten Messing zu Staub und verbrachten viel Zeit damit, die Tiere damit und mit Milch zu füttern.

Aber obwohl sie die Mehlwürmer geradezu mästeten, weigerten sich diese hartnäckig, Gold auszuspucken. Nach einigen Wochen ging den Goldmachern die Geduld aus und sie suchten nach einem Weg, schneller ans Ziel ihrer Wünsche zu gelangen.

„Sie sind jetzt fett genug. Wir kochen sie aus, dann muss das Gold aus ihren Mägen heraus!“, glaubte einer von ihnen mit Bestimmtheit zu wissen. Gesagt, getan. Aber wieder erwies sich der Rat als ein Fehlschlag. In dem Topf mit den gekochten Mehlwürmern war nicht die geringste Spur von Gold, ja nicht einmal von Messing zu entdecken, so, als seien die Tiere gar nicht mit dem Metall gefüttert worden.

„Das kann doch nicht mit rechten Dingen zugehen!", wunderte sich einer von ihnen. Derjenige aber, der den Vorschlag mit den Mehlwürmern gemacht hatte, meinte verbissen:

„Wir müssen sie auspressen, dann kommt das Gold schon heraus, irgendwo muss es ja sein!"

„Am besten lassen wir das gleich in der Münze in München machen", schlug sein Freund eifrig vor, „dann geht das Geldmachen gleich in einem Aufwasch mit!"

Noch in der gleichen Stunde fuhr einer der Männer mit dem kostbaren Topf voller gekochter Mehlwürmer Richtung München los. Aber er war erst bei Feldkirchen angekommen, als plötzlich ein Hase vor ihm über den Weg sprang.

„Aus ist's!", dachte der Mann, der sehr abergläubisch war, erschrocken, denn es galt als besonders schlechtes Vorzeichen, wenn einem bei einem bestimmten Vorhaben ein Hase über den Weg lief. „Jetzt kann's ja gar nicht mehr gutgehen!"

Er machte auf der Stelle kehrt und fuhr schnurstracks nach Harraß zurück. Am nächsten Tag versuchte ein anderer sein Glück. Er kam immerhin bis Haar, da begegnete ihm ein altes Weiblein.

Auch das war ein schlechtes Vorzeichen. Trotzdem wollte er das Vorhaben nicht aufgeben, aber als er der Frau auswich, kippte sein Wagen um und stürzte in den Straßengraben. Der Topf mit den Mehlwürmern, den er die ganze Zeit wie einen Augapfel gehütet hatte, wurde aus seiner Hand geschleudert und der wertvolle Inhalt in hohem Bogen in der ganzen Gegend verstreut. Nun musste auch er unverrichteter Dinge zurückkehren.

Von da an gaben die Männer ihren Plan, Gold zu machen, auf und verdienten ihren Lebensunterhalt wieder mit der harten, ungeliebten Bauernarbeit.

Der Schatz in der Ruine Altenwaldeck

Vor mehr als 120 Jahren gingen einmal die Buben vom Heißkistler zu der etwa dreihundert Meter vom Hof entfernt liegenden Ruine der Burg Altenwaldeck, Stammburg der Waldecker. Da entdeckten sie sehr schöne flache „Plattln", mit denen es sich besonders gut „Stöcka-Plattln" (Anmerkung 35) ließ. Voller Begeisterung spielten die Kinder und waren so in ihr Tun vertieft, dass sie erst ans Aufhören dachten, als die Dunkelheit schon hereinbrach. „Jetzt müssen wir heim!", meinte einer der Buben.

Bauernfamilie beim Tischgebet. Lorenz Quaglio 1826

„Aber die schönen Plattln nehmen wir mit!", erklärte ein anderer. „Damit kann man so schön spielen!"

Da kam plötzlich von irgendwoher, keiner konnte genau sagen woher, ein zwar kleiner, aber ganz feuerroter Hund gelaufen, der fürchterlich bellte. Die Buben erschraken darüber so sehr, dass sie die Plattln wegwarfen und davonliefen. Nur einer hatte sein Plattl fest in der Hand behalten. Zuhause angekommen sahen sie, dass das vermeintliche Plattl ein schöner Taler war. Seitdem glaubt man, dass in der Ruine ein Schatz verborgen ist. (Anmerkung 36)

Der betrügerische Wirt von Au

Es mag schon etwa 230 Jahre her sein, da war in Au des Nachts oft eine verzweifelt klingende Stimme zu hören, die schrie:

„Drei Quartel sind keine Maß und 3 Vierling sind kein Pfund!"

Dabei war weit und breit kein Mensch zu sehen.

Wie es heißt, handelte es sich bei dem Rufer um einen verstorbenen Wirt aus Au, der nach seinem Tod umgehen musste. Er hatte zu Lebzeiten viele Menschen betrogen, weil er ihnen aus Geiz und Raffgier in seinem Gasthaus zu wenig eingeschenkt oder – zu einer Zeit, da nur wenige rechnen konnten – falsche Geldbeträge gewechselt hatte. (Anmerkung 31)

Der starke Christoph in der Taxakapelle von Au

Der Schnellrieder Christoph, der im 18. Jahrhundert bei Au lebte, soll so stark gewesen sein, dass ihm in weitem Umkreis keiner an Kraft gleichkam. Als etwa um 1750 die Taxakapelle in Au (Anmerkung 37) umgestaltet wurde, soll er für den Bau einen Felsbrocken auf seinen Schultern herbeigetragen haben, den zuvor neun Männer nicht einmal mit vereinten Kräften hatten fortbewegen können. Dieser erstaunliche Kraftakt des Schnellrieder Christoph ist auf dem Deckengemälde der Kapelle dargestellt.

Das Hochwasser bei Jedling

Im Jahre 1780 soll einmal nach einem ungewöhnlich heißen Tag ein solch schlimmes Unwetter über Jedling und Ableiten niedergegangen sein, dass daraufhin die Wiesen beim Hackengraben „14 Schuh tief" unter Wasser standen.

Wie es heißt, haben die Kinder damals in einem Kasten darauf fahren können.

Marinus und Anianus am Irschenberg

Zwei adelige Irländer, Marinus und dessen Schwestersohn Anianus, wanderten als Missionäre im Auftrage des Papstes Eugen I. in unsere Heimat und wirkten von 657 - 659 zur Befestigung des Glaubens auf dem Irschenberge.

Der Wanderbischof Marinus ließ sich in Wilparting nieder, sein Diakon Anian siedelte sich in Alb an. 697 wurde Marinus von einer streifenden Horde Wenden, die Schätze von ihm forderte, gemartert und dann verbrannt. Anian starb am selben Tage in Alb eines natürlichen Todes.

So schreibt Ludwig Lechner 1912 in „Das Leitzachtal":

Schon etwa 50 Jahre später wurden die sterblichen Überreste der beiden Heiligen, die sich wegen ihres vierzigjährigen segensreichen Wirkens in der Bevölkerung großer Beliebtheit erfreut hatten, in einer ersten Wilpartiger Kapelle feierlich neu bestattet.

Wilparting war die erste christliche Kultstätte im weiten Umkreis. Bei Restaurierungsarbeiten an der Kirche wurden Fundamente aus romanischer Zeit (Anmerkung 38) entdeckt. Die heutige Kirche wurde 1729 erbaut.

Marinus und Anianus

Um die unter dem Hochaltar ruhenden Gebeine der Heiligen entbrannte mehrmals ein Streit zwischen Wilparting und Rott am Inn, da sowohl das dortige Benediktinerkloster wie auch die Wilpartinger behaupteten, die echten Reliquien zu besitzen. Bei Graböffnungen in den Jahren 1723 und 1776 durch die Freisinger Erzbischöfe wurde bestätigt, dass es sich bei den Gebeinen in Wilparting um die echten Reliquien handelt.

In einem Kästchen über der Türe zur Sakristei wird eine halbkugelförmige Glocke aufbewahrt, von der die Legende berichtet, dass damit Marinus die Gläubigen zum Gottesdienst zusammenrief. (Anmerkung 39)

Auf dem Platz, wo einst die Zelle von Marinus war, steht heute die ursprünglich spätgotische Veitskapelle, nur ein paar Meter von der Kirche entfernt. Die Anianus-Kirche in Alb bezeichnet die Stelle, wo sein Diakon gelebt und gewirkt hat.

Die heilkräftige Quelle von Wilparting

Der Legende nach hat der Hl. Marinus einst eine Quelle am Irschenberg zum Sprudeln gebracht und sie dadurch geweiht, dass er seinen Bischofsring hineinwarf. (Anmerkung 40)

Das Wasser galt als besonders heilkräftig bei Augenleiden, wurde aber von den Wallfahrern auch getrunken.

Möglicherweise befand sich die Quelle früher in der nur wenige Meter von der Kirche entfernten Veitskapelle, die oft „Taufkapelle" genannt wurde. In späteren Zeiten wurde jedoch das Wasser des „Marinibrünnls" (Anmerkung 41), das etwa 100 Meter unterhalb der Kirche liegt und mit einem kapellenartigen Holzbau überdacht ist, von den Wallfahrern getrunken und für Augenwaschungen verwendet. Heute ist die Wallfahrt nach Wilparting fast in Vergessenheit geraten, nur einmal im Jahr findet ein Bittgang hierher statt.

Die Glocken von Wilparting

Eine ungewöhnliche Begebenheit, die sich vor mehr als dreihundertfünfzig Jahren zugetragen haben soll, erzählte Ende des vorigen Jahrhunderts F. Schenk aus Miesbach:

Es war der hl. Weihnachtsabend 1672. Der Mesner zu Frauenried schlief auf der Ofenbank, um sich für seine Arbeit während der Mette zu stärken. Er gedachte nicht des Aveläutens. Da klopfte die Nachbarin an das Stubenfenster und rief:

„Mesner, z' Wilparting läutens das Gebet! Mach, dass du in d' Kirch kimmst!"

Schlaftrunken erhob sich der Kirchendiener und verließ dann das Haus. Auf dem Wege zur Kirche vernahm er deutlich das Glockengeläute von Wilparting herüber. Am Weihnachtsfeste erfuhr er von den Irschenbergern, dass die Glocken von Wilparting von selbst zu läuten begannen, um den Mesner von Frauenried an seine Pflicht zu erinnern.

Die Meerfräulein bei Wilparting

Vor vielen Jahrhunderten, so erzählen die ganz Alten, floss im Röthengraben, der sich zwischen Wilparting und Alb hinzieht, ein kleiner Fluss. An seinen Uferhängen befanden sich tiefe Höhlungen. Sie wurden von den Leuten „Frauenhäusl" genannt. Dort sollen nämlich früher „Meerfräulein" gewohnt haben.

Des Öfteren, besonders nach schweren Unwettern, wenn der Bach viel Wasser führte, soll ihr zauberhafter Gesang weithin zu hören gewesen sein. Sie waren aber so scheu, dass nie jemand sie zu Gesicht bekam.

Aber schon seit mehr als hundert Jahren sind die Höhlen nun leer und auch der liebliche Gesang der Meerfräulein ist schon sehr lange von niemandem mehr vernommen worden.

Wie Wilparting vor den Hunnen gerettet wurde

In der Zeit 907-955, in der wilde Reiterhorden der Hunnen in Bayern einfielen und eine Spur von Mord, Brand und Verwüstung hinter sich herzogen, blieb Wilparting verschont. Wie es heißt, hatte dichter Nebel den Ort so eingehüllt, dass die Feinde die Kirche nicht finden konnten und daran vorüberritten, ohne sie zu bemerken. (Anmerkung 42)

Das Irrlicht am Irschenberg

Vor vielen, vielen Jahren war einmal durch längere Zeit hindurch auf einem Feld am Irschenberg jede Nacht ein kleines blaues Flämmchen zu sehen, das wie suchend hin und her irrte. Wer sich nahe genug heranwagte, der konnte eine geisterhafte Stimme verzweifelt fragen hören: „Wo soll ich ihn hinstecken?“

Das ging so lange, bis einmal ein beherzter Mann antwortete:

„Dann tue ihn halt dorthin, wo du ihn hergenommen hast!“

Von da an war das blaue Lichtlein verschwunden. Wie es heißt, war es die Seele eines Verstorbenen, der zu Lebzeiten einen Grenzpfahl versetzt hatte und daher in der Ewigkeit keine Ruhe finden konnte, bis er das Unrecht gesühnt hatte. (Anmerkung 31)

Das Steinkreuz bei Marksteiner am Irschenberg

Am Weg von Marksteiner nach Mösl am Irschenberg befindet sich ein Steinkreuz mit einem Sockelaufsatz, auf dem sich früher ein geschmiedetes Kreuz befand, Es stammt aus der Zeit zwischen 1750 und 1800 und hat die Buchstaben „WH“ eingraviert.

Steinkreuz bei Marksteiner. Foto Josef Hatzl

Das Kreuz, das einst den Stein krönte, ist heute aber nicht mehr vorhanden. Auf dem kürzlich erneuerten Bild auf dem Stein ist der Grund für dessen Errichtung abgebildet. Wie es heißt, soll an dieser Stelle der Karlingerbauer durch einen Schlaganfall plötzlich und völlig unerwartet den Tod gefunden haben. Andere behaupten, dass an dieser Stelle die Grenze zum Gebiet der Waldecker war und das Steinkreuz diese genau bezeichnete. (Anmerkung 43)

Die Wilde Jagd und der Oberhaslinger

In manchen Nächten erhebt sich plötzlich, wie es scheint ohne Grund, ein furchterregender Orkan. Er braust durch die Wälder und lässt sie ächzen und stöhnen, reißt Felsbrocken aus den Bergen und schmettert sie ins Tal und peitscht das Wasser in den Seen zu haushohen Wellen auf. Inmitten dieser Naturgewalten aber rast – so raunen die Alten – die Wilde Jagd. (Anmerkung (12)

Voraus stürmt der finstere Wilde Jäger, gefolgt von bewaffneten, geisterbleichen Männern in schimmernden Rüstungen und von hexenartigen Weibern in altertümlichen Gewändern. Begleitet werden sie von einer Meute lärmender Hunde und von zahllosen, schauerlich heulenden Nachtvögeln.

Meistens hetzen sie unbarmherzig ein Geisterpferd oder ein koboldartiges Holzweiblein (Anmerkung 44), das sie, sowie sie seiner habhaft werden, in Stücke reißen und verschlingen.

Diese höllischen Mächte, die zwar den größten Teil des Jahres in den Abgründen der Unterwelt angeschmiedet sind, werden zu bestimmten Zeiten freigelassen, und können dann ihr Unwesen auf der Erde treiben. Besonders gefährlich ist es von Allerheiligen über die Weihnachtszeit bis Hl. Dreikönig. Aber auch sonst, unterm Jahr, ist man nicht sicher vor den unheimlichen Gesellen.

Wehe dem Menschen, der den Weg des wilden Geisterheeres kreuzt! Wenn er nicht weiß, wie er sich in dieser Gefahr richtig verhalten muss, wird er ergriffen, mitgerissen und so lange in einem tollen Wirbel durch die Lüfte mitgeschleppt, bis auf Erden das Gebetläuten anhebt. Dann erst bricht die Macht der Geister, und sie müssen ihr armes Opfer freigeben. Sie lassen es meist einfach dort fallen, wo sie sich gerade befinden, ganz gleich, ob über Berg oder Tal, über Wald oder See. Es heißt, viele seien von solch einer wilden Fahrt nicht mehr lebendig zurückgekehrt, andere hätten nach ihrem schrecklichen Abenteuer mit dem Geisterheer ihr Lebtag lang nicht mehr froh werden können.

Vor mehr als hundert Jahren machte sich der alte Raintaler, ein Maurer aus Oberhasling, der oft und gerne zu tief in den Bierkrug schaute und auch Schnaps als Ergänzung zu dem nahrhaften Gebräu nie verschmähte, nach einem ausgiebigen Wirtshausbesuch erst spät in der Nacht auf den Heimweg. Als er bei der Kalinger Leite, oberhalb der Auerschmiede angekommen war, vernahm er plötzlich ein unheimliches Brausen in der Luft, das sich in Windeseile näherte und immer lauter und bedrohlicher wurde.

„Das Nachtgjoa!“, fuhr es ihm erschrocken durch den vom Alko-

Federzeichnung von Heinz Schinzel

hol vernebelten Sinn. Aber bevor er sich noch auf den Boden werfen und Hände und Füße kreuzweis übereinanderlegen konnte, hatte ihn der Höllenspuk schon ergriffen und trotz seiner verzweifelten

Gegenwehr, bei dem er seinen Schirm in Stücke und Fetzen schlug, mit unwiderstehlicher Gewalt mitgerissen. Er wurde herumgewirbelt wie ein welkes Blatt im Sturm, dass ihm bald Hören und Sehen verging. In Todesangst verlor der Maurer das Bewusstsein. Als er endlich wieder zu sich kam, lag er in Unterholz vor der Türe des Hofes vom Holznerhansei. Er klopfte wild an die Türe, bis ihm aufgemacht wurde. Übel zugerichtet, mit Beulen, Blutergüssen und blutigen Schrammen am ganzen Körper und völlig zerfetztem Gewand torkelte er mit letzter Kraft in die Stube und schrie:

„Tür zu, Tür zu, dass es nicht rein' kann!"

Gleichzeitig mit seinem Eintritt verbreitete sich ein furchtbarer Gestank in der Stube.

Ob sich der alte Raintaler nach diesem schrecklichen Erlebnis gebessert und weniger dem Alkohol zugesprochen hat, wird nicht berichtet. (Anmerkung 45)

Die Wilde Jagd bei Leiten und Loiderding

Katharina Weinmayer von Irschenberg erzählte um 1908 auch von zwei Begegnungen mit der Wilden Jagd:

Eines Tages saßen die Dienstboten des Leitnerbauern nach dem Feierabend auf der Hausbank. Da zog das Nachtgjoa über den Leitnerbauerngraben Winastött zu. Es war ein fürchterliches Getöse, Geschrei und Gepolter. Später, als ein Knecht des Leitnerbauern nach Wendling ging, sah und hörte er das Nachtgjoa in ganz kleiner Entfernung. –

Einmal gingen zwei Männer von Loiderding nach Hause.

In der Salzhuber Weide hörten sie ein Gewimmer, als ob ein kleines Kind in der Nähe wäre. Als sie nachsehen wollten, entfernte es sich mit ärgerem Geschrei immer weiter ins Holz hinein.

Das Steinkreuz in Schlachtham und die Bildsäule in Pfaffing

In Schlachtham bei Irschenberg, nördlich der Autobahn, gibt es ein Steinkreuz in Gestalt des „Eisernes Kreuz" mit der eingravierten Jahreszahl 17+32. Warum es gesetzt wurde und an welches Ereignis es erinnern soll, ist nicht bekannt. (Anmerkung 46)

Bildsäule in Pfaffing. Foto von Heinz Schinzel

Nur wenige hundert Meter weiter steht vor der Kirche von Pfaffing eine Steinsäule mit drei Bildfeldern. Nur auf dem vordersten ist noch schwach eine Abbildung zu erkennen. (Anmerkung 50) Auf der Tuffsteinsäule ist die Jahreszahl 1602 eingraviert. Wahrscheinlich handelt es sich um eine Marter- oder Pestsäule. Näheres ist nicht bekannt.

Das Sühnekreuz bei Buchfeld und die Marieneiche an der Fehleiten

Bei Buchfeld, an der Straße von Irschenberg nach Pfaffing, befand sich früher an der Abzweigung, die nach Lanzing führt, ein Sühnekreuz (Anmerkung 47), das möglicherweise noch aus der Zeit des Dreißigjährigen Krieg oder sogar noch davor stammte. Näheres ist nicht überliefert. Heute ist es nicht mehr vorhanden. Was damit geschehen ist – vor etwa vierzig Jahren wurde es noch fotografisch dokumentiert und beschrieben – konnte nicht in Erfahrung gebracht werden. Nicht selten wurden Sühnekreuze von Nachfahren entfernt, damit die Tat dessen, der es errichten hatte müssen, endlich in Vergessenheit geraten konnte.

Nur etwa einen Kilometer weiter an der Fehleiten hinunter, an der Straße nach Lanzing. hängt am Stamm einer uralten, schon hohlen, aber mächtigen Eiche – im Volksmund „tausendjährige Oach" genannt – ein Gnadenbild der Muttergottes, als Lourdesgrotte gestaltet (Anmerkung 48). Die Statue steht in einem verglasten Holzschrein, der fast völlig von Efeu umwachsen ist. Hier beten die Wallfahrer, die von Grafing nach Birkenstein pilgern, jedes Jahr einen Rosenkranz. Ältere Einwohner vom nahegelegenen Götting erinnern sich, dass es früher üblich war, dass alle Kinder und Lehrer der Dorfschule jedes Jahr einmal zur „Frau Oach" wanderten und dort Marienlieder zu Ehren der Gottesmutter sangen.

Auf einer Tafel an der Straße neben der Eiche (Anm. 49) steht:

> *Die Verknüpfung vom Eichenbaum mit der Gottesmutter Maria entstand im Mittelalter. Man fühlte, wie die Stärke der Eiche vergleichbar war der seelischen Kraft die Maria am Leidensweg ihres Sohnes aufbringen musste. Überdies war die Eiche einst für Mensch und Tier ein nährender Baum. Dieser mütterliche Aspekt entsprach entsprach ebenfalls der Gottesmutter Maria.*

Die Lourdesgrotte „Frau Oach“ an der Fehleiten.
Foto von Heinz Schinzel

Maria am Waldrand bei Imbuchs

Etwa einen Kilometer weiter, der Straße von Irschenberg Richtung Pfaffing folgend, kurz vor der Abzweigung nach Imbuchs, steht links am Waldrand eine Steinsäule neueren Datums mit einer Darstellung von Maria mit dem Jesuskind. Der Bildstock ist etwa 50 m von der Straße entfernt. (Anmerkung 51)

Welcher verzweifelte Mensch hier um die Hilfe der Gottesmutter flehte und Erhörung in seinem Anliegen fand, ist nicht bekannt. Nur der hier errichtete Bildstock, zeugt von seinem tiefen Glauben, der ihn hier sein in der Not gegebenes Gelübde erfüllen ließ.

Maria am Waldrand. Foto Heinz Schinzel

Der Heidentempel in Vagen

Der Sage nach soll die alte Kirche in Vagen auf einem ehemaligen Heidentempel errichtet worden sein.

Burg Schreckenstein und die unterirdischen Gänge bei Bergham

Am Ufer der Mangfall bei Bergham (Anmerkung 52) lag einst eine Burg, von der Bevölkerung „Schreckenstein" genannt:

„Nuinburg" Falkensteiner Codex um 1170

Einst hauste auf dem Schreckenstein ein steinreiches Burgfräulein; ihren Vater erschlug ein schiecher Heide. Darüber härmte sich das arme Dienai zu Tode; aus Strafe nun, weil sie nicht auf Gott getraut und fleißig gebetet hat, muss sie jede Nacht durch einen unterirdischen Gang auf das Schloss jenseits der Mangfall gehen. Ein braves Kind, das fleißig bete, Gott liebe und seine Eltern nie erzürne, könne sie erlösen, es sei aber ein solches Kind nicht gewesen. (Oberb. Archiv 1845 7. Bd. II. Heft 256

Burg Schreckenstein, die „Nuinburg" Neuburg bei Vagen und die Altenburg sollen laut Sage durch unterirdische Gänge unter der Mangfall hindurch miteinander verbunden sein.

Die Schatzgräber auf der Neuburg bei Vagen

Dort, wo einst die um 1080 gegründete Neuburg bei Vagen (Anmerkung 53) stand, sollen reiche Schätze verborgen sein. Immer wieder gruben Leute aus der Umgebung danach, die durch die jahrhundertelang weitergegebene Überlieferung davon wussten, jedoch fast immer vergebens.

Einmal aber fanden zwei solche Glücksritter tatsächlich eine riesige Truhe voller Gold und alten Münzen, weil sie alle Vorschriften, die für eine erfolgreiche Schatzsuche notwendig sind, beachtet hatten. Wie wohl jeder weiß, kann man mit Hilfe des Teufels alle versteckten Schätze finden. Und der Böse kann einem auch nichts anhaben, wenn es einem gelingt, die ganze Prozedur schweigend durchzuhalten, auch auf dem Hin- und Rückweg. Und man darf sich keinesfalls von seltsamen oder unheimlichen Dingen, die möglicherweise geschehen, erschrecken oder beirren lassen.

Die beiden Männer hatten es geschafft, die Truhe auszugraben, ohne ein Wort zu sprechen oder auch nur einen Laut von sich zu geben. Zu ihrem Pech aber war sie so schwer, dass sie diese unmöglich ohne Hilfe nach Hause schaffen konnten. Sie verständigten sich mühsam durch Zeichensprache und kamen überein, dass einer von ihnen bei der Truhe warten und Wache halten sollte, während der andere versuchen wollte, ein geeignetes Transportmittel aufzutreiben. Dieser kam nach geraumer Zeit mit einem schmalen Fuhrwerk zurück.

Ohne ein Wort zu sprechen und jedes Ächzen oder Stöhnen mühsam unterdrückend, wuchteten die beiden Freunde die schwere Truhe auf den Wagen, klopften sich voller Freude nach vollbrachter Arbeit gegenseitig auf die Schultern und schüttelten sich triumphierend die Hände. Dann stiegen sie selbst auf das Fuhrwerk, um ihren Schatz sicher nach Hause zu bringen. Vorsichtig lenkten sie das Gefährt zwischen den Bäumen hindurch, bis sie einen kleinen Feldweg erreicht hatten, wo sie leichter und rascher vorwärtskamen.

Sie waren aber noch nicht weit gefahren, als sie plötzlich mitten auf der Straße ein kleines Kind wie schlafend liegen sahen. Da schrie der eine, als sein Freund unbeirrt, als hätte er es nicht bemerkt, weiterfuhr, voller Schrecken: „Halt, pass auf das Kind auf!“

Im gleichen Augenblick jedoch, in dem diese Worte über seine Lippen gekommen waren, war das Kind verschwunden, so, als hätte es der Erdboden verschlungen. Aber auch die Schatztruhe auf dem Wagen war fort und wurde nie mehr gefunden. So mussten die Männer ohne den erhofften Reichtum nach Hause fahren. Sie hatten sich zu früh gefreut und nicht mit der Tücke des Teufels gerechnet. Doch insgeheim waren sie froh, ansonsten unbeschadet aus dem Pakt mit dem Bösen herausgekommen zu sein.

Die Wilde Jagd am Seehamer See

Am Seehamer See war vor langer Zeit einmal ein Mann so unvorsichtig, sich noch nach dem Gebetläuten an einer Wegkreuzung aufzuhalten. Plötzlich vernahm er ein seltsames Brausen in den

Lüften, das sich mit unheimlicher Geschwindigkeit näherte und immer stärker wurde.

„Die Wilde Jagd!“ (Anmerkung 12) Der Schrecken über diese Erkenntnis lähmte ihn einen Augenblick derart, dass er stocksteif stehenblieb. Dann warf er sich rasch zu Boden. Aber es war zu spät. Noch ehe es ihm gelungen war, Arme und Beine gekreuzt übereinanderzulegen – was man, wie jeder weiß, tun muss, wenn man eine Begegnung mit der Wilden Jagd unbeschadet überstehen will –, fegte das Geisterheer bereits mit ungeheurer Gewalt über ihn hinweg. Alles ringsum war von einem derartigen Lärmen, Wirbeln und Tosen erfüllt, wie er es sich in seinen schlimmsten Träumen nicht hätte vorstellen können. Er glaubte, sein letztes Stündlein habe geschlagen, und vor Angst schwanden im fast die Sinne. Plötzlich spürte er einen scharfen Schmerz im Rücken, gerade so, als hätte ihm jemand ein Messer hineingerannt. Er stöhnte laut auf, wagte es aber nicht, sich nach der Ursache umzublicken.

Der Höllenspuk verschwand ebenso rasch, wie er gekommen war. Dennoch getraute sich der Mann erst nach langer Zeit aufzustehen und nach Hause zu gehen. Die Stelle an seinem Rücken schmerzte höllisch, und daheim stellten seine Angehörigen fest, dass dort wirklich ein Messer steckte. Doch trotz aller Anstrengungen gelang es niemandem, es herauszuziehen. Keiner konnte ihm helfen, bis er nach ein paar Tagen eine kluge alte Frau, die sich auf allerlei Künste verstand, um Rat fragte. Diese riet ihm:

„Gehe in einer Nacht, in der die Wilde Jagd wieder unterwegs ist, zu dem Ort, wo sie dir damals begegnet ist. Wenn du dich an der gleichen Stelle mit überkreuzten Armen und Beinen niederlegst, müssen die bösen Geister dir das Messer aus dem Rücken wieder herausziehen.“

Der Mann tat, wie ihm die Alte geraten hatte. Und siehe da, nachdem die Wilde Jagd wieder über ihn hinweggebraust war, war das Messer aus seinem Rücken und damit der höllische Schmerz verschwunden.

Das Burgstallmanndl vom Seehamer See

Vor vielen Jahrhunderten, als die Anwohner rund um den Seehamer See noch den heidnischen Gottheiten anhingen, hieß der See Ostersee, nach der germanischen Frühlingsgöttin Ostara. Jedes Jahr im Frühling wurde damals zu Ehren der Ostara ein großes Fest abgehalten und ihr auf dem See ein Opfer gebracht. Zu jener Zeit stand auf einer Insel im westlichen Teil des Sees eine stolze, wehrhafte Burg (Anmerkung 54). Dort lebte im 7. Jahrhundert n. Chr. der Ritter Sigebot. Er war ein lebenslustiger Mann, der oft mit seinem Gefolge auf die Jagd zog und gerne Feste feierte, der aber auch den alten heidnischen Göttern ein treuer Anhänger war und der die Lehre des Christentums, die an verschiedenen Orten im Land Fuß fasste, erbittert bekämpfte.

Sein fröhliches, unbekümmertes Leben änderte er jedoch schlagartig an dem Tag, an dem seine Gattin, die er über alles liebte, plötzlich und ganz unerwartet starb. Von der Stunde an war Sigebot ein finsterer, unnahbarer Mann, über dessen harte Lippen kein Lächeln mehr kam. Nicht einmal seine einzige Tochter Theodolinde vermochte es, ihn aus seinem Gram, in den er sich vergraben hatte, aufzurütteln.

Es war gerade zu der Zeit, als sich am nahe gelegenen Ursenberg (Anmerkung 55) zwei Missionare, Arian und Marinus, ansiedelten und damit begannen, den Bewohnern des Leitzach- und des Mangfalltales das Evangelium zu verkünden. Ritter Sigebot beobachtete dies misstrauisch und mit wachsendem Grimm. Als einer seiner Leute einmal unvorsichtig genug war, mit Bewunderung von der Lehre und den guten Taten der Fremden zu erzählen, packte ihn fürchterliche Wut und er schrie den erschrockenen Mann drohend an:

„Kein Wort mehr über diesen Christus! Ich lasse nicht zu, dass sogar in meinem Haus die Götter missachtet werden. Niemals soll der Fuß eines Christen meine Schwelle überschreiten oder der Frevler wird es mit dem Tod büßen!“

Zitternd vernahmen das Gefolge und das Gesinde des Ritters diese Worte, am meisten aber erschraken Theodolinde und ihre Dienerin. Beide hatten sich nämlich, nachdem sie einige Male, erst aus Neugier, dann aus Begeisterung den Missionaren zugehört hatten, zu der neuen Lehre bekehrt und sich taufen lassen. Aus Furcht vor dem Zorn des Burgherrn hatten sie es aber bisher noch nicht gewagt, ihren Glauben offen zu bekennen.

Eines Tages im Frühling, kurz vor dem großen Fest der Ostara, begab sich Sigebot auf eine Reise, von der er erst am Tage des Festes zurückkehren wollte. Seine Tochter, die sich seit seiner schrecklichen Drohung nicht mehr getraut hatte, zu den Missionaren zu gehen, glaubte sich sicher und wollte die Abwesenheit des Vaters nützen. Sie sandte heimlich Nachricht an Marinus und bat ihn, in die Burg zukommen, dass sie und ihre Dienerin beichten und die Hl. Kommunion empfangen könnten. Marinus machte sich sofort auf den Weg und schon vor den Toren der Burg kamen ihm die beiden Mädchen entgegen.

„Tretet ein, ehrwürdiger Vater!“, begrüßte ihn Theodolinde und wollte ihn gerade ins Haus geleiten, als plötzlich Sigebot mit seinen Leuten vorzeitig und ganz unerwartet von seiner Reise zurückkehrte. Als er sah, wen seine Tochter in die Burg führen wollte, wurde er weiß vor Wut. Hätte ihn nicht das damals heilige Gastrecht gehindert, er hätte den Missionar auf der Stelle erschlagen. Auf seinen Befehl hin packten seine Knechte Marinus, rissen ihn mit roher Gewalt vom Burgtor weg und jagten ihn fort.

„Ich habe geschworen, dass niemals ein Christ die Schwelle meines Hauses ungestraft überschreiten wird. Ihr alle habt den Schwur gehört!“, tobte der Burgherr voller Grimm und schrie dem Missionar noch drohend nach:

„Falls du noch einmal auf meinem Land angetroffen wirst, bist du des Todes. Das gilt auch für jeden anderen Christen, der sich hier blicken lässt!“

„Halt ein, Vater!“, rief da mit bebender Stimme Theodolinde. „Schwöre nicht, denn auch ich bin Christin!“

Obwohl der Ritter bei diesen Worten bis ins innerste Herz erschrak, blieb er hart und erklärte mit rauer Stimme:

„Du hast gehört, was ich gesagt habe! Mein Wort gilt auch für dich! Morgen, am Fest der Ostara, wirst du dem Christengott abschwören und der Göttin zur Sühne für dein frevelhaftes Verhalten ein Opfer bringen, sonst bist du des Todes!"

Theodolinde wurde leichenblass und zitterte am ganzen Körper vor Furcht, denn sie kannte die Unbeugsamkeit ihres Vaters. Doch trotz ihrer Todesangst bekannte sie: „Vater, ich bin getaufte Christin und werde niemals mehr der Ostara opfern!"

„Elende", schrie da Sigebot voller Grimm, „die Götter werden uns strafen und sich an uns rächen, weil du den Gehorsam versagst! Schwör ab, entartetes Kind, schwör ab, ehe es zu spät ist!"

Aber obwohl das Mädchen vor Angst kaum sprechen konnte, weigerte es sich beharrlich. Da verfinsterte sich das Gesicht des Burgherrn und er ordnete zum Entsetzen aller mit harter Stimme an: „Nun denn, du willst es nicht anders! Dann soll geschehen, was ich geschworen habe: Wenn du morgen der Göttin nicht opferst, wirst du auf den See hinausgebracht und an seiner tiefsten Stelle selbst als Opfer ins Wasser geworfen. Vielleicht wird sie dadurch versöhnt."

Umsonst beschworen ihn seine Gefolgsleute, sich noch einmal zu bedenken und seiner Tochter wenigstens ein wenig mehr Zeit zur Besinnung zu gewähren und das Urteil nicht sofort zu vollstrecken. Aber der Burgherr blieb unnachgiebig. Seine Furcht vor der Rache der Götter war größer als die Liebe zu seinem Kind.

So sah er denn mit versteinertem Gesicht zu, wie Theodolinde am nächsten Morgen, nachdem sie sich erneut vor allen Anwesenden zu Christus bekannt hatte, von zwei Henkersknechten an Händen und Füßen gefesselt und in einem Boot weit in den See hinausgerudert wurde. Dort gab man ihr ein letztes Mal Gelegenheit, angesichts des Todes ihren Entschluss zu ändern und der Göttin zu opfern. Als sie sich abermals weigerte, packten die Schergen sie an Händen und Füßen und warfen sie ins Wasser, wo sie hilflos ertrinken musste.

So aber, als wolle der Himmel selbst diese Freveltat sühnen, ballten sich mit einem Mal dicke schwarze Wolken zusammen und türmten sich zu drohenden Bergen auf. Ebenso plötzlich erhob sich ein wilder Sturm, fegte mit unwiderstehlicher Gewalt heran, peitschte das Wasser des Sees zu haushohen Wellen auf und riss das Laub von den Bäumen, dass sie kahl wie im Winter dastanden. Ein Unwetter, wie es seit Menschengedenken keines gegeben hatte, ging über dem See und der Burg nieder.

Schreiend vor Angst rannten die Leute in die Burg und suchten dort Schutz vor den entfesselten Naturgewalten. Aber umsonst! Mit Unheil verkündendem Zischen schlugen an mehreren Stellen Blitze in das Gebäude und entfachten einen verheerenden Brand. Als endlich alles vorüber war, konnte man von dem ehemals so stolzen Bauwerk nur noch rauchende Trümmer und verkohlte Balkenreste sehen. Von den Bewohnern war keiner mehr am Leben.

Von Stund an war es am Burgstall – so wird seitdem der Platz, an dem die Burg gewesen war, genannt – nicht mehr geheuer.

Jedes Jahr im Frühling, wenn sich der grausame Tod Theodelindes jährt, erhebt sich um Mitternacht der Geist des unseligen Burgherrn Sigebot aus seinem Grab. Er wandelt gleich einem Irrlicht unstet zwischen den Ruinen umher, schleppt sich dann an das Ufer des Sees und starrt hinaus auf die Wasserfläche zu jener Stelle, wo einst seine unglückliche Tochter auf seinen Befehl hin ermordet worden war. Der Spuk dauert bis Glockenschlag 1 Uhr. Dann versinkt das ruhelose „Burgstallmanndl“ – wie der Geist des Ritters von den Leuten genannt wird – wieder in seinem Grab.

„An den Tagen, an denen der Seehamer See, beispielsweise nach einer länger andauernden Trockenheit, einen niedrigen Wasserstand hat, kann man noch heute vom Ufer aus, den ehemaligen Burggraben sehen.“

So behauptet ein Anwohner des Sees. Er erzählt weiter, dass sein Großvater mit ihm und seinen Geschwistern, als sie noch Kinder waren, manchmal zu der Insel, die heute von Eichen und Buchen bewachsen ist, hinübergerudert ist und ihnen dort eine verfallene Treppe, ganz von Gestrüpp und Unkraut überwuchert, gezeigt und dabei gesagt hat, dass diese noch von der ehemaligen Burg stamme.

Am Karsamstag soll früher oft ein seltsames Licht auf der Insel zu sehen gewesen sein, dessen Herkunft sich niemand erklären konnte. Von dem Gemäuer aus sollen drei unterirdische Gänge unter dem See hindurch in verschiedene Richtungen führen, einer zum Schloss Wallenburg, der andere in das nahegelegene Reichersdorf zu einem ehemaligen Heidentempel, der dritte nach Weyarn zum Kloster. (Anmerkung 56)

Die Burg auf dem Hundsbühel

Nahe Brandlberg am Seehamer See, auf dem sogenannten Hundsbühel, war einst die Burg der Ritter von Haslang. An der Westseite des Hügels waren um die Jahrhundertwende vom 19. zum 20 Jahrhundert noch Grabenspuren, Tuffbrocken aus dem Mauerwerk und Gruben als Überreste der Burganlage auszumachen (Anmerkung 57). Sie soll im Jahre 1045 dem Fricco von Hasanlangari gehört haben. Die Ritter von Haslanger aber suchten sich später einen anderen Besitz und eine andere Einnahmequelle und gaben die Burg am Hundsbühel dem Verfall preis.

Der Teufel am Seehamer See

Der Heimatpfleger von Weyarn, Josef Hatzl aus Bruck, der sich in dem Gebiet auskennt wie kaum ein Zweiter, jahrelang geforscht hat und aus der Vergangenheit wieder ans Licht gebracht hat, was sonst der Vergessenheit anheimgefallen wäre, erzählt folgende gruselige Sage:

„Teifirührdi“ am Seehamer See. Foto von Josef Hatzl

Nur einen Steinwurf vom Seehamer See entfernt gibt es eine eigenartige Wasserstelle, in der es umgehen soll.

Wie es heißt, wohnt dort unten der Teufel. Dieser gibt dem Ort auch seinen Namen: „Teifirührdi“ (Teufel rühr dich), nennt der Volksmund diese Stelle. Und der Teufel scheint sich dort tatsächlich im Wasser zu bewegen, denn ständig hebt und senkt sich, wie von Geisterhand bewegt, der Sand auf dem Grund des Wassers.

Die Kinder versuchten früher oft, den Teufel zu wecken, indem sie sich an den Rand der Quelle stellten und laut „Teifi rühr di“ schrien.

Die Ängstlichen unter ihnen suchten ganz schnell das Weite, wenn sich der Grund zu bewegen begann.

Wie viele Sagen, so geht auch diese auf eine wahre Begebenheit zurück. Josef Hatzl schreibt weiter:

„Teufelsfinger“ beim Seehamer See. Foto von Josef Hatzl

Die Sage vom „Teifirührdi“ berichtet von einem Jäger, dem Spielberger Hans, der einen Wilderer erschossen hat. Wohl um einer gerichtlichen Untersuchung und einer eventuellen Strafe zu entgehen, versenkte er ihn in dem Wasserloch. Seitdem sprudelt das Wasser aus dieser Quelle und wenn jemand laut „Teifi rühr di“ ins Wasser hinein sagt, hebt dieser den Finger heraus und kreist darin herum – so die Überlieferung. (Anmerkung 58)

Der reumütige Jäger und die Fahne von Holzolling

Um sich selbst unverwundbar und seine Hand beim Schießen absolut zielsicher zu machen, soll der Jäger Hans Spielberger (Anmerkung 59) einmal eine geweihte Hostie heimlich wieder aus dem

Mund genommen und in seiner Schusshand zerbröselt haben (vgl. S. 286 und Anmerkung 8), so die Sage.

Diese Gotteslästerung soll ihn lebenslang schwer belastet haben und er habe deshalb nicht sterben können, sondern sei bei lebendigem Leib verwest. Zur Sühne für seinen Frevel und um seine Qualen zu lindern, soll der Jäger für die Kirche von Holzolling eine prachtvolle Fahne mit dem Bildnis des Hl. Hubertus gestiftet haben, die aber heute nicht mehr vorhanden ist.

Schloss Wattersdorf. Stich v. Michael Wening 1701

Das verschwundene Schloss von Wattersdorf

Südwestlich von Bach, Richtung Wattersdorf, führte ein Hügel früher den bezeichnenden Namen Schlossberg. Dazu schreibt Josef Hatzl: *„Der Schlossberg" war die Flurbezeichnung eines Grundstücks, das zum Wattersdorfer Schloss gehört hat.*

Das spätere Renaissance-Schloss Wattersdorf in dem gleichnamigen Ort war erst im Jahre 1610 von Bernhard Barth aus Reinthal erworben worden und ist um 1705 an die Grafen von Rheinstein-Tattenbach, die auf Valley saßen, übergegangen.

Heute ist es verschwunden, und wo es einst stand, ist nur eine Wiese mit dem letzten Überbleibsel des Schlosses, dem Schlossstein. Das Gebäude wurde 1933 wegen des schlechten Bauzustandes abgebrochen.

Das „Doppelmord-Marterl" von Neukirchen

Die Einwohner von Neukirchen, einem Ort, der zur Zeit des Geschehens gerade einmal aus zehn Häusern bestand, wurden an Fronleichnam des Jahre 1913 von einem fürchterlichen Geschehen erschüttert, an das ein Gedenkstein im Ort, auf dem die grausige Szene dargestellt ist, erinnert. (Anm. 60))

Im Holzkirchner Merkur Nr. 143/144 vom 16/17. Juni 1963 steht zum 50. Jahrestag der Morde:

Am Fronleichnamssonntag 1913, also fast genau vor 50 Jahren, ereignete sich beim Wirt in Neukirchen eine fürchterliche Bluttat...

Der Bauernsohn Josef Aigner von Kleinseeham mischte sich als völlig Unbeteiligter in einen Streit, machte von seinem im Griffe stehenden Messer Gebrauch und stach den Gastwirt Sebastian Veicht von Neukirchen und den Bauern Johann Moser von Großseeham kaltblütig nieder. Beide waren auf der Stelle tot. (Anm. 61)

Der Grund für diese schreckliche Bluttat war wahrscheinlich in einem, schon lange schwelenden Streit zwischen den zwei Ortschaften Neukirchen und Kleinseeham (Anmerkung 62) zu suchen, wie viele Ortsansässige vermuteten.

Holzkirchner Merkur Nr. 143/144 vom 16/17. Juni 1963 weiter:

Nach der Tat flüchtete Aigner in den Wald, doch soll er in Reichersdorf genächtigt haben. Am anderen Tag stellte er sich selbst der Polizei... Schon am 18.März 1914 wurde er für seine Tat *„zum Tode und zu zehn Jahren Zuchthaus"* verurteilt.

König Ludwig III. begnadigte ihn insofern, dass das Todesurteil aufgehoben und in eine lebenslange Haftstrafe umgewandelt wurde. Josef Aigner wollte zwar eine Wiederaufnahme seines Verfahrens, weil er sich nicht des Mordes, sondern nur des Totschlags schuldig fühlte. Aber dazu kam es nicht mehr, weil er, wie es heißt, im Zuchthaus seinem Leben selbst ein Ende setzte.

Die erschlagenen Bauern von Bach

In den Feuchtwiesen des Wattersdorfer Moores erinnert eine Tuffsteinsäule an drei hier ums Leben gekommene Bauern aus Bach. Die Männer waren auf dem Weg ins Wirtshaus von Wattersdorf, als ein schweres Unwetter aufzog. Sie hatten auf freiem Feld keine Möglichkeit irgendwo Schutz zu suchen und wurden gemeinsam vom Blitz erschlagen. So verloren an einem einzigen Tag drei Frauen in Bach ihre Männer und mehrere Kinder ihre Väter.

Die Tuffsteinsäule ist mit einem schmiedeeisernen Papstkreuz, einem Kreuz mit drei Querbalken (Anmerkung 72), gekrönt.

Das Steinkreuz in Kleinseeham

In Kleinseeham gibt es am Ortsausgang an der Brucker-Straße, Ecke Alte Straße in Richtung Bruck ein Tuffsteinkreuz von 1684. Es wurde 2001 durch den Arbeitskreis für Marterl-Restaurierungen

Doppelmordmarterl
Neukirchen vgl. S. 117

Steinkreuz in Kleinseeham
vgl. S, 118

Steinkreuz Watterdorfer Moor
vgl. S. 118

Pestmarterl in Bruck
vgl. S. 120

Fotos von Josef Hatzl

gereinigt, der Sockel freigelegt und die fast unleserliche Datierung und Beschriftung erneuert. Auf dem Kreuz befinden sich im oberen Teil die Buchstaben HH und darunter die Jahreszahl 1684. Josef Hatzl hat durch seine Nachforschungen dazu herausgefunden:

Das Marterl in Form eines Malteser- oder Johanniterkreuzes erinnert an den ortsansässigen Moarbauern Johann (Hans) Hager, deshalb die zwei Buchstaben HH, welcher nicht weit von hier am 16.9.1684 vom Baum gefallen ist. Seine Frau Anna wurde durch seinen Tod zum zweiten Mal Witwe. Sie ließ das steinerne Kreuz zum Andenken an das Unglück errichten.

Die Untersberger in der Kapelle von Bruck und das Pestmarterl

Der Legende nach soll die uralte romanische Kapelle von Bruck (Anmerkung 63), 1315 erstmals erwähnt, deren Namenspatron der Hl. Rupert ist, von Rupert auf einer seiner missionarischen Reisen selbst erbaut worden sein. Die Kapelle liegt am Rand des kleinen Moorgebietes westlich vom Seehamer See, das einst selbst zum See gehörte, durch dessen langsame Verlandung inzwischen aber versumpft ist. Hier, so heißt es, befinden sich die Massengräber von 391 Pesttoten aus den umliegenden Orten (Anmerkung 23), die im Dreißigjährigen Krieg, als die Seuche im Jahre 1634 so verheerende Ausmaße annahm, ihr Leben hatten lassen müssen, darunter drei Pfarrer aus Neukirchen.

Am Pestmarterl bei Bruck (erneuert 1996 nach altem Vorbild) zieht am 20. Januar jeden Jahres ein Bittgang der Wattersdorfer – gemäß einem Gelübde während der Pestzeit – vorüber, der nach Holzolling zum Pestheiligen Sebastian führt.

Die etwas abgelegene Kapelle galt früher als unheimlicher Ort. Es sollen dort Geistermessen (Anmerkung 18) der Untersberger stattgefunden haben. Jeweils in der Christnacht sollen aus den geheimen Gängen des Zauberberges bei Salzburg die Untersberger Mönche hergekommen sein, um Mitternacht hier in der Kapelle die Mette gefeiert haben und dann in schweigsamem Zug wieder in den Untersberg zurückgekehrt sein.

Die unterirdischen Gänge und die Kreuzgruft bei Reichersdorf

Bei Reichersdorf, zwischen Weyarn und Miesbach gelegen, befand sich in grauer Vorzeit eine uralte heidnische Kultstätte. Auch die unterirdischen Gänge, die sich dort befinden, sollen der Sage nach noch aus dieser vorchristlichen Zeit stammen.

Einer der Eingänge dazu liegt bei der Allerheiligenkapelle im Ort, einer kleinen Rundkirche, die über der heidnischen Kultstätte errichtet worden ist.

Ludwig Lechner beschrieb 1912 die Gänge und die Kreuzgruft nach Aufzeichnungen des Propstes Valentin Steyrer aus Weyarn, der 1646 an Kurfürst Max berichtet hatte:

Am 11. Juli 1640 stieß nun der Schäfflerbauer Hans Westiner von Reichersdorf beim Graben eines Brunnens vor seinem Hause auf die unterirdischen Gänge. Die Leute kamen haufenweise, um das „Wunder" zu sehen, darunter auch der Müller Hans Riesch, der plötzlich in dem unterirdischen Gange von seinem Rückenweh geheilt wurde.

Propst Valentin hat nun viele Wunderheilungen aufgezeichnet, denn nicht bloß den Schweißsand aus den Gängen, auch das Wasser aus dem Brunnen machte der überschäumende Glaube damaliger Zeit wunderwirkend. Halbblinde, Lahme, Gichtbrüchige, Blatternleidende, unterleibskranke Frauen, dann blinde Pferde, euterkranke Kühe wurden geheilt, weshalb Propst Valentin neben dem unterirdischen Gang eine Kapelle zu Ehren aller Heiligen nach eigenem Plan 1644 erbaute. Am 6. November 1644 wurde die Ka-

pelle von Bischof Johann zu Paris, Weihbischof von Freising, eingeweiht.

An die Kapelle war früher ein Anbau angesetzt, der einen bequemen Zugang zu dem Gange bot. Der heutige Eingang wurde 1894 angelegt.

Die Bauart der in Konglomerat, zum Teil aber auch in Sandschichten ausgehauenen Gänge mit ungefähr im Halbkreis ausgehöhlten Decken beweist, dass die Gänge zu den vorgeschichtlichen Höhlen gehören. Pater Lambert Karner, der verdienstvollste Höhlenforscher, kam zu der Ansicht, dass derart künstliche Höhlensysteme den Germanen teils als Winterwohnungen, teils als Kultstätten gedient haben... Nachfolgender Plan stellt die Gänge dar, wie sie ursprünglich bestanden. Die mittlere Sohle der Gänge liegt rund 5 Meter unter der Erdoberfläche.

Skizze der Gänge

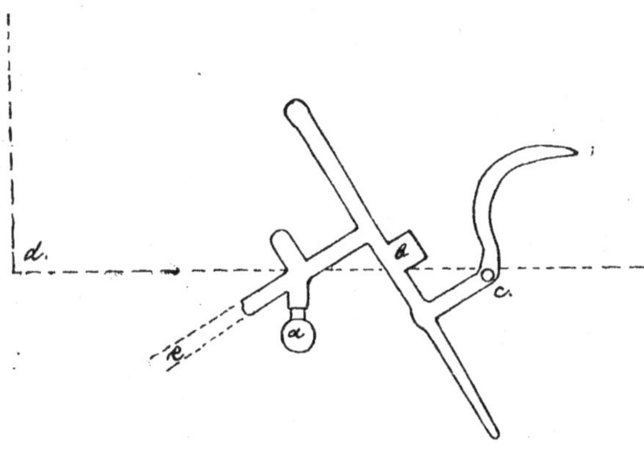

a. Der Brunnenschacht;
b. kapellenartige Nische (von Propst Valentin eingebaut);
c. senkrechter Schacht zu dem 60 Zentimeter tiefer liegenden Gang;
d. Wohnhaus des Schäfflerbauers;
e. 1894 neu gegrabener bequemer Zugang.

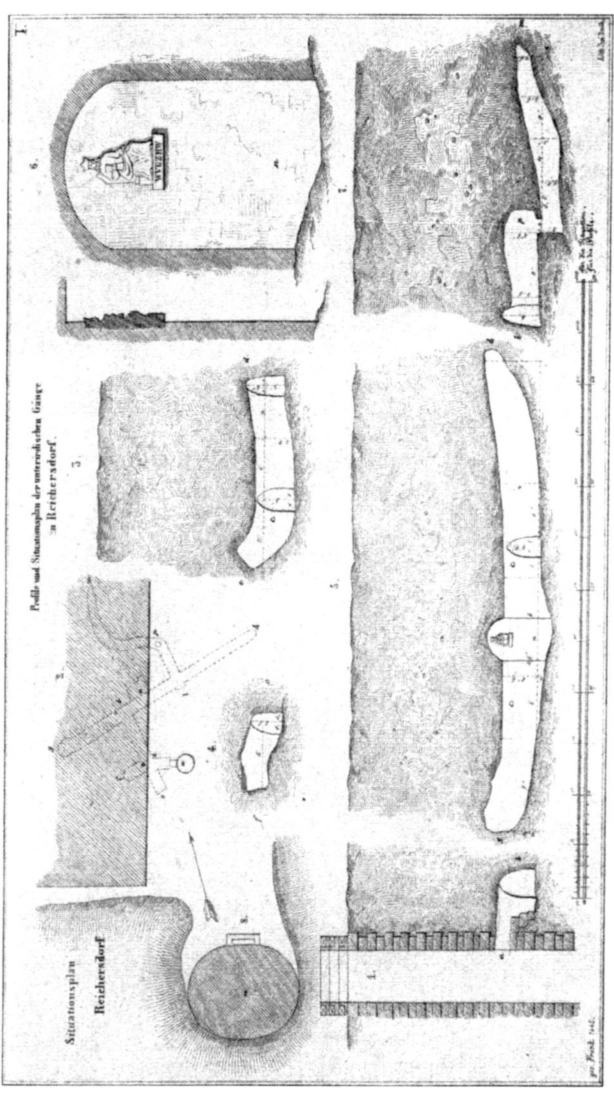

Kreuzgruft und Gänge in Reichersdorf.
Geometrische Zeichnung von Hochholzner, Mitte 19. Jh.

Noch genauer beschrieb der Sagenforscher Friedrich Panzer im 19. Jh. die Lage der Gänge und verdeutlichte sie mit einer Zeichnung von Hochholzner, der sie geometrisch darstellte (S. 123):

Diese in festem Boden ausgeschnittenen unterirdischen Grüfte sind auf der Tafel geometrisch dargestellt. Man lässt sich in einen Ziehbrunnen (Fig.1 und Fig.2) fünfzehn Fuß tief hinab.

Bei a, Fig.1, ist eine Öffnung, durch welche man in die Grüfte kriechend gelangt. Die 18 Fuß lange Strecke c-d, Fig.2 im Grundriss, und c-d, Fig. 3 im Aufriss, wird von einem 10 Fuß langen Stück a-e-f, Fig.2, e-f, Fig.4, durchkreuzt, und diese Gestalt mag zur Benennung "Kreuzgruft" Veranlassung gegeben haben.

Diese Strecken sind, gleich den übrigen, nach einem Spitzbogen ausgehöhlt, aber nur 2,7 hoch und 2 Fuß breit. Rechtwinklig im horizontalen Sinn, auf dem Stück c-d, Fig.2, steht eine gerade, 45 Fuß lange Strecke g-h, Fig.2, g-h, Fig.5.

Die Höhe derselben beträgt 3 1/2 Fuß bis 4 Fuß, die Breite 2 Fuß. Etwa in der Mitte dieser Strecke befindet sich eine kleine Kapelle n Fig.2 und Fig.5.

Dieser 4 Fuß breite und 6 1/2 Fuß mit Bruchsteinen gemauerte und gewölbte Raum enthält in der Rückwand die heilige Barbara, aus Tuffstein gemeißelt, wie Fig. 6 zeigt. In dem Sockel sind die Buchstaben

W.U.G.Z.H.W.

eingegraben, welche sich nach der Vermutung des Herrn Pfarrers Christl auf die adelige Familie der Grafen von Hohenwaldeck, die einst auf Hohenwaldeck ihren Sitz hatten, beziehen und heißen könnten:

***W**ilhelm **U**nd **G**eorg **Z**u **H**ohen **W**aldeck.*

Wilhelm und Georg die Waldecker waren zwei Brüder und erschienen urkundlich im Jahre 1392.

Von der Strecke g-h, Fig.2 zieht ein anderes 8 Fuß langes, gerades Stück I-p, Fig.2, und Fig.7, wieder rechtwinklig auf g-h, Fig.2. Bei b, Fig.7 angekommen, muss man sich senkrecht hinablassen und gelangt dann in eine 20 Fuß lange, gekrümmte und aufwärts steigende Strecke p-m, Fig.2 und Fig.7.

In den Seitenwänden der Gänge befinden sich mehrere Nischen zum Einstellen von Urnen und Kerzen oder Lampen, und in die Decken sind kleine Kreuze eingebrannt.

Der Ausgang aus der Gruft war früher hinter dem Altare der Kapelle a, Fig. 8, wo nach der Sage früher ein Götzentempel gestanden sein soll. Dieser Ausgang ist in einer obiger Schrift beigefügten, übrigens nur nach dem Gedächtnisse verfassten Abbildung der Gruft, angegeben.

Soweit Friedrich Panzer nach der ungedruckten Schrift von Propst Valentin, die in vier Heften aufgeschrieben und im Pfarramt aufbewahrt worden ist. Sie hat den Titel: *„Delineatio oder kurze Beschreibung von Erfindung der Kreutzgrufft und wunderwürklichen Prunnens zu Reichersdorf"*.

1894 wurde die Kreuzgruft unter der Allerheiligenkapelle durch den Historischen Verein von Oberbayern, mit einer Wendeltreppe zu den fünf Meter tieferliegenden Gängen, zugänglich gemacht. Seitlich unterhalb der Kapelle führt eine Holztüre in den Gang. Der Sage nach soll von hier aus auch ein Gang nach Ortgraben und zum Wasserschloss im Seehamer See geführt haben. (Anm. 64)

Die Entstehung der Kirche von Reichersdorf

Als noch in Reichersdorf kein Gotteshaus stand, seien schon große Wunderzeichen allda geschehen, so dass der Papst in Rom zu einem Kirchenbau mahnte. Während des Kirchenbaues seien bresthafte Menschen und Pferde, die Steine herbeibrachten, plötzlich geheilt worden.

So berichtete Propst Valentin Steyrer um 1646 an Kurfürst Max von Bayern. Um 1315 wird erstmalig eine Kirche in Reichersdorf als Filiale von Neukirchen erwähnt. Der heutige spätgotische Bau der Leonhardkirche wurde 1496 geweiht, im 18. Jahrhundert umgebaut und war lange Wallfahrtskirche, besonders gerne besucht von den Mitgliedern der Bruderschaft St. Loy, die 1503 gegründet worden war und vor allem die Hl. Barbara verehrte (Anm. 65).

Ein Brauch, der seit 1684 belegt ist, ist auch die alljährlich dort stattfindende Leonhardifahrt.

Die singenden Jungfrauen von Reichersdorf

Aus den Tiefen der unterirdischen Gänge von Reicherdorf soll früher manchmal zauberhafter Gesang von Jungfrauen zu hören gewesen sein (Anm. 66). Ob es sich dabei um Wesen aus Fleisch und Blut oder um Geister gehandelt hat, berichtet die Sage nicht.

Die verhexte Leonhardifahrt nach Reichersdorf

Bei der jährlich in Reichersdorf abgehaltenen Leonhardifahrt (Anmerkung 66) soll es laut Sage einmal zu einem seltsamen Vorfall gekommen sein, der den Hexenglauben der Leute in der damaligen Zeit deutlich macht und den der Sagenforscher Friedrich Panzer Mitte des vorigen Jahrhunderts aufschrieb:

An einem Leonhardifeste fuhr der Kammerloherbauer mit seinen Hausgenossen auf ganz neuem Leonhardswagen nach Reichersdorf bei Miesbach. Als er der Sitte gemäß dreimal um die Kirche fahren wollte, konnten plötzlich die vier stattlichen und reich geschirrten Pferde den Wagen nicht mehr von der Stelle bringen. Der Kammerloher übergab die Zügel seinem Oberknecht, stieg vom Wagen, nahm das zwischen den Hinterrädern hängende Beil, umging dreimal die Menat und sprach:

„Jetzt frag ich dich, ob du mich willst fahren lassen?“

Aber der Wagen blieb stehen.

Es ist Brauch, dass die Wagner ein Kreuz in die erste Speiche machen, welche sie einem neuen Rade einfügen. Der Kammerloher durchhieb eine der bekreuzten Speichen mit dem Beile; im gleichen Augenblick zogen die Pferde an, der Wagen ging vorwärts, mitten aus der Volksmenge aber wurde der Wehruf einer alten Schneiderin gehört, welcher plötzlich ein Bein abgebrochen war. (Anm. 67)

Die Hexen von Reichersdorf

Im Jahre 1985 erzählte ein sehr alter Bauer aus Reichersdorf, dass 1949 im Dorf einer einmal verhext worden sei. Er habe es bemerkt, weil innerhalb kurzer Zeit drei seiner besten Kühe ohne Grund verendet seien. Er behauptete, der böse Zauber sei von einem Nachbarhof ausgegangen. Die drei dort wohnenden Frauen seien Hexen gewesen. Eine von ihnen habe ein Auge auf ihn gehabt und hätte ihn gern zum Mann genommen. Er aber habe sich vor ihr gefürchtet und sie nicht geheiratet. Aus Rache habe die Verschmähte mit ihren Hexenkünsten einen bösen Fluch auf das Vieh des Bauern gelegt und ihm so Schaden zugefügt. (Anm. 68)

Die verschwundene Burg Rattenburg

Auf dem Katzenberg, südlich vom Seehamer See und heute ganz nahe an der Autobahn München - Salzburg gelegen, soll einst eine Burg gewesen sein, die Rattenburg genannt wurde. Wie es heißt, gehörte sie zum Kloster Tegernsee.

„Schon vor 1867 war diese Burgstelle kaum mehr merkbar" schrieb 1912 Ludwig Lechner darüber. Heute deutet nichts mehr auf sie hin, sie ist völlig verschwunden.

Das Schloss im Ortgraben

Mitten in einem Wald westlich von Kleinpienzenau, der „Ortgraben“ genannt wird, soll einst ein Schloss gestanden sein, von dem ein unterirdischer Gang bis unter die Allerheiligenkapelle in Reichersdorf geführt haben soll.

Wie die Sage zu berichten weiß, sei es von Wall und Graben umgeben und von drei geheimnisvollen Jungfrauen bewohnt gewesen. Mehr wird nicht darüber berichtet. (Anmerkung 69)

Die verschwundene Burg bei Esterndorf

Bei Esterndorf im Leitzachtal, so wird erzählt, stand vor fast einem Jahrtausend einmal eine Burg. Der Sage nach soll sie sich „nördlich vom Ötzbauern“ befunden haben. Heute ist sie völlig vom Erdboden verschwunden, und nicht einmal Spuren von Mauerresten sind dort noch zu finden.

Wie es heißt, wurde der Turm der Kirche von Esterndorf, deren Ursprünge noch in uralte Zeit zurückreichen, im 12. Jahrhundert aus den Quadersteinen der damals schon zerfallenen Burg errichtet. (Anmerkung 70)

Die Pestsäule bei Esterndorf

Eine alte Tuffsteinsäule am westlichen Ortsausgang von Esterndorf soll – der Überlieferung nach – an die schlimmen Zeiten des Dreißigjährigen Krieges und die damit verbundenen Pestseuchen erinnern. Esterndorf soll damals durch die Hilfe der Muttergottes

Pestsäule bei Esterndorf mit Papstkreuz. Foto von Josef Hatzl

verschont worden sein. Darum wurde zum Dank diese Gedenksäule mit einer Figur Mariens in der Bildnische errichtet. Bekrönt wird die Säule vom päpstlichen Kreuz aus Schmiedeeisen. (Anm. 72)

Der Hexentanzplatz bei Esterndorf

Südlich von Esterndorf, ganz am Waldrand gelegen, trug ein Feld von jeher den etwas ungewöhnlichen Namen „Tanzhaus“. Wie die Sage überliefert, sollen sich an diesem einsamen Platz früher die Hexen aus dem ganzen Umkreis heimlich getroffen und – vornehmlich in den Walpurgisnächten – ihre Tänze abgehalten haben. Weiter wird erzählt, dass die Jugend der umliegenden Orte diesen verschwiegenen Ort ebenfalls als Treffpunkt benutzt und dort häufig „auf der freien Wiese“ getanzt habe. (Anm. 71)

Das Marterl am Arnhofer Berg

Eine Tuffsteinsäule mit dem Bildnis des Hl. Florian aus dem Jahr 1782 und den Buchstaben M. M. – sie steht am Feldweg, der von der Straße von Arnhof nach Weyern abzweigt und zum Arnhoferbauern führt – erinnert an einen schweren Unfall, der sich hier zugetragen hat. An dieser Stelle verunglückte Mathias Mayr mit seinem den Berg herunterrasenden Fuhrwerk. Er geriet unter das Fuhrwerk, überlebte aber.

Zum Dank für seine Rettung ließ er die Bildsäule errichten.

Balthasar Riesenberger, der echte Schmied von Kochel

Die alte Sendlinger Kirche in München und der Friedhof darum waren Schauplatz eines fürchterlichen Massakers an bayerischen Bauern, das unter dem Namen „Sendlinger Mordweihnacht“ in die Geschichte einging. Im Jahre 1705, als München von den Österreichern besetzt gehalten wurde, verlangten diese die Rekrutierung von zwölftausend jungen Bayern. Sie sollten ihre Heimat verlassen und für die Besatzungsmacht in Italien und Ungarn kämpfen.

Voller Empörung über diesen Befehl erhoben sich die Bauern des bayerischen Oberlandes zum Widerstand. Sie bewaffneten sich mit Äxten, Keulen und Sensen und zogen mit dem Schlachtruf „lieber bairisch sterben als kaiserlich verderben“ gegen das besetzte München. Es waren etwa fünftausend Männer, vorwiegend aus Lenggries, Tölz, Kochel, der Jachenau, Wolfratshausen, Holzkirchen und Miesbach.

Dieses so ungenügend bewaffnete, aber mit einem wahren Löwenmut ausgestattete Heer wurde von dem Schmiedbalthes, einem Hünen von sagenhafter Stärke, angeführt. Irrtümlicherweise wird er immer als „Schmied von Kochel“ bezeichnet. Er entstammte aber einem alteingesessenen Schmiedgeschlecht aus Holzolling (Anmerkung 73) und war bis zu seinem Tod 1705 Haberermeister, wie auch seine Söhne nach ihm.

Gemeinsam mit zahlreichen Münchner Bürgern, die sich heimlich mit ihnen verbündet hatten, wollten die Oberländer die Österreicher überrumpeln, sie aus der Hauptstadt vertreiben und so das geliebte Bayernland aus der Hand der Feinde befreien. Die Anführer der Verschwörer in der Stadt waren unter anderen der Weinwirt Johann Jäger, ein gebürtiger Tölzer und Johann Georg Khidler (in anderen Quellen Küttler genannt), der aus Thanning stammte und um 1700 das Bürgerrecht erworben hatte. Er hatte eine Witwe aus München geheiratet, der das Weinhaus im Tal gehörte.

Die Verbündeten in der Stadt sollten den Oberländern das Tor öffnen und sie heimlich in die Stadt lassen. Der Plan aber wurde verraten. Die Österreicher entwaffneten und verhafteten die Verschwörer in einem überraschenden Handstreich, ohne dass einer von ihnen die Möglichkeit gehabt hatte, das Bayernheer vor der Stadt zu warnen. Inzwischen hatten die Oberländer das Sendlinger Tor erreicht und begehrten Einlass.

Doch anstatt der Freunde öffneten ihnen Trencksche Panduren, kreisten die völlig überraschten Bayern ein und begannen sie erbarmungslos niederzumetzeln. Mit verzweifelter Tapferkeit kämpften die Bauern gegen die Übermacht der militärisch geschulten Feinde und fielen doch Mann für Mann. Der bärenstarke Schmiedbalthes hielt mit seiner eisenbeschlagenen Keule zwar furchtbare Ernte unter den Panduren, aber er konnte das Unheil nicht aufhalten. „Hier lasst uns enden!“

Diesen legendären Satz soll er seinen wenigen noch lebenden Kampfgefährten zugerufen haben, als er sich mit ihnen, die aussichtslose Lage erkennend, auf dem Sendlinger Friedhof verschanzt hatte. Als letzter Mann von dem gesamten Bayernheer soll er dort bei der Kirche den Heldentod gestorben sein.

Auch die an der Verschwörung beteiligten Münchner Bürger erwartete ein schrecklicher Tod. Die meisten wurden nach grausamer Folter hingerichtet. Johann Georg Khidler war es zwar gelungen, ins Franziskanerkloster zu flüchten und dort um Asyl zu bitten, die österreichischen Soldaten hielten sich aber nicht an das jahrhundertelang geltende Asylrecht und holten ihn widerrechtlich mit Gewalt heraus. Trotz der Proteste des für München zuständigen Bischofs von Freising, der sogar drohte, den Papst in dieser Angelegenheit einzuschalten, wurde Khidler der Prozess gemacht.

Als einer der „Hauptträdelsführer“ wurde er, wie auch der Weinwirt Jäger, nach der Verurteilung am 29. Januar 1706 auf dem Schrannenplatz (heute Marienplatz) enthauptet und anschließend gevierteilt. Die einzelnen Teile der Verschwörer wurden zur Abschreckung an den vier Haupttoren der Stadt aufgehängt, ihre abgeschlagenen Köpfe am Isartor aufgespießt und zur Schau gestellt.

Ganz München und Oberbayern weinte um seine edlen Bürger und um die tapferen Oberländer, die umsonst ihr Blut hatten vergießen müssen. 3500 Bauern sind bei dem furchtbaren Geschehen am 24. 12. 1705 ums Leben gekommen.

Bis auf den heutigen Tag aber ist die Erinnerung an die todesmutigen Oberländer und ihre Mitverschworenen in München, die Stadt und Land hatten befreien wollen, überall in Bayern lebendig.

An vielen Orten wurden zum Gedenken Bilder oder Statuen des „Schmied von Kochel“, symbolhaft für alle an der Schlacht beteiligten Bauern, aufgestellt, etwa in Kochel oder in Waakirchen.

In der Sendlinger Dorfkirche mahnt ein großes Gemälde von Lindenschmidt an dieses schreckliche Ereignis, vgl. S. 134. Alle Namen der Gefallenen sind dort aufgeführt. Schräg gegenüber, etwas unterhalb der Kirche, steht eines der vielen Denkmale vom Schmied von Kochel.

In Miesbach wird im Heimatmuseum die Gotzinger Trommel, die ein Mann aus der Gotzinger Gegend wohl bei der Schlacht geschlagen hat, zur Erinnerung daran aufbewahrt.

Im Vorbau der Kirche St. Jakobus d. Ältere in Gotzing, die am südostbayrischen Jakobsweg liegt, stehen auf einer Gedenktafel die Namen der Gefallenen der umliegenden Höfe:

Kirschenhofer Kaspar – Wildenbichl, Schliersmayer Ägidius – Thaler, Taubenberger Georg – Ginderer, Taubenberger Wolfgang – Baderer, Berghammer Georg – Vorder-Höher, Auracher Wolfgang – Althofer

Am Schmied-Anwesen in Bach erinnert eine Gedenktafel an den Schmied Balthes, der hier, von 1695-1705, bis zu seinem Tod wohnte.

Alle fünf Jahre ziehen die Tölzer Schützen zu einer Kapelle, die im Jahre 1715 erbaut worden ist, als es endlich gelungen war, die Feinde aus dem Land zu vertreiben.

Auch beim jährlichen Trachtenzug in München, der am 1. Oktoberfestsonntag stattfindet, geht immer ein Oberländer mit, der den heldenhaften Schmiedbalthes darstellt. (Anmerkung 74)

In folgendem Gedicht setzt Karl Stieler 1884 den Oberländern ein literarisches Denkmal:

Zeichnung von Heinz Schinzel nach Fresco von Lindenschmidt

Der Schmied von Kochel

Über d'Brucken von Schäftlarn
San s' zog'n bei der Nacht:
Die Stern, die ham glanzt,
Und die Brucken hat 'kracht.

Wohl fünftausend Bauern
Die ham si verschwor'n:
Wenn wir jetzt nit helfen,
Is 's Landl verlor'n.

Und wia s'an d' Stadt Münka
Hinkemma ans Tor -
War alles verraten,
Und der Riegel war vor.

„Aber z'ruck geht koa Boar“,
Schreit der Balthes, der Schmied
„Wer a so an a Tor klopft,
Der klopft so lang nit!

Und die eisernen Stroach
Dunnern hin auf das Tor -
Da reiten die Pandurn
Nach die tausenda vor.

Dös wurlt und achzet
Und sturmt no a Weil -
Jetzt hoaßt's: Boarisch sterben!
Koa Gnad is mehr feil.

Z'letzt lieg'n die fünftausend
Am Schnee dort - derschlag'n!
Der letzt' war der Balthes,
Der d'Fahna hat trag'n.

Der Schnee is zergangen,
's Gedenka z'geht nit -
Er ist heut no lebendi -
Der Balthes, der Schmied!

Der vergrabene Schatz bei Holzolling

Südwestlich von Holzolling, mitten im Wald, befindet sich auf einer Anhöhe eine keltische Wohngrube. *Diese runde, 7 Meter im Durchmesser betragende, 2 1/2 Meter tiefe Grube beim Hanschenkreuz, 30 Schritte rechts des Fußweges, der von Holzolling nach Weyarn führt, liegt hart am oberen Hügelrand.*

So beschrieb um 1912 Ludwig Lechner die Lage der Wohngrube. Der Sage nach soll dort einst ein Schatz vergraben worden sein, den aber bis heute niemand heben konnte, weil er von einem feurigen Hund bewacht wird, der niemanden in die Nähe lässt.

Die verschwundene Burg der Westerhaimer

Südwestlich von Westerham, auf dem Gschlösslberg, war einst eine Burg, von der um die Jahrhundertwende noch Spuren im dichten Gehölz zu sehen waren, etwa die Gräben der Grundmauern und andere Hinweise auf eine ehemalige Burgstätte.

Hier soll einst das Geschlecht der Westerhaimer gelebt haben. (Anmerkung 75)

Die Birg bei Kleinhöhenkirchen

Oberhalb der Mangfallschleife, etwa 600 m nördlich von Kleinhöhenkirchen, liegt die sog. „Birg“. Sie soll im 10. Jahrhundert als Burg zum Schutz gegen die Ungarn erbaut worden sein.

Wall und Graben dieser Schanzanlage sind auch heute noch deutlich sichtbar.

Die „Russland-Feldzügler" von Kleinhöhenkirchen

In der Kirche „Maria Heimsuchung" hängt eine beachtenswerte Votivtafel, die nach dem Russland-Feldzug Napoleons, bei dem auch viele bayerische Soldaten ihr Leben hatten lassen müssen, angebracht wurde. Josef Hatzl schreibt dazu:

Auf der Votivtafel ist die Schlacht bei Polozk im heutigen Weißrussland dargestellt. Dort kämpfte Napoleon im Jahre 1812 mit seinen bayrischen Verbündeten gegen die Russen. Nach der Niederlage mussten Bayern und Franzosen den Rückzug antreten.

Vom Feinde verfolgt, wurden noch viele gefangen genommen oder starben an Hunger oder Erfrierungen. Drei Bauern aus Kleinhöhenkirchen überlebten die Strapazen und gründeten 1834

Die Votivtafel der „Russland-Feldzügler" von 1812. Foto J. Hatzl

den Veteranenverein Valley-Kleinhöhenkirchen.

Auch in der heutigen Zeit wird noch alljährlich am Dienstag nach Pfingsten der „Russland-Feldzügler" von 1812 gedacht.

Der Schutzengel in Kleinhöhenkirchen

An ein bemerkenswertes Ereignis erinnert eine Gedenktafel aus dem Jahr 1875, die – gegenüber des achteckigen Kriegerdenkmals in Kleinhöhenkirchen – an der Garagenmauer vom „Loidlhof" angebracht ist. Auf ihr steht geschrieben:

Gedenktafel
An dieser Stätte ist am Samstag,
den 5. Juni 1875 nachmittags 3 1/4 Uhr
Katharina Koller, Ederin von hier,
vom Blitz erschlagen worden. Das
Kind Theres Stefan, welches ihr
einen Regenschirm brachte und daher
neben ihr war, kam außer einer Brand-
wunde am linken Fuße unversehrt
davon. Kinder haben einen Schutzengel.
Erneuert im Jahre 1955 R I F

Die Irrwurzel bei Naring

Nahe Naring befindet sich ein kleiner Wald, durch den ein Weg nach Westerham führt. So klein dieser Wald auch ist, man kann sich doch darin verirren, denn – der Sage nach – soll darin die berüchtigte Irrwurzel wachsen. Früher, so heißt es, ist es oft vorgekommen, dass jemand, der am Abend nach dem Gebetläuten noch unterwegs war, ohne es zu bemerken auf die Irrwurzel getreten ist. Dann musste er die ganze Nacht durch die Gegend irren und fand nicht mehr aus dem kleinen Wald heraus, auch wenn er dort sonst jeden Busch und Baum kannte. Seine Augen waren dann wie mit Blindheit geschlagen.

Erst am nächsten Morgen war der Zauberbann gelöst, und der Betreffende konnte endlich seinen Weg fortsetzen.

Schloss Altenburg. Stich von Michael Wening um 1700

Die unterirdischen Gänge von Burg Altenburg

Altenburg (Anmerkung 76), der ehemalige Stammsitz der Faganen, nordwestlich der Leitzachmündung auf einer bewaldeten Anhöhe gelegen, wurde im 7. Jahrhundert erbaut und um das Jahr 1247 zerstört. Von der Burg sollen unterirdische Gänge unter der Mangfall hindurch zur Neuburg (Schreckenstein) bei Vagen und zur Birg bei Kleinhöhenkirchen geführt haben. (Anmerkung 77)

Der bestrafte Spötter in Sonderdilching

Mit vielen sauer verdienten Opfergaben und freiwilligen unentgeltlichen Arbeitseinsätzen, gelang es den Bauern von Sonderdilching aus eigenen Kräften in ihrem Ort eine Kapelle zu errichten, wo die Hl. Messe gefeiert werden konnte.

Als sie gerade mitten im Bau waren, kam einmal ein Metzger aus München des Wegs daher. Er war ein vermögender Mann und ritt stolz auf einem Schimmel. Als er die Leute so fleißig arbeiten sah, fragte er, ein wenig herablassend, aber doch neugierig:

„Was soll denn das werden, wenn es fertig ist?"

Als ihm die Bauern zur Antwort gaben, dass das ihr Gotteshaus würde, lachte der Münchner überheblich, denn er war große Kirchen gewöhnt, und meinte spöttisch:

„Na, den Schafstall will ich mir doch anschauen!"

Er stieg von seinem Ross, band es vor der Kapelle an einen Baum und ging kurz in das noch unfertige Gebäude. Als er ein paar Augenblicke später wieder herauskam, fand er statt seines prächtigen Schimmels nur mehr ein weißes Schaf an den Baum gebunden vor.

Von seinem Pferd war weit und breit nichts zu sehen. Da musste er sich wohl oder übel damit abfinden, dass sein Ross zur Strafe für seinen Spott in ein Schaf verwandelt worden war.

Die Bildsäulen bei Sonderdilching und Mittenkirchen

Im Mühltal bei Weyarn bestand bis etwa 1920 ein großer Tuffsteinbruch. Josef Hatzl schreibt dazu:

Vielleicht liegt es daran, dass in der Gemeinde Weyarn und deren Umgebung mehr Tuffsäulen und –kreuze vorhanden sind als anderswo. Etwa 40 Marterl stehen heute noch auf Weyarner Flur, obwohl eine Verordnung Anfang des 19. Jahrhunderts verfügte, Heiligenbilder und Marterl, Feldkreuze und Wegkapellen niederzureißen.

Nahe bei der aus dem 14. Jahrhundert stammenden und dem Hl. Michael geweihten Kirche von Sonderdilching gibt es drei Tuffsteinsäulen. Die erste befindet sich nahe der Kirche selbst, auf den Bildtafeln sind die Muttergottes, der Erzengel Michael und der Erzengel Gabriel dargestellt. (Anmerkung 50)

Die zweite, nicht weit davon entfernt, beim „Meser" ist eine Bildsäule mit vier Bildtafeln aus dem 17. Jahrhundert. Die vier Hinterglasbilder in den Nischen zeigen die Kreuzigung, Maria mit dem Kind, die Hl. Familie und auf der Rückseite wurde 1984 ein heute nur noch schwer erkennbares Bild des Hl. Wendelin angebracht. (Anmerkung 50)

Die dritte Bildsäule von Sonderdilching steht etwa 200 m ortsauswärts in Richtung Kleinhöhenkirchen. Hier handelt es sich wohl um eine Pestsäule, weil darauf das Martyrium des Hl. Sebastian, des Pestheiligen, dargestellt ist.

Beim Oswaldhof von Mittenkirchen befindet sich auf Privatgrund eine Säule aus Tuffstein aus Mitte des 17. Jahrhunderts.

Nahe Mittenkirchen steht eine Tuffsteinsäule aus dem Jahr 1662, auf der ein hier stattgefundener Raubüberfall dargestellt ist.

Josef Hatzl hat dazu erforscht:

Laut Aussage der ansässigen Bevölkerung soll dieses Marterl, wie auch die anderen Steinsäulen um Mittenkirchen in früheren Jahren an Hohlwegen aufgestellt gewesen sein, an denen Überfälle auf die einheimische Bevölkerung stattfanden. Hohlwege waren in früheren Zeiten beliebte Orte für das schmähliche Handwerk von Räuberbanden und versprengten Soldaten, die die Gegend unsicher machten.

In Hohendilching steht ein Bildstock aus Tuffstein, wahrscheinlich eine Marter- oder Pestsäule, wohl aus dem 17. Jahrhundert. Der Grund für seine Errichtung ist in Vergessenheit geraten, hat aber vielleicht mit dem Dreißigjährigen Krieg zu tun.

Das Steinkreuz in Mitterdarching

Neben einem Wegkreuz an der Straße vom Bahnhof Mitterdarching Richtung Holzkirchen steht ein über 250 Jahre altes Steinkreuz, das an ein schreckliches Ereignis erinnert, das sich damals zugetragen hat.

Dritter Bildstock am Weg bei Sonderdilching siehe S. 140
Foto Josef Hatzl

Tuffsteinsäule Mitterdarching Bahnhof siehe S. 142
Foto Heinz Schinzel

Zwei junge Menschen, die auf dem Heimweg vom Wirtshaus und nicht mehr nüchtern waren, fielen in einer eiskalten Nacht an dieser Stelle in den Bach und wurden an nächsten Tag erfroren aufgefunden.

Das Steinkreuz ist heute völlig überwuchert von Gestrüpp und hohem Gras und kaum mehr zu sehen (Anmerkung 82). Nicht selten kümmern sich Nachfahren nicht mehr um solche Kreuze, weil sie nicht mehr an das schreckliche Schicksal ihrer Angehörigen erinnert werden wollen.

Noch vor dreißig Jahren aber konnte man die Inschrift darauf lesen:

Wanderer verhalt den Schritt
und lies unser Bitt:
bet eine Litanei,
die uns von der Qual befrei.
Wir waren jung, ohn Sorg und Not,
doch jetzt sind wir tot.
Wir tranken Bier, das stark vergoren
auf dem Heimweg sind wir erfroren.
Wir waren nicht mehr wach
und fielen in den Kaltenbach.
Wanderer geh Du den rechten Weg,
sonst fällst auch Du vom Steg.
Hailler Josef + 1765 + Käthl

Die Tuffsteinsäulen in Mitterdarching

Beim Bahnhof in Mitterdarching in Richtung Holzkirchen steht, auf der rechten Seite der Bahnhofstraße am Straßenrand, eine stark verwitterte Tuffsteinsäule aus der Zeit um 1550-1600. In der Laterne ist kein Bild mehr vorhanden.

Ein weiterer Bildstock, ebenfalls aus Tuffstein, auf dem die Jahreszahl 1575 vermerkt ist, befindet sich in der Lindenmayrstraße.

An welche Ereignisse in der Dorfgeschichte sie erinnern sollen, niemand kann es mit Sicherheit sagen. Möglicherweise handelt es sich um Pestsäulen oder um Grenzsteine.

Das Martyrium von Bischof Emmeram bei Kleinhelfendorf

Der Hl. Emmeram, der aus Poictirs in Aquitanien stammte und Mitte des 7. Jahrhunderts von dem Bayernherzog Theodo als Bischof von Regensburg eingesetzt worden war, kam im Jahre 652 auf grauenvolle Weise ums Leben (Anmerkung 78). Er befand sich gerade auf einer Pilgerreise nach Rom, als ihn Lambert (Landpert), der Sohn des Herzogs, mit seinen Gefolgsleuten bei Kleinhelfendorf einholte und ihn, ohne ihm die geringste Möglichkeit der Rechtfertigung zu geben, zu Tode marterte:

Die Mörder banden ihn auf eine Leiter und schnitten ihm alle Glieder von seinem Leibe, warfen selbe in ein nahestehendes Gesträuch...

Zu dieser schrecklichen Tat war es gekommen, weil Uta, die Schwester Lamberts und Tochter Theodos, fälschlicherweise den Bischof, den sie auf seiner Pilgerreise sicher glaubte, bezichtigt hatte, der Vater ihres unehelichen Kindes zu sein.

Alexander Schöppner schrieb darüber Mitte des 19. Jahrhunderts folgendes Gedicht:

Sankt Emmeram

Sankt Emmeram, der Gottesmann, ergriff den Pilgerstab,
Zu wandeln nach Italia zu der Apostel Grab.

O Heiliger, du wandelst fürbaß in deinen Tod:
Die bösen Geister wüten, die Tat der Hölle droht.

Des Bayernfürsten Tochter, die schöne Uta, war
Der jungfräulichen Würde durch einen Ritter bar.

Was sollte sie beginnen? Schon reift der Sünde Frucht,
Bald wird von ihrem Vater der Sünderin geflucht.

Da keimt der Rat der Hölle in ihrem Sinn empor -
O Gott, die Wahnbetörte, sie leiht ihm willig Ohr.

„Du trittst vor deinen Vater und klagst den frommen Mann,
Der jetzt gen Rom gepilgert, des Ehrenraubes an.

Wie kann's dem Pilger schaden, der fern von hinnen weilt,
Den nicht so leicht die Rache im fremden Land ereilt?"

Dem bösen Rate folget die unglücksel'ge Maid,
So wird der fromme Bischof der Lastertat gezeiht.

Wie das der Herzog höret, er traut den Ohren kaum,
Doch rasch gewinnt der Argwohn in seinem Herzen Raum.

Und wie ein Tiger wütet Landpert, des Herzogs Sohn:
„Weh dir, verfluchter Pfaffe! Du sollst empfah'n den Lohn!"

Es schwingt der Wutentflammte zur Stunde sich aufs Ross,
Mit Sturmeseile sauset hinaus der wilde Tross.

Und schäumend fliegen Reiter und Ross durch Flur und Wald,
Bei Helfendorf erjagen den heil'gen Mann sie bald.

Da ward nicht lang gerichtet, da zuckten Schwerter blank;
Von Landperts Stahl getroffen der Heil'ge niedersank.

Er sank, den Blick zum Himmel erhoben mild und rein,
Ums Haupt der Unschuld Leuchten wie Abendsonnenschein.

Sein Blut, das reich geflossen - es ward ein Frühlingssaft
Dem Baum der Christuslehre zu neuer Triebeskraft.

Die Kapelle des Hl. Emmeram in Kleinhelfendorf

Im 19. Jahrhundert wurde in Kleinhelfendorf zum Gedenken an den Hl. Emmeram an der Stelle, an welcher der damalige Bischof von Regensburg der Legende nach am 22. September 652 verstümmelt worden war, eine Kapelle errichtet. Weil man aber den Platz, wo das Martyrium des Heiligen stattgefunden hatte, nicht genau wusste, wurden Nachforschungen darüber angestellt. Einem Bericht an die Regierung von Oberbayern vom 1. Mai 1836 wurde folgende Legende beigegeben:

Der heilige Emmeram wollte nicht an der Stelle seines erlittenen martervollen Angriffes seinen Geist aufgeben. Er wurde bei Helfendorf auf einen Karren gelegt, an welchem zwei Ochsen gespannt, sich selbst überlassen waren. Diese kamen mit ihrer heiligen Ladung bis an den bezeichneten Platz in der damaligen Gemeinde Aschheim, wo sie nun Rast machten.

Die Kunde hiervon verbreitete sich; man erkannte den entseelten Leichnam des heiligen Emmeram, der bei seinem Hinscheiden das Haltmachen des Gespanns veranlasste. Derselbe wurde nun nach Aschheim gebracht und in der dortigen St. Peterskirche beigesetzt. Vierzehn Tage ruhte hier die irdische Hülle des Heiligen, aber ebenso lange regnete es ununterbrochen.

Dieses wurde für eine Missbilligung der Ruhestätte aufgenommen und, ohne zu wissen, wie hiergegen Rat zu schaffen wäre, wurde der Karren mit den beiden Ochsen wieder bespannt, der heilige Emmeram aufgelegt und den Ochsen überlassen, wohin sie denselben führen wollen oder welche Leitung ihnen die Vorsicht, nach dem Wunsche des heiligen Bischofs, geben werde. Also kam der Zug an die Isar, an jene Stelle, wo bei Oberföhring bis in die neueste Zeit ein Kirchlein stand und auch ein Schule haltender Eremit hauste, was nun in ein Wirtshaus verwandelt worden ist.

Von da konnte das Fuhrwerk nicht mehr weiter; aber es war dadurch angedeutet, dass der Entseelte auf dem Wasser an seinen bischöflichen Sitz nach Regensburg gebracht werden wollte, was dann auch geschehen ist.

Hier endet der Bericht. In einer Schrift von 1711 (Anm, 79), verfasst von P. Anselmo Goudin, steht über die weitere Heimreise des Bischofs nach Regensburg: *Den Leib des heiligen Emmerami haben sie in ein Schiff gelegt, welches dann ohne einzige menschliche Hülff von der Isar in die Donau, und auf dieser durch ein großes Wunder, wider den Strom hinauf gen Regensburg in höchster Schnelle geloffen; auf dieses Wunder folgte noch ein anderes, darob sich billig zu verwundern, dass die nach christlichem Brauch aufgesteckt und angezündete Kerzen durch kein Wind abgeloschen, sondern, als wie in einer Kammer, auf dem schnellen Schiff, den ganzen Weg hindurch sicher und unverzehrt gebrunnen.*

Die Quelle des Hl. Emmeram

Nach dem Tod des Hl. Emmeram ereigneten sich viele Wunder, die eine große Zahl von Menschen zum Christentum bekehrten. Kräuter, die auf dem Stein, wo er vor der Marter gesessen haben soll, getrocknet worden waren, sollen den Bauern bei einer schrecklichen Viehseuche im Jahre 1743 Hilfe gebracht haben. Aus Dankbarkeit stifteten sie eine Votivtafel. Die Quelle, an der er gerastet hatte, bevor ihn das Unheil ereilte, gilt als besonders heilkräftig bei Fieber oder bei Augenleiden. Wie es heißt, soll sie nie versiegen. Auf einer Inschrift an der Brunnenkapelle steht darüber:

Nun Wanderer, der du vorüber etwa gehst
Geh' nicht vorbei, ohne du auf diesen Brunnen siehst.
Betracht' ihn nur recht und nimm zugleich wahr
Wie dieser Brunnen steht so viele Jahr.
Und dass sein Wasser sich zu keiner Zeit verliert
Auch in der schärfsten Kälte niemals gefriert.
Denn dieses Wunder kommt von niemand anderen her
Als von St. Emmeram, den großen Märtyrer!

Das versunkene Schloss bei Kleinhelfendorf

Auf einem Hügel, ehemals Schlossberg genannt, der sich nahe der St. Emmeram-Quellkapelle in Kleinhelfendorf befindet, soll einst ein Schloss gewesen sein. Der Sagenforscher Friedrich Panzer schrieb Mitte des vorigen Jahrhunderts nach einer mündlichen Überlieferung darüber:

Der Schlossberg ist ein großer Erdhügel, wo einst ein Schloss gestanden sein soll. Am Fuße desselben ist der Heimeransbrunnen (Anmerkung 80). *In diesem Schlosse, das nach der Sage versunken ist, sollen drei Fräulein gewohnt haben* (Anmerkung 2).

Die Regenbogenschüsselchen und die unterirdischen Gänge in Valley

In Valley, das an einem ehemaligen römischen Straßenstützpunkt liegt und dessen romanischer Name verrät, dass seine Gründung bis in römische Zeit zurückreicht, ist auf dem Schlossberg oberhalb der Mangfall ein Burgstall. Etwas weiter südlich steht das 1740 neu erbaute Schloss. Dort wurde im Schlossgarten etwa um 1830 eine keltische Goldmünze, im Volksmund wegen seiner aufgebogenen Form „Regenbogenschüsselchen" genannt, gefunden.

Der Sage nach soll dort, wo ein Regenbogen die Erde berührt, ein Schatz vergraben sein. Nach dem Glauben der Leute waren die schüsselartigen Goldmünzen der Kelten, die an verschiedenen Orten gefunden wurden (Anmerkung 81), der Beweis dafür und wurden daher „Regenbogenschüsselchen" genannt.

Vom alten Schloss aus sollen unterirdische Gänge zum neuen Schloss und Richtung Mangfall bis nach Weyarn geführt haben. Noch Mitte dieses Jahrhunderts spielten Buben, trotz Verbotes, in den teilweise gewölbt gemauerten Gängen. Daher wurden diese, Ende der Fünfzigerjahre, vorsichtshalber zugemauert.

Schloss Valley. Stich von Michael Wening um 1700

Der Römerstein in Valley

Josef Ferdinand Graf von Tattenbach ließ im 18. Jahrhundert (1766) den römischen Meilenstein, der damals an der Römerstraße von Salzburg nach Augsburg bei den Jägerhäusern nahe Peiß stand, nach Valley versetzen. Der Stein war zur Zeit der Herrschaft des römischen Kaisers Septimus Severus (192-211 n. Chr.) aufgestellt worden. Auf ihm ist in lateinischer (hier vom Chronisten Imminger übersetzt in die deutsche) Sprache eingemeißelt zu lesen:

Der Kaiser und Caesar Septimus Severus
Pertinax Augustus, der Sieger über die
Araber und Adiabener, der größte
Partherbezwinger, der oberste Priester
im 9.Jahre seiner tribunizischen Gewalt,

12 Jahre Imperator, im 2. Jahre Konsul,
Prokonsul… Kaiser und Caesar Antonius
im 4. Jahre der tribunizischen Gewalt,
Prokonsul und Publius Septimus…
haben die Straßen und Brücken wieder-
hergestellt von Augsburg 60 000 Schritte.

Der Originalstein befindet sich heute aber nicht mehr in Valley – dort ist nur eine Kopie – sondern in München in der Prähistorischen Staatssammlung.

Der Sage nach wurde ein weiterer römischer Meilenstein – ohne erkennbare Inschrift – der etwas weiter östlich bei den Jägerhäusern stand, in vergangenen Jahrhunderten sogar als Kaminstütze in der alten Postwirtschaft von Peiß missbraucht, bevor er wieder an seinen ursprünglichen Ort bei den Jägerhäusern zurückkam.

Das Sühnekreuz bei der Fentbachschanze

Nahe bei der Fentbach liegt ein keltisches Oppidum aus der Zeit um 200-100 v. Chr. Die Wälle sind heute noch gut zu erkennen. Diese Fentbachschanze gehört, wie auch Manching bei Ingolstadt, zu den größten in Bayern gefundenen Siedlungsplätzen der Kelten, sogar stadtartig angelegt, mit zahlreichen Funden aus dieser Besiedlungszeit (Anm. 83). Der Zugang zu dieser Ortschaft, durch die Wallanlage gut geschützt, war früher an der Ostseite, wo ein Hohlweg entlangführt.

Die ganze Anlage ist von Natur aus an der Nord- und Westseite so gut wie uneinnehmbar, denn ein felsiger Steilhang trennt hier das Plateau vom Tal der Mangfall, und an der Ostseite fällt das Gelände ebenfalls ziemlich steil ab zum Moosbach, der in die Mangfall mündet. (Hampe/Herl)

Heute ist die Wallanlage auf der Südseite durchbrochen und ein weiterer Zugang geschaffen worden. Etwa einen Kilometer davon entfernt befindet sich ein Tuffsteinkreuz, das bis zum Jahr 2002 als verschollen galt, aber in alten Flurkarten noch verzeichnet war. Ob es sich hier um ein Sühnekreuz (Anmerkung 47) oder ein Marterkreuz handelt, ist nicht überliefert.

Josef Hatzl schreibt nach seinen Forschungen darüber:

Dieses Kreuz wurde von Mitgliedern des Arbeitskreises Marterl im November 2002 nach einer gezielten Suche anhand von Eintragungen in der Flurkarte von 1856 wiedergefunden, in Einzelteile zerbrochen lag es unter Dickicht und Moos versteckt. Nach einer groben Reinigung ließen sich die vorhandenen Stücke wieder zusammensetzen. Lediglich ein Querbalken des Kreuzes war unauffindbar und wurde durch ein neues Teil ersetzt.

Nach Angaben der Grundstückseigentümerin soll hier der Schmied von Fentbach tödlich verunglückt sein.

Steinkreuz bei der Fentbachschanze.
Foto von Josef Hatzl

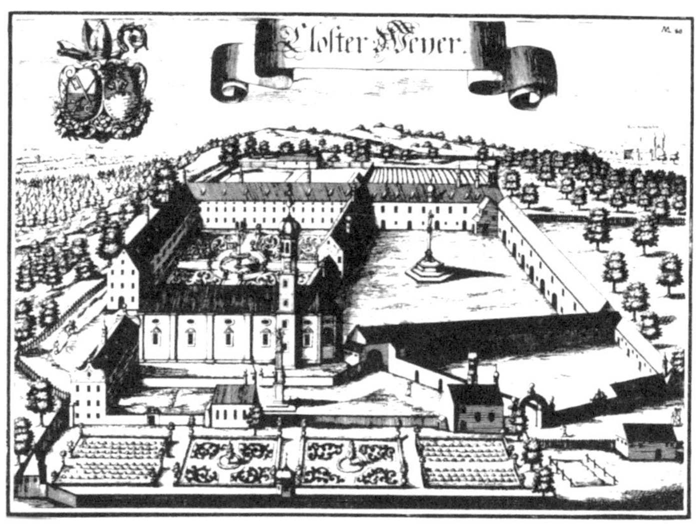

Kloster Weyarn. Stich von Michael Wening um 1700

Wie Kloster Weyarn entstand

Graf Sigiboth (auch Siboto, Siegeboth) von Falkenstein vermachte seine an der Mangfall gelegene Burg Wiare (heute Weyarn) im hohen Mittelalter der Kirche. 1133, ein paar Jahre vor seinem Tod, wurde dort Kloster Weyarn errichtet.

Der Grund für diese Stiftung soll laut Sage der Wunsch der jungen Gemahlin des Grafen auf dem Totenbett gewesen sein, die an den Folgen eines Jagdunfalles gestorben war.

Diese Sage erzählte Anfang des 19. Jahrhunderts H. Scharff von Scharffenstein in Gedichtform:

Kloster Weyarn

Über Berge, Tal und Höhen zieht Graf Siegebot zur Jagd;
Falkenstein, die hohe Feste, glänzet in des Frührots Pracht.

Mit ihm ziehn der Jäger viele und viel Bauern aus dem Rund;
Heute gilt's den Hirsch zu jagen stolz und kühn im Weyarngrund.

Auch die Gräfin, zart und schmächtig, steigt zu Pferd im Jagdgewand;
Eine Büchse an der Seite, einen Speer in weißer Hand.

Ihre blonden Locken fliegen, und ihr Reitkleid wogt und wallt;
Mit dem Lächeln sel'gen Glückes misst der Graf die Huldgestalt.

Hunde, Bauern, Jäger ziehen froh daher die grüne Bahn,
Und die Gräfin auf dem Rappen eilt dem kühnen Troß voran.

In dem stillen Weyarngrunde, an der Mangfall kühler Flut,
Finden sie den Sechzehnender mit der Hirschin junger Brut.

Sieggewohnt und gute Schützin legt die Gräfin auf ihn an:
„Siegebot, wir wollen sehen, ob ich heute treffen kann."

Doch der Kugel (Anmerkung 84) *Macht und Stärke prallt am stolzen Hirschgeweih*
Rückwärts, in der Gräfin Busen fährt das kalte Todesblei.

Leise stammelt sie 'ne Bitte, eh' ihr schönes Auge bricht;
Von des Gatten Arm umfangen flieht ihr Geist zu reinerm Licht.

Und die Bauern sprechen bebend: „Einen Hirsch mit junger Brut
Soll man nimmer zielen, jagen, wenn er bei den Seinen ruht."

Ungefährdet mit der Herde zieht der Hirsch zum tiefern Wald,
Und zum Schlosse heimwärts ziehend dumpf der Jäger Horn erschallt.

Aber bald im Weyarngrunde wird es rege, wird es laut;
Auf Graf Siegebots Geheiße wird ein Kloster dort gebaut.

's ist der Gräfin letzte Bitte, die der Graf getreulich hält;
In des Klosters fromme Mauern dringt nicht das Geräusch der Welt.

Falkenstein ist halb zerfallen, einst'ger Größe stolzes Mal,
Aber aus dem Weyarnkloster tönt die Glocke noch durchs Tal.

Nach anderen Berichten soll Sigiboth sein Schloss als Sühne für seine Untaten dem Erzbischof Konrad von Salzburg überlassen haben, mit der Auflage, dort eine Kirche zu bauen und ein Augustiner-Chorherrenstift zu gründen. Die St. Jakobus Kapelle in Weyarn, die noch romanische Bauelemente hat, soll einst die Burgkapelle des Schlosses von Sigiboth (Anmerkung 85) gewesen sein.

Der unterirdische Gang von Weyarn

Der Sage nach soll einer der unterirdischen Gänge der Kreuzgruft in Reichersdorf (Anmerkung 86) bis Weyarn gereicht haben. Dies gilt jedoch als äußerst unwahrscheinlich.

Dennoch gab es einen unterirdischen Gang in Weyarn. Südwestlich des Volksschulhauses am oberen Berghang begann er in einer natürlichen Höhle und führte Richtung Nordosten. Er war aber schon um die Jahrhundertwende zum 20. Jahrhundert größtenteils eingefallen.

Die drei Kreuze auf dem Taubenberg

Einst hatte ein Bauer auf dem Taubenberg gearbeitet und sein ganzes Fuhrwerk voller Langholz geladen. Vorsichtig fuhr er mit seinem sperrigen Gefährt den Berg hinab. Plötzlich blieben die Zugpferde mit einem Ruck stehen und gebärdeten sich dann wie in Panik. Sie stiegen hoch und versuchten aus dem Geschirr auszubrechen. Der Bauer hatte größte Mühe, das Fuhrwerk vor dem Umstürzen zu bewahren. Noch während er mit dem Gespann kämpfte, sah er die Ursache für die Furcht der Tiere. Mitten auf dem Weg sonnten sich drei grüngoldene Kreuzottern!

„Lieber Gott, hilf mir!“, betete der Mann in seiner Verzweiflung, als er merkte, dass er der verängstigten Pferde nicht Herr werden konnte. „Wenn ich mit dem Fuhrwerk heil hier herunterkomme, so werde ich an dieser Stelle drei Kreuze errichten, zum Dank für Deine Hilfe!“

Sein Stoßgebet fand augenblicklich Erhörung. Ohne ersichtlichen Grund verließen die Schlangen plötzlich den Weg und verschwanden mit blitzschnellen Bewegungen im Dickicht am Straßenrand. Nun gelang es dem Bauern, die Pferde zu beruhigen, weiterzufahren und die wertvolle Ladung glücklich heimzubringen.

Und er hat sein Versprechen nicht vergessen und kurz darauf die drei Kreuze auf dem Taubenberg (Anmerkung 87) errichtet.

Die Heilige Quelle von Nüchternbrunn

Einsam gelegen, in 802 m Höhe auf dem Taubenberg steht die kleine Kapelle Nüchternbrunn (Anmerkung 88), die heute der „Schmerzhaften Muttergottes“ geweiht ist. Daneben, etwas abgesetzt von dem Gotteshaus, ist eine schlichte Klause, in der noch bis 1961 ein Klausner wohnte (Anmerkung 89). Das heilkräftige

Quellwasser fließt nahe der Kapelle in einen einfachen Steinbrunnen.

Der Legende nach sollen die Menschen schon seit mehr als vierhundert Jahren hier Linderung oder sogar Heilung bei Beschwerden mit den Augen gesucht und gefunden haben.

Schon um 1700 stand neben der Quelle eine aus Holz errichtete Einsiedelei, in der ein Eremit wohnte. Einige Jahre später wurde die Wallfahrtskirche erbaut mit einem Brunnenhaus, in dem das Quellwasser, wie es heißt, in fünf Quellen aus den fünf Wunden Christi am Kreuz geflossen ist und sich dann zu einer vereinigte. Die Kapelle war darum den „Fünf Wunden Christi" geweiht.

Nachdem sie 1770 einem Brand zum Opfer fiel, wurde sie durch die Bauern der Umgebung bald darauf wieder in Eigenleistung errichtet. Großen Anteil daran hatte vor allem Georg Heiler aus dem Ort Schmiedham. Ob schon zu diesem Zeitpunkt oder erst später, jedenfalls vor 1850, wurde eine Pieta als Altar- und Gnadenbild in das Gotteshaus gestellt und die Kapelle nun – wie im Barock häufig, in dem die Marienverehrung sehr verbreitet war –, der „Schmerzhaften Muttergottes" geweiht; das ehemalige Kreuzigungsbild kam in einen Anbau.

Zahlreiche Wallfahrten wurden und werden nach Nüchternbrunn unternommen, besonders das 100jährige Bestehen der Kirche wurde um 1870 groß gefeiert. Bis in die 20er Jahre des 19. Jahrhunderts wurde hier noch an jedem Feiertag eine Hl. Messe zelebriert.

Nachdem die Wallfahrtskirche samt Klause 1940 wiederum abgebrannt war – der Altar und die Pieta konnten geborgen werden, das Brunnenhaus mit der heilkräftigen Quelle war jedoch nicht betroffen –, genehmigten die kirchenfeindlichen Behörden der NS-Zeit den Wiederaufbau nicht.

Erst in den Jahren 1945 und 1946 begann die Bevölkerung der umliegenden Ortschaften – wiederum in Eigenleistung – ihre Wallfahrtskapelle erneut zu errichten, die Klause wurde aber nicht mehr an die Kirche an sondern ein paar Meter von ihr entfernt gebaut. Das nicht mehr dem Zeitgeschmack entsprechende Brunnenhaus wurde ganz abgerissen, die Heilige Quelle durch ein Rohrsystem zu dem einfachen Brunnenbecken geleitet, in das sie heute fließt. Sie gilt auch in unseren Tagen noch als heilsam und gut für die Augen (Anmerkung 90). Viele Besucher und Wallfahrer waschen sich auch heute noch die Augen damit.

Wallfahrtsort „Zur schmerzhaften Muttergottes“ Nüchterbrunn.
Foto von Leonhard Wöhr

Die Kapelle (Anmerkung 91) ist auch Teil des südostbayrischen Jakobsweges, der von Rohrdorf nach Hohenpeißenberg über Bad Aibling, Irschenberg, Gotzing, Weyarn und Holzkirchen verläuft. Von Osterwarngau aus wurde bis Nüchternbrunn einen Kreuzweg mit 15 Stationen angelegt.

Die Gotzinger Trommel

Bei dem Bauernaufstand 1705 (Anmerkung 92), bei dem etwa 5000 Oberländer am Heiligen Abend nach München zogen, um gegen die unmenschlichen Rekrutierungsmaßnahmen der Besatzungsmacht zu rebellieren und München von den Feinden zu befreien, soll der Pfleger der Grafschaft Valley, Maximilian Alram, einer der Anführer gewesen sein. Balthasar Riesenberger aus Holzolling soll die Sturmfahne getragen haben, die, wie es heißt, von der Gräfin selbst gestiftet und die von Pater Haspieder, dem Subdekan des Augustinerklosters Weyarn, geweiht worden war.

In der Schlacht soll die Trommel ein Mann aus Gotzing am Taubenberg, der Linnererbauer, geschlagen und als einer der wenigen Überlebenden von der Schlacht wieder zurückgebracht haben. Am „Gasthaus zur Gotzinger Trommel" ist sein Bild zu sehen.

An der Kirche „St. Jakobus der Ältere" in Gotzing, die am südostbayrischen Jakobsweg liegt, ist auch eine Gedenktafel für die in der Sendlinger Mordweihnacht gefallenen Gotzinger angebracht:

Kirschenhofer Kaspar – Wildenbichl
Schliersmayer Ägidius – Thaler
Taubenberger Wolfgang – Ginderer
Berghammer Georg – Vorder-Höher
Auracher Wolfgang – Allhofer

Die Gotzinger Trommel wurde und wird bei festlichen Umzügen in Miesbach, beispielsweise bei der Gedenkfeier zur Stadterhebung, zur Erinnerung an die Mordweihnacht mitgeführt. Sie wird im Heimatmuseum von Miesbach aufbewahrt. Auf der Unterseite steht geschrieben:

Lieber bairisch sterbn
Als wie kaiserlich verderbn
Zur Erinnerung
an die Christnacht im Jahre 1705
allwo diese Trommel zum Kampfe rief.

Vier Gedenkstellen bei Gotzing

Nördlich vom „Huber-Anwesen“ steht ein schöner Bildstock aus dem Jahr 1688. Das schmiedeeiserne Kreuz, von dem er bekrönt ist, trägt zwei Querbalken und weist es dadurch als Patriarchen- auch Erzbischofskreuz aus (Anmerkung 72). In den vier Bildnischen der Laterne befinden sich Darstellungen der Schmerzhaften Muttergottes und von drei Heiligen. Warum er damals aufgestellt wurde, ist heute in Vergessenheit geraten.

Nicht weit davon entfernt, auf dem Weg von Gotzing nach Wall erinnert eine mit Blech überdachte Gedenktafel an einen schrecklichen Unfall der sich am 26. März 1949 hier zugetragen hat. Ein Dreizehnjähriger, der einen Sprengkörper aus dem II. Weltkrieg gefunden hatte und mit einem Stein darauf schlug, wurde bei der Explosion so schwer verletzt, dass er später im Krankenhaus an den Folgen starb. Seine Familie brachte die Gedenktafel an einem Baum an der Stelle des Unglücks an.

Bei der Einfahrt zur Forstverwaltung von Gotzing, beim „Forsthaus Kilian“ erinnert eine Tuffsteinsäule aus dem 17. Jahrhundert an einen Bauern, der hier am Waldrand, einen plötzlichen Tod gefunden hat, wie auf dem Bild in der Laterne des Bildstocks zu sehen ist, wo er leblos am Boden liegend dargestellt ist. Andere Überlieferungen besagen, dass es sich hier um eine Grenzsäule zwischen den ehemaligen Grafschaften Hohenwaldeck und Valley handelt. Der Bauer sei nur zufällig genau an dieser Stelle vom Schlag getroffen worden.

Bei der Abzweigung zum Anwesen „Westiner“ steht ein schön gearbeiteter Bildstock aus dem Jahr 1830. Auch die Säule, die die Laterne trägt, ist vom Bildhauer kunstvoll gestaltet worden. In der vorderen Bildnische befindet sich eine Holzschnitzerei mit den Leidenssymbolen Christi, auf der Rückseite der Säule ist in den Stein eingraviert: GOTT SIEHT ALLES

Wie es heißt, wurde dieser Bildstock als Sühne für den Ehebruch des damaligen Bauern und zur Mahnung für die Zukunft errichtet.

Das Sühnekreuz beim Gündererhof

Zwei Höfe am Taubenberg führen den Namen „Günderer". Beim unteren „Günderer" steht auf dessen Privatgrund ein uraltes Sühnekreuz aus dem Jahr 1525 (Anmerkung 47). Es erinnert an ein furchtbares Unglück, das sich damals bei einem fröhlichen Spiel, vergleichbar dem „Eisstockschießen" oder dem „Hufeisenwerfen" ereignete. In den „Schulunterlagen Gotzing" (Anm. 93) steht:

Fast 500 Jahre sind es, dass dieser graue Stein von einem tragischen Tod Kunde gibt, dessen Opfer bei einem alten gebräuchlichen Spiele, dem „Stöckaplattln" (Anm. 36), *ein junger Bursch wurde. Es war der Sohn vom „Gunthersberger Bauern", der bei diesem Spiel durch einen unglückseligen Wurf von einem Steinplättchen getroffen wurde und sofort tot zusammenbrach. Der todbringende Wurf erheischte Sühne und den Eltern des unglücklichen Werfers, einem unmündigen Jungen, wurde die Auflage gemacht, an jener Stelle, wo sich das Unglück abspielte, „ain stainern Creutz" zu setzen.*

Das Steinkreuz bei Thalham

In Thalham steht an der Straße nach Gotzing ein Steinkreuz aus der Zeit des Dreißigjährigen Krieges, datiert 1634. Ob es sich hier doch um ein Sühnekreuz (Anmerkung 47) oder um einen Gedenkstein für die Toten, die damals an der Pest starben, wie ein Vermerk von 1930 in der Gemeinde Wattersdorf erwähnt, ist ungeklärt. Der Gestalt des Kreuzes nach, die für Pestkreuze unüblich ist, kann es sich auch um ein Sühnekreuz handeln, bei dem der Grund für die Errichtung nicht bis in unsere Tage überliefert ist oder um eine Grenzmarkierung, für die vorhandene Sühnekreuze früher oft benutzt wurden.

Sühnekreuz beim „Günderer“. Foto von Josef Hatzl

Steinkreuz bei Thalham. Foto von Josef Hatzl

Die Tuffsteinsäule beim „Herrenmüller“

Südwestlich von Großpienzenau erhob sich früher am Hang oberhalb der Mangfall die stolze Burg der Pienzenauer. Heute ist sie fast ganz verschwunden, nur Wälle und Graben sind noch zu erkennen. Die Steine der Burg wurden beim Bau der Kirche von St. Jakobus in Gotzing und auch von St. Georg in Kleinpienzenau verwendet. Einer aus dem Adelsgeschlecht der Pienzenauer ist aber auch heute noch nicht vergessen, Hauptmann Hans von Pienzenau.

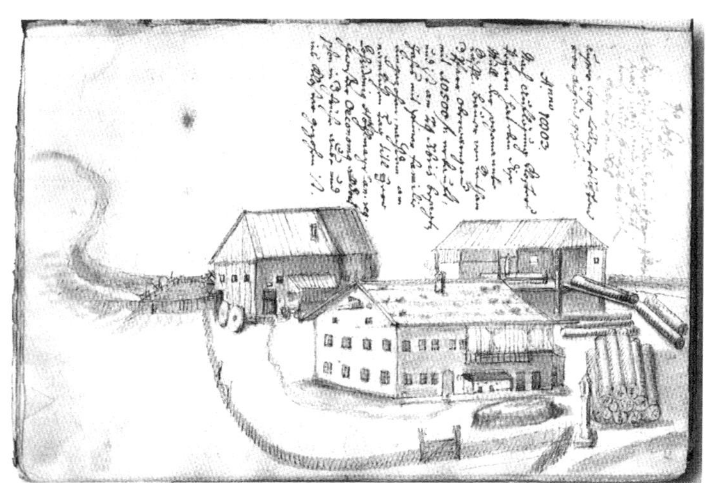

Zeichnung Herrenmühle von 1635. Archiv Erzbistum München, Foto von Josef Hatzl

Josef Hatzl schreibt über ihn:

Er verteidigte 1504, im Auftrag der Wittelsbacher, die bekannte Festung Kufstein gegen den Angriff des Habsburgers Maximilian I., damals römisch-deutscher Kaiser und Landesfürst von Tirol.

Nach der ersten Beschießung der Burg soll Hans von Pienzenau die etwas beschädigten Mauern mit einem Besen abgekehrt haben, um zu zeigen, wie wirkungslos die Kugeln an den Mauern abprall-

ten. Mit Riesenkanonen, die Eisenkugeln bis 100 Kilogramm verschießen konnten, wurde letztlich die Festung erobert und der Pienzenauer samt Besatzung in Ketten gelegt und hingerichtet.

In Langenkampfen bei Kufstein erinnert noch heute ein Denkmal daran, dass an dieser Stelle der Hauptmann zusammen mit 17 Mitkämpfern durch das Schwert ins Jenseits befördert wurde.

Auf einer Tuffsteinsäule von 1630, nur etwa 100 Meter vom „Herrenmüller" entfernt, ist eine Zeichnung der Herrenmühle aus dem Skizzenbuch des Weyarner Propstes Valentin Steyrer von 1635 erkennbar (siehe Bild S. 161).

Das Denkmal bei Kleinpienzenau

Eine zwei Meter hohe Sandsteinsäule an der Straße zwischen Klein- und Großpienzenau erinnert an einen tragischen Unfall am 1. April 1898, der sich an dieser Stelle ereignete.

In der „Neue freie Volkszeitung" steht Ende Juni 1898 darüber:

Am 3. April starb in Folge eines Unglücksfalles der hochwürdige Herr Pfarrer Sixt von Neukirchen. Derselbe fuhr von der Filiale Pienzenau nach Hause, das Fuhrwerk kippte um und der Pfarrer fiel so unglücklich, dass er sich den Fuß brach und am Wundfieber (kalten Brand) starb. Herr Pfarrer Sixt war ein Schuhmacherssohn aus Erding bei Mühldorf und wurde 1889 zum Priester geweiht.

Der noch junge Pfarrer Sixt war der Nachfolger des sehr geschätzten Pfarrers Kurz, der in der Nähe von Mühldorf in Pürten eine neue Stelle angetreten hatte.

Pfarrer Sixt erfreute sich großer Beliebtheit bei seinen Pfarreiangehörigen. Diese beschlossen, zu seinem Gedächtnis ein Denkmal an ihn zu errichten. Das wurde schon 1899, ein Jahr nach dem schlimmen Unfall, vom Kgl. Bezirksamt Miesbach genehmigt und kurz darauf aufgestellt.

Das Miesbacher Maiensäen

Früher wurde vom Haus eines Mädchens, das in Verruf gekommen war, in der Nacht zum 1. Mai eine Spur aus Sägespänen, Kleie, Häcksel oder Spreu bis zum Haus des jungen Mannes, mit dem man ihm ein Verhältnis nachsagte, gelegt, um dadurch die Beziehung im ganzen Ort offenkundig werden zu lassen.

Johann Sepp schrieb 1892 darüber:

Je mehr wir die altdeutsche Religion kennenlernen, desto einleuchtender wird die Sittenstrenge unserer Altvordern. Namentlich im Punkte der Ehe verstanden sie keinen Spaß, und Liebhaberei, die nicht zu diesem Ziele führte, oder wo ein Teil dem anderen das Versprechen brach, war ihnen gründlich verhasst. Es galt nicht bloß ihn durchzuhecheln, sondern man gab dem allgemeinen Unwillen durch Spreusäen bildlichen Ausdruck, und wollte durch die Häckerlinge deutlichmachen, die Ärgernis gebende Person verdiene wie Hülsen vom Weizen gesondert, auf die Gasse geworfen und mit Füßen getreten zu werden...

Erst kürzlich ward in der Nacht vom Ostersamstag auf Sonntag, 20. bis 21. April 1889, von der Gemeinde Wies der 3/4 stündige Weg von Miesbach, welchen ein Stationsmann beging, bis zu einem benachbarten Hof mit Sägmehl bestreut, um aufmährig zu machen und das Ärgernis abzustellen, dass so ein Liebhaber die gewisse Bauerntochter besuchte. Ja den Galan fand man als ausgestopfte, sprechend gekleidete Puppe sogar im nahen Gehölz an den Baum gehangen.

Darob flammte brennender Zorn auf, und da man die Urheber des Streiches nicht herausbrachte, bekam die Gemeinde von Wies von Amts wegen eine Strafe diktiert: allnächtlich zwei Mann sechs Stunden Patrouille gehen zu lassen, wo nicht, werde ein Bataillon Soldaten gerufen und einquartiert.

Diese Art der Volksgerichtsbarkeit wurde ähnlich wie das Femegericht der Haberer (Anmerkung 98) noch zu Beginn unseres Jahrhunderts ausgeübt.

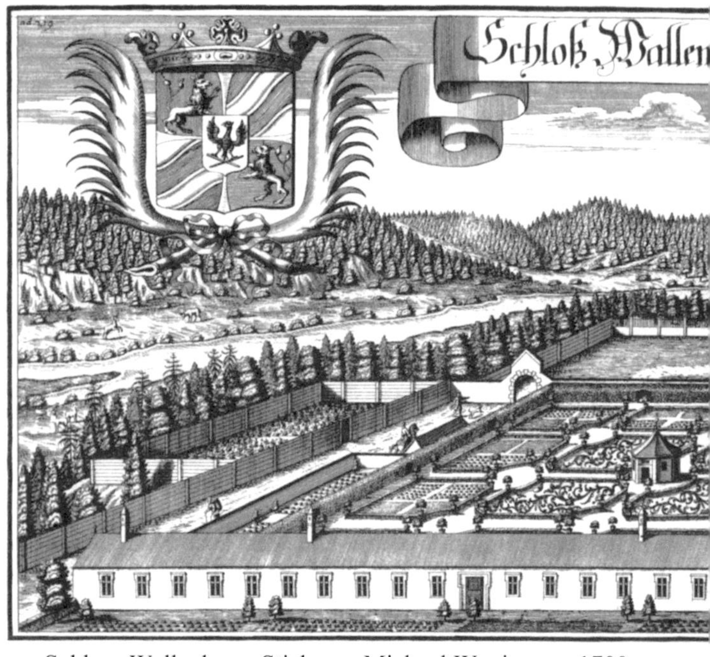

Schloss Wallenburg. Stich von Michael Wening um 1700

Die unterirdischen Gänge von Schloss Wallenburg

Der Überlieferung nach befindet sich unter Schloss Wallenburg bei Miesbach eine weitverzweigte Anlage von Katakomben. Einer dieser unterirdischen Gänge führt nach Miesbach ins ehemalige Schloss der Herren von Maxlrain, das 1611 erbaut wurde und in dem heute das Vermessungsamt untergebracht ist, ein anderer in den Sommerkeller, ein dritter zur Schreinerei. Wie viele Gänge sonst noch vorhanden sind, ist nicht genau bekannt.

Früher spielten gerne die Kinder in den unterirdischen Gewölben, wie beispielsweise noch bis vor etwa 60 Jahren der Sohn der ehemaligen Verwalterin und dessen Freunde.

Das Sachs-Marterl bei Miesbach

Nahe der Bahnlinie an der Mangfall, nur ein paar hundert Meter vom Köpferl entfernt, erinnert ein Bildstock aus Tuffstein aus dem Jahr 1821, mit bemalten Bildtafeln in den Nischen der Laterne, an eine schreckliche Mordtat, die hier verübt wurde.

Josef Hatzl hat darüber geforscht und herausgefunden:

Der Dienstbote Hans Sachs soll hier bei der Ausübung eines Botenganges von Mordgesellen mit einem Knüppel erschlagen und all seiner mitgeführten Habe und Geldbeträge beraubt worden sein.

Auf einer der Tafeln steht:

Das Sachs-Marterl bei Miesbach. Foto von Josef Hatzl

Die letzte Fahrt ist nun vollbracht
Dem lichten Tag folgt Grabes Nacht
Wanderer vernimm die Kunde
Dass hier ging ein Mensch zu Grunde
Danke Gott als guter Christ
Dass Du's nicht selber gwesn bist.

Bräuche beim Dreschen in Miesbach

Um 1850 beschrieb der Sagenforscher Friedrich Panzer einige Bräuche, wie sie in Miesbach und Umgebung beim Dreschen üblich waren:

Wenn es bei einem Bauernhof an das Ausdreschen geht, so hüten sich die Drescher den letzten Schlag zu führen. Einer muss es aber doch sein, und diesem rufen nun alle zu:

„Du bist die Hánerlos, oder Hänerlos!"(Anmerkung 95)

Bei dem Drischelmahl (Drischelwürchet) ist dem Drescher, welcher den letzten Schlag geführt hat, eine besondere Nudel zugedacht. Am Teige ist sie von den übrigen nicht verschieden, aber an Größe und Form. Sie ist so groß wie die Schüssel, in welcher sie aufgetragen wird, umgeben von einem Rosmarinstrauß. Darauf gestellt sind zwei buntgekleidete Docken (Anmerkung 97)*, Hánsl und Gredl. Ist der Teig noch weich, so wird der obere Teil mit Haberkörnern bestreut, welche einbacken, beim Verzehren aber leicht ausgelöst werden können. In anderen Orten sah der Erzähler, wie der Drescher, welcher die Laes vertragen musste, auf einem Schubkarren um die Scheune gefahren und auf den Misthaufen abgeladen wurde. Man sagte: „Geh hinweg, du stinkst wie die Hánerlos!" Die Laes kann ein Knecht oder eine Dirn vertragen müssen, wer eben den letzten Drischelschlag macht.*

Ein anderer erzählt: Nach dem Mittagsmahl des Drischelwürchet wird der, welcher d' Laes bekommen hat, beschmutzt, im Gesicht geschwarzt, auf einen Wagen gesetzt und von den andern im Dorf herumgezogen. An den Zug schließen sich viele an, und die rufen: „Süz, süz, süz!" wie man die Schweine lockt.

Soweit Friedrich Panzer; vielleicht kann sich noch jemand an diese Bräuche, zumindest aus Erzählungen der Eltern, erinnern.

Der Fastnachtschimmel zu Parsberg

Am Faschingsdienstag wurde früher in vielen Gegenden Bayerns der „Fastnachtschimmel" vorgeführt: Zwei junge Burschen unter einem großen Leintuch stellten den Schimmel dar, ein dritter – natürlich der kleinste und leichteste – machte den Reiter. Derart vermummt zogen sie durch das Dorf, sangen vor den einzelnen Höfen, trieben allerlei Schabernack und erzählten Witze. Der Sagenforscher Johann N. Sepp schreibt 1892 über diesen Brauch:

Um Parsberg bei Miesbach ritten die Buben als Fastnachtblaßel. Blaßel heißt der Schimmel, hier mit einer breiten, strohgeflochtenen Ziehe, einen Rossschweif am Hinterteil, am Kopfende klingende Schellen und rote Bänder. Sie sangen oder schrien:

I' reit' daher also fest
Grüß' den Bauern und seine Gäst,
Wenn i' den ein grüß' den andern nicht,
Gäb's für mich Reiterlein ein saures G'sicht.
Bauer und Gäst' gar hoch geborn'!
In unserem Land wächst Wein und Korn.
Bäuerin lass' Dir a was sagen,
I soll' Di zur Hochzeit laden,
Gibt's n Stück'l von der Henna,
Könnt' ich und der Schimmel recht renna,
Gibt's a Stück'l von der Sau,
Tät mich freuen, liebe Frau.
Krieg ich auch noch Bier und Wein,
Dann, Schimmel kannst du Juche schrei'n.

Natürlich wurde den jungen Leuten gegeben, worum sie in so lustigen Worten gebeten hatten. (Anmerkung 96)

Die Lourdeskapelle in Kleinthal

In einem privaten Garten in Kleinthal steht eine Lourdeskapelle (Anmerkung 48) in neubarocker Ausführung, erbaut etwa um 1890-1910. Wahrscheinlich wurde sie, wie viele andere Lourdesgrotten und -kapellen, in Erfüllung eines Gelübdes erbaut, weil Maria in einer schier ausweglosen Lage geholfen hat. Sie ist ähnlich der Lourdeskapelle in Finsterwald, vgl. S. 275.

Ansicht von Miesbach. Simon Warnberger nach Dillis um 1802

Das Gnadenbild der Schmerzhaften Muttergottes in Miesbach

Die Pfarrkirche Maria Himmelfahrt in Miesbach, die schon im 14. Jahrhundert erwähnt wird, 1663-65 erneuert, in einen Saalbau umgewandelt und 1783, nach einem Brand, wiederaufgebaut worden ist, war lange Zeit hindurch ein vielbesuchter Wallfahrtsort.

Seit dem Ende des 17. Jahrhunderts kamen jährlich Tausende Bittsuchender nach Miesbach, um am Gnadenbild der Schmerzhaften Muttergottes in der Pfarrkirche Erhörung zu finden. Die barocke Marienfigur war 1656 von dem Bildhauer Johannes Millauer aus Miesbach geschaffen worden und befindet sich noch heute in der Pfarrkirche. (1993, Dr. Gerhard Maier, Miesbachs Geschichte)

Der Legende nach, suchten Anfang 1693 viele Gläubige bei einer Marienfigur, die in einer Linde zwischen Miesbach und Parsberg stand, Hilfe in ihren Anliegen. Weil der Zustrom der Pilger dorthin immer größer wurde, bat der Pfarrer von Miesbach um ein

Wunder, weil er nicht wusste, wie er sich in dieser Angelegenheit verhalten sollte.

Von da an erstrahlte die Figur der Schmerzhaften Muttergottes in der Linde durch ein geheimnisvolles inneres Licht in der Nacht so hell, dass alles ringsum taghell erleuchtet war. Daraufhin wurde die Marienstatue in einer feierlichen Prozession in die Pfarrkirche gebracht (Anmerkung 100). Von da an gab es zahlreiche Wallfahrten zur „mater dolorosa miraculis gloriosa", einen Ehrentitel, den ihr Papst Innozenz XIII. um 1722 verlieh, etwa 1700 Gebetserhörungen wurden dokumentiert. Damals wurden in Miesbach sogar Passionsspiele veranstaltet. Viele Gebetserhörungen und Gnadenerweise durch die Gottesmutter werden in dem Büchlein „Marianisches Gnaden Paradeiß" von 1733 erzählt, darunter eine, die sich nach der Sendlinger Mordweihnacht (Anmerkung 99) zu Beginn des Jahres 1706 zugetragen hat:

Simon Mänhardt, Bürger und Bader von Miesbach war bei der blutigen Schlacht bei kaiserlichen Zeiten zu München. Indem er davon fliehen wollte, hat er sich im Schrecken zwischen einem Scheiterhaufen und hohen Gartenplanken hinein gestecket samt noch einem jungen Menschen, den er nicht kannte.

Die Kaiserlichen aber, die auf dem Isarberge zu Pferd saßen, sahen ihn, welche dann von dem Berg herunter schrien und den übrigen Soldaten ihn angezeigt haben.

Mänhardt empfahl sich zur Schmerzhaften Mutter Gottes zu Miesbach mit einer Hl. Messe, wenn er sein Leben erhalte. Der junge Mensch sagte gleich darauf „ich halt es auch mit Dir".

Kaum waren diese Worte ausgeredet, so schossen die Soldaten zweimal auf mich. Ich wurde getroffen, aber nicht tödlich. Dem jungen Menschen wurde auf sein Rufen Pardon verheißen und er nun ausgeplündert und ausgezogen. Nun nahm abermalen ein Soldat sein Gewehr, spannte auf, hob es an den Leib des Ausgeplünderten, gab aber kein Feuer, da der Schuss versagte. Ein anderer Soldat nahm ihn bei den Haaren, zog das schneidende Schwert in die Höhe mit diesen Worten:

„Bet du Hund, du musst sterben!"

Gnadenbild der Pfarrkirche Miesbach. Foto von Heinz Schinzel

Durch das eifrige Bitten aber wurde der Soldat gezwungen, ihm das Leben zu schenken, ihn anrufen: „Scher' dich fort du Hund!“

Endlich nach eifrigem Anrufen der Hl. Maria sprang er durch die 4 Soldaten über eine hohe Planke in einen Garten. Die Soldaten haben zwar nachgeschossen, ihn aber weder mehr getroffen noch gefunden.

Die unterirdischen Gänge von Miesbach

Unter Miesbach sollen sich mehrere unterirdische Gänge befinden, nicht nur der bereits erwähnte von Schloss Wallenburg zum ehemaligen Schloss und heutigen Vermessungsamt.

Max Roeder schreibt 1958:

In Miesbach entdeckte Heimatpfleger Fritz Gloetzl durch die Hinweise eines Rutengängers (die durchgeführten Grabungen bestätigten die Angaben) ein weitverzweigtes Gangsystem, das sich auf beiden Schlierachufern unter den Häusern der Stadt hinzieht.

Der Sagenforscher Johann Sepp schrieb 1876: *Zu Neunburg* (Anmerkung 98) *bei Miesbach zieht sich ein Gang unter der Erde wohl über 3 Stunden fort, mit der Sage von den drei Schwestern.*

Das Jüngste Gericht auf dem Miesbacher Friedhof

Auf dem Miesbacher Friedhof, dort wo heute das Kriegerdenkmal steht, war früher das Beinhaus, wo die Gebeine der Toten aus aufgelassenen Gräbern aufbewahrt wurden. Es mag schon etwa 80 Jahre her sein, da schlichen sich einmal am Abend zwei Lausbuben in das Beinhaus.

Sie wollten ihren Mut zeigen und beweisen, dass sie sich vor dem gruseligen Ort nicht fürchteten. Obwohl ihnen schon recht unheimlich zumute war, gaben sie sich nach außen hin forsch und unerschrocken und begannen ein makabres Spiel. Um ihre innere Angst zu übertönen, zählten sie ganz laut:

„Du an Stoa, i an Stoa; du a Boa, i a Boa."

Gerade in diesem Augenblick ging draußen der Gemeindediener vorbei. Als er aus dem Beinhaus die durch die Mauern ganz hohl klingenden Stimmen „du a Boa, i a Boa" sagen hörte, stellten sich ihm vor Schrecken die Haare einzeln auf dem Kopf auf.

Erst stand er wie gelähmt vor Furcht, dann aber stürzte er Hals über Kopf davon, so als sei der Leibhaftige höchstpersönlich hinter ihm her, und schrie aus Leibeskräften:

„S' Jüngste Gericht ist da! S' Jüngste Gericht ist da! Sie teilen schon die Totenköpf' aus!"

Miesbach. Stich v. Michael Wening um 1700 (Ausschnitt)

Der Rockenstein bei Miesbach

Es gibt in Deutschland eine Menge Rockensteine oder Kunkeln... Dürfen wir in vielen Fällen auch nicht verzweifeln, dass rocca der Fels ins Deutsche übersetzt und Rockenstein eine Tautologie ist, so bleibt doch gewiss, dass die Sage sich an die andere Bedeutung: Rockenstein oder Spindel hielt, um mythische Vorstellungen daran zu knüpfen... Hiezu gesellt sich der Rockenstein bei Miesbach... schreibt J. Sepp 1874. (Anmerkung 101)

Wie die Kirche von Agatharied entstand

Die kunstgeschichtlich bedeutsame Kirche von Agatharied soll, der Sage nach, ihre Gründung einem Gelübde von Graf Georg von Waldeck, der von 1407-1456 lebte, verdanken.

Im Jahre 1444 wurde der Graf bei einer Schlacht gegen die Türken gefangengenommen und in einem finsteren Verließ angekettet. Dort musste er lange Zeit in feuchter Kälte auf modrigem Stroh zubringen und auf seine Verurteilung warten. Den sicheren Tod vor Augen, gelobte er, wenn er wieder frei werden und auf seine Besitztümer zu seiner Gattin Agatha und seinen drei Kindern zurückkehren dürfe, würde er zum Dank in seiner Grafschaft drei Kirchen erbauen.

Miesbach mit Brecherspitze und Bodenspitze.
Malerische Topographie des Königreichs Bayern 1818.
Zeichnung v. Eugen Adam

Kurz darauf verhalf dem schon fast Verzweifelten ein Wärter, der sich im Geheimen zum Christentum bekannte, bei einer günstigen Gelegenheit zur Flucht. Nach mancherlei Irrfahrten gelangte Graf Georg von Waldeck schließlich wieder glücklich in seine Heimat zurück.

Und er vergaß nicht, was er in der Not versprochen hatte. Er gründete die Kirche in Frauenried, die nach der Gottesmutter und Namenspatronin seiner Schwester Maria geweiht wurde, die nach seinem Namenspatron Georg benannte Kirche in Georgenried und die Kirche in Agatharied, die nach der Namenspatronin seiner Gattin benannt wurde.

Die Jakobspilger in der Kirche von Agatharied

Im Kirchlein zu Agathenried bei Schliersee hingen bis auf unsere Tage vier noch gut erhaltene Gemälde auf Goldgrund, aus dem XVI. Jahrhundert...

Auf dem ersten erzählt ein Pilger mit Mantel und Stab und der Jakobsmuschel einem Manne und seiner Frau am Tische...Auf einer Schüssel steht ein schwarzer Hahn, ein weißer sitzt über einem Stuhle im Rücken der Frau; die beiden scheinen hocherstaunt.

Auf der zweiten Tafel steht derselbe Pilgersmann vor einem Galgen, woran ein anderer Wallfahrer hängt; anderseits hält der hl. Jakob seine Hand unter, dass er nicht zu Tode gebracht wird.

Die dritte zeigt Jakobus Enthauptung, die vierte Jakobus Sarg von zwei Ochsen zu Grabe gezogen. (Anm. 102) J. N. Sepp

Diese vier Bilder nehmen Bezug auf eine alte Legende, die sich zu der Zeit, als die Wallfahrt nach Compostella zum Grab des Apostels Jakobus in hohem Ansehen stand, zugetragen haben soll. Damals waren Pilger aus allen Teilen Europas oft monatelang, manchmal jahrelang auf ihrer Wanderschaft unterwegs zu dem heiligen Ort.

Einst hatten Eheleute, die sich lange vergeblich ein Kind gewünscht hatten, gelobt, die beschwerliche Pilgerschaft nach Compostella auf sich zu nehmen, wenn ihr sehnlichster Wunsch in Erfüllung ginge. Kurz darauf bekamen sie einen Sohn.

Als dieser herangewachsen war, machten sie sich gemeinsam auf die versprochene Wallfahrt.

J. N. Sepp erzählt die Legende weiter:

Nachdem sie einen frischen Knaben erhalten und dieser zum Jüngling erwachsen, traten sie die Reise an und hielten bereits die letzte Nachtrast in einem Dorfe, als des Wirthes Töchterlein sich in den Jüngling verliebte und da derselbe ihrer Anreizung widerstand, aus Rache einen silbernen Löffel in seinem Gewand verbarg, in Folge dessen er als Dieb mit dem Strange bestraft ward.

Mit unsäglichem Schmerz langten die Eltern in St. Jago an, für ihren Einzigen zu beten; auf dem Rückwege aber trafen sie ihn noch am Leben und baten den Richter, ihn abnehmen zu dürfen.

Dieser aber verlachte sie: „So wenig diese gebratenen Rebhühner davonfliegen, lebt euer Sohn."

Doch sieh! Die Hühner flogen fort!

Vom Galgen genommen, erklärte der Gerichtete, keinen Schmerz empfunden zu haben, denn ein alter Mann habe ihn auf seiner Schulter stehen lassen – und dieser bewährte sich, als sie wieder nach Compostella zogen, als der hl. Jakob. (Anmerkung 103)

Der Urdelbach bei Schliersee

Es gibt in vielen Gemeinden Orte, oft hoch gelegen und jahraus, jahrein von „spörem, rauen Grund". Obwohl nun auf solchen Äckern und Wiesen nicht das mindeste von einem Brunnen zu sehen ist, findet man doch häufig solche Gefilde „beim Hungerbrunnen" benannt.

St. Leonhardifest am Schliersee. Gemälde v. Peter v. Heß 1825

In Jahren, denen teure Zeiten folgen, sprudeln da auf einmal Wasserläufe hervor und dann verwandeln sich die trockenen Äcker in moosige Gründe, auf denen Menschen und Tiere einsinken und kein Wagen mehr fahren kann.

Das bedeutet dann allzeit Hungersnot durch Misswachs, schwere Zeiten, Kriege und Krankheiten und was immer, die ja ohnehin gewöhnlich miteinander kommen. Frh. v. Leoprechting 1855

Der Name Urtel oder Urdel hängt ebenfalls mit der Beurteilung des folgenden Jahres zusammen; an dem veränderten Wasserlauf eines „Urdelbachs" ist also die Fruchtbarkeit des kommenden Jahres abzulesen, so behauptete der Sagenforscher J. Sepp im vorigen Jahrhundert, und er schrieb 1874: *Ebenso fließt ein Urdelbach bei Schliersee.* (Anmerkung 104)

Noch heute gibt es einen Ort „Urtlbach" am Schliersee.

Der Hungerturm im Schliersee

Es war einmal in alter Zeit ein Ritter von Waldeck, tapfer und gottesfürchtig, der als Kreuzfahrer in das gelobte Land zog. Sein schönes eheliches Weib vertraute er der Hut seines Schlossvogtes an. Wie alle bösen Vögte hieß dieser Golo. Alsbald entbrannte der treulose Diener in Liebe zur schönen Waldeckerin und wusste ihr durch seinen gedungenen Helfershelfer die falsche Botschaft zu hinterbringen, dass ihr Gemahl im Kriege gegen die Ungläubigen eines heldenmütigen Todes gestorben sei.

Der böse Vogt freite nun um die Hand der trauernden Witwe, und siehe da, er wurde erhört.

Nicht lange aber genossen beide das Glück der Liebe, als plötzlich der von den Türken erschlagene Gatte frisch und gesund aus dem gelobten Land in die Heimat zurückkehrte, und sein, wie er hoffte, ihn mit Sehnsucht erwartendes Weib in den Armen eines andern traf. Von Wut entbrannt über diesen schändlichen Bruch ehelicher Treue ließ er auf der Insel Wörth, die mitten im See gegenüber der Burg liegt, einen Turm erbauen und den Buhlen nebst der untreuen Gattin dorten hineinwerfen und bei lebendigem Leibe gar jämmerlich verhungern.

Noch heutigen Tages heißt man den Platz, wo dieser Turm stand, beim „Hungerturm".

So wird diese Sage 1874 von Stein erzählt.

Etwas anders, aber nicht weniger grausam, wurde sie von J. v. Hefner 1838 überliefert:

Andere sagen, der erzürnte Gemahl habe auch den Verführer und das Kammermädchen an Ketten geschlossen in den Turm gesperrt, letztere an die längste Kette, auf dass sie ihren Mitgefangenen die spärliche Nahrung reichen konnte.

Heute ist zwar keine Spur mehr von dem schrecklichen Hungerturm übriggeblieben, aber Ende des vorigen Jahrhunderts sollen noch überwachsene Mauerreste vorhanden gewesen sein.

Bäuerinnen aus der Gegend von Miesbach. L. Neureuther 1804

Früher soll man in der Nacht manchmal Feuerflämmchen von der Insel zur Burg und wieder zurückfliegen gesehen sehen haben. Dann wurde gemunkelt, dass das die Armen Seelen der Verurteilten seien, die keine Ruhe fänden.

Der Schliersee im Mondlicht. Wilhelm von Kobell vor 1805

Der betrogene Graf und seine Rache

Graf Wulff von Maxlrain, dessen Geschlecht nach dem Aussterben der Waldecker im Mannesstamm (um 1483) die Herrschaft über Miesbach und den Schlierseer Winkl übernahm, war, wie es heißt, ein sehr heißblütiger Mann, der oft handelte, ohne lange zu überlegen.

Dem Grafen Wulff von Maxlrain sagt man nach, er sei ein arger Hitzkopf gewesen, der seine Gemahlin wegen des Verdachts auf Ehebruch zu Tode traktieren ließ. Die Arme wurde, so behauptet wenigstens eine von Michael Gasteiger aufgezeichnete Sage, auf der kleinen Schlierseeinsel in einem Verließ eingemauert und musste dort von der angeketteten Kammerzofe mit Speise und Trank versehen werden. (Anmerkung 105) *Andere sagen dagegen, man habe Schön Amely am Waldecker Burgfelsen (der an der Straße nach Neuhaus liegt) angeschmiedet.* Max Roeder, 1958

Eine schaurige Ballade über das grausame Schicksal der schönen Amely am Schliersee schreibt zu Beginn des 19. Jahrhunderts der Münchner Dichter E. Duller:

Der Maxlrainer und Schön Amely

1

„Peitscht den Seestrand, wilde Wogen!
Geißle, Blitz, die falsche Flut;
Denn die Sünd' am heil'gen Blut
Kömmt im Grimm herabgeflogen
Von des Fluches schwarzem Bogen,
Der die Erde hält umzogen,
Der im tötend-eis'gen Ring
Jeden Segenskeim umfing.

Unversöhnte Elemente!
Drum ist holde Maienzeit,
Dass ihr euch der Zwietracht freut,
Die den holden Bund zerstrennte,
Die vom blassen Firmamente
Niedersandte rüst'ge Brände
In der Tochter lüstern Herz,
Übertäubend Vaterschmerz.

Als auf flügelschnellem Rosse,
Stäubend wie im Sturmesflug,
Mich der Gatt' von hinnen trug
Aus des Vaters stillem Schlosse,
Aus des Friedens heil'gem Schoße,
Sah ich nicht des Fluchs Geschosse,
Die mein Vater, arg betört,
Nach mir sandt' vom öden Herd.

Doch das Maß muss sich erfüllen,
Die Verheißung gleicht sich aus,
Ewig wankt der Sünde Haus.
Meiner Sehnsucht heißem Willen
Wollte nie das Schicksal stillen,
Und kein Friede kann mir quillen,
Denn kein Abend bringt das Glück,
Bringt den Gatten mir zurück.

Wie den Vater ich verlassen,
Den der Gram hat aufgezehrt,
Lässt mich nun, der mich betört,
Einsam, freudelos verblassen. -
Erd' und Himmel muss ich hassen,
Können sie mein Leid erfassen?
Diesen glüh'nden Liebesdrang,
Der den Treulosen umschlang!?

Peitscht den Seestrand, wilde Wogen;
Geißle, Blitz, die falsche Flut,
Denn es wird mein heißes Blut
Stürmisch zu euch hingezogen.
Seht, die Sünde ist betrogen,
Alle Freud' ist ihr entflogen.
Zu dir reißt sie mich hinab,
Nimm mich auf, du finstres Grab."

Und sie sprach's mit bleichem Munde,
Amely, im wilden Schmerz,
Glut verzehrt Gehirn und Herz,
Schwang im Sprung zum offnen Schlunde
Tief hinab sich.- Noch zur Stunde
Aus des Schliersees dunklem Grunde
Tost es von der Wogen Schwall
Nach des Weibes tiefem Fall.

2

Herbstlich wühlt mit wüstem Brausen
Tief im Schilf des Sturmes Faust,
Und die Flut, die stiller braust,
Streckt sich flach im dunklen Grausen.-
Molche schlüpfen, Schlangen hausen
Tiefer in den feuchten Klausen,
Als der Wullf von Maxlrain
Spornt den Rappen - ernst - allein.

„Amely, du süße Treue“,
Ruft er aus im wilden Schmerz,
„Weh, dein Tod bricht mir das Herz.
Drei der Jahre, dass in Reue
Ich den neuen Tag, das neue
Licht der Sonne trauernd scheue,
Weil ich dich, die ich erkor,
Schönes Weib, im Tod verlor.

Ohne Weilen, ohne Raste
Treibt es tobend mich umher
Wie auf sturmgepeitschtem Meer;
Und als ob die Welt drauf laste,
Keucht die Brust, die gramerfasste,
Und das Leben, das verhasste,
Acht' ich es auch zu gering,
Hält mich doch mit eh'rnem Ring.“

Prasselnd nieder strömt der Regen,
Doch der Ritter sprengt im Flug
Wie des wilden Jägers Zug.
Wirft die Brust dem Sturm entgegen,
Der den Gaul mit mächt'gen Schlägen
Treibt auf ungebahnten Wegen
Fort durch tausend Ungemach
Bis zu eines Fischers Dach.

Und das Ross scharrt an der Schwelle;
Aus dem scheu geborgnen Haus
Tritt der Fischer schnell heraus.
„Seid gegrüßt an dieser Stelle“
Klingt sein Wort gar mild und helle,
Dumpf dazwischen braust die Welle,
„Nehmt die Herberg freundlich an,
Euren Rappen gürt' ich an.“

Als der Graf ins Haus getreten,
Deckt der Wirt den kleinen Tisch,
Setzt ihm Wein auf, Brot und Fisch,
Lässt sein zartes Söhnlein beten,
Und mit zaubrischen Erröten
Kommt sein Weib zum Tisch getreten,
Üppig schön im schlichten Kleid,
Wulf wird Herz und Auge weit!

„Sagt, ist dieses Eure Frau?“
Fragt er heimlich seinen Wirt,
Den er rasch zur Seite führt.
„Dies ihr Sohn, den ich erschaue?-
Ob ich meinen Augen traue!?
Sorgend, dass mein Herz mir graue,
Schließ' ich meine Ahnung ein,
In der Falschheit engsten Schrein.“

Dumpf und starr hat er gesprochen,
Tief drückt er die Mütz' ins Haupt,
Alles ist ihm jetzt geraubt,
Und sein Herz, das fast gebrochen,
Fühlt er ungestümer pochen
Als in jenen holden Wochen,
Da er hoch in Ehren, laut
Dieses Weib hieß - seine Braut!!

„Seltsam ist des Schicksals Walten“,
Spricht der Fischer, „und Gewinn
Muss uns aus dem Tode blühn.
Dies mein Weib hab' ich erhalten,
Als des Grames Graungestalten
In den See, den trostlos kalten,
Schleuderten sie tief hinein;
Die Gerettete ward - mein!“

Als der Wulf die Kund' vernommen,
Hebt der zitternd seinen Wein,
Netzt die bleichen Lippen drein,
Rufend: „Ha! Willkomm! Willkommen!
Wem des Grames Leucht' verglommen!“-
Und in wütend lust'gem Sinn
Schleudert er den Becher hin.

Auf sein Bett mit bitterm Lachen
Wirft sich der betrogne Graf,
Den der Pfeil der Untreu' traf.
Alle Seelenfoltern wachen,
Und sie schüren, und sie fachen,
Bis die letzten Stützen brachen-
Wulfens Kissen ist die Pein,
Und die Rache wiegt ihn ein.

3

Freundlich schmückt man Tor und Zinnen
Auf des Maxlrainers Schloss.
Freud' und Jubel stürmen los,
Denn der Graf, der längst von hinnen
Schied, kam in des Mais Beginnen,
Wenn von Alpen Brünnlein rinnen,
Aus dem Heil'gen Land zurück,
Wo ihn kränzten Ruhm und Glück.

„Üppig lockt der Tafel Freude,
Und der Tisch ist blank gedeckt,
Dass der Anblick Lust erweckt;
Und in seinem schönsten Kleide
Sitzt der Graf, der, lang im Leide,
Tief erbleicht', im Festgeschmeide
Jetzt mit einem Blick am Mahl,
Wie in Nacht des Wetters Strahl.

Zu dem Vogt, dem altersgrauen,
Ruft er: „Füll den Becher an!
Einsam bin ich, alter Mann,
Und will nette Gäste schauen,
Tapfre Männer, schöne Frauen;
Doch in allen deutschen Gauen
Blüht kein Weib, die mir gefällt
So, wie die ich jetzt bestellt.

Knechte, bringt mir doch die Gäste!“
Rasend flammt des Auges Glut,
Als er nässt in goldner Flut
Seinen Bart beim Maienfeste.
„Immer mangelt noch das Beste,
Denn ein Band, das stärkste, größte,
Möcht' ich schlingen mir zur Lust,
Wie's das Herz will in der Brust!“

Durch des Saales Pforte dringen
Knechte jetzt mit edlem Wild.
Dreifach scheint das Jammerbild,
Denn die blut'gen Jäger bringen
Amely in Eisenringen
Und, an dem die Blicke hingen,
Auch das Söhnlein, auch den Mann
Zu dem finstern Mahl heran.

„Ei willkommen, seltne Gäste!"
Ruft der Graf mit vollem Hohn.
„Euer harrt' ich lange schon.
Warum kommt ihr nur zum Reste?
Drum zu einem andern Feste
Lad' ich euch. Es ist das Beste.
Euer Wirt sei Gottes Luft,
Sättigend mit würz'gem Duft.

Seht ihr die drei Klippen ragen
Auf der Alpe höchstem Stein?-
Dort nehmt eure Mahlzeit ein!
Sturm soll euch die Speise tragen,
Sturm nach euren Lüsten fragen!
Gäste, ihr müsst nicht verzagen!
Seht, die Rache sättigt treu,
Und den Durst stillt sie dabei!

Fesseln soll man euch und schmieden
An die Klippen ja recht eng,
Dass kein Sturm die Bande spreng'.
Gehet ein zum ew'gen Frieden!
Solches ist der Dank hienieden,
Der der Untreu wird beschieden!
Nun Glück auf zum luft'gen Mahl!
Knechte, nehmt vom stärksten Stahl.

4

Auf dem üppig weichen Bette
Liegt der Graf und kann nicht ruhn,
Denn ihn peint sein arges Tun,
Immer weckt's wie Klang der Kette,
Wie ein Rufen: „Rette, rette;
Von des Felsens hartem Bette!"-
Einen Knappen schickt er aus
Nach dem wüsten Bergeshaus.

*Sieben Tage sind verronnen,
Seit des Grafen strengem Spruch,
Und ihn fasst der Reue Fluch.
Siebenmal vom Licht der Sonnen
Ward sein Frevel hell umsponnen,
Seit die Rach' ihr Werk begonnen,
Jetzo ihn die Qual erfasst,
Lässt ihm keine Ruh' noch Rast.*

*Wieder kömmt der bleiche Bote,
Meldend von der Alpe Thron:
„Weh, der Spruch erfüllt sich schon,
Herr! In Ketten ruhn zwei Tote,
Droben nach dem Machtgebote,
Nur gefärbt vom Abendrote-
Und es heult des Berges Wind
Um den Vater und das Kind.*

*Nur die Frau, die Frau alleine,
Atmet noch im schweren Ring,
Der den zarten Leib umfing.
Herr, ich sah nicht, dass sie weine,
Doch erbarmen möcht' es Steine;
Denn so büßte wahrlich keine,
Die auf Erden je gefehlt,
So die Rache je gequält!“*

*Und dem Grafen kömmt ein Grauen
In des Herzens tiefstem Grund.
„Sattelt mir mein Ross zur Stund“,
ruft er, „denn ich möchte schauen
Selbst das Jammerbild der Frauen,
Nicht der Angst mag ich vertrauen,
Die mir heiß das Herz erfüllt
Und der Rache Durst gestillt.*

Spitze Eisen nehmt zu Handen,
Sputet euch, und folgt mir nach;
Auf des Felsens höchstes Dach
Geht mein Ziel. Wenn wir sie fanden,
Löst die Frau mir schnell von Banden,
Viel gebüßt hat sie für Schanden.
Dies mein Herz ist ja nicht Stein;
Schurken, spornt euch nicht die Pein?"

Die drei Klippen sind erklommen;
Ha, da schaut der Graf sein Weib,
Abgehärmt den üpp'gen Leib.
Und es schallt ihm kein Willkommen;
Zwar ihr Blick ist nicht verglommen,
Doch die letzte Kraft genommen,
Dass der Mund spräch' einen Laut;
Alles still – dem Grafen graut.

Und die Bande löst man schnelle,
Die Gefesselte wird frei,
Büßte ja den Bruch der Treu'-
Und sie sinkt von kalter Stelle,
Von des Himmels luft'ger Schwelle,
Doch es starrt des Blutes Welle.-
Wie die Kette fällt vom Leib,
Stirbt das unglücksel'ge Weib.

Als der Maxlrain gesehen
Solche Qual und solchen Schmerz,
Brennt in Wahnsinn ihm das Herz.
Nicht zu Gott kann er mehr flehen
Reuig – und in gleichen Wehen
Stürzt er sich von luft'gen Höhen
In den Abgrund tief hinab.-
Keine Seele sah sein Grab!

Der Schatz in der Ruine Hohenwaldeck

In dem verfallenen Schloss der Waldecker, hoch über dem Schliersee, sollen die ehemaligen Besitzer reiche Schätze verborgen haben. Über die zahlreichen Glücksritter, die danach suchten, beschwerte sich um 1850 ein hoher Beamter der Bayerischen Regierung und erklärte, dass „die Bewohner dieses lieblichen Landstriches die stolzen Mauern der Feste Hohenwaldeck mit der Spitzhacke zu zerstören trachten".

Bisher wurde, soweit bekannt ist, nur ein gotischer Dolch gefunden. Er wird heute im Miesbacher Heimatmuseum aufbewahrt. Über weitere Schatzfunde wird nichts berichtet.

Schliersee mit Brecherspitze. Zeichnung v. Eugen Adam
Malerische Topographie des Königreichs Bayern 1818

Eine gefährliche Wallfahrt nach Fischhausen

Es ist schon mehr als hundert Jahre her, da lebte in Tirol nahe an der bayerischen Grenze ein Bauer, der es mit den 10 Geboten nicht so genau nahm. Bei einem bestimmten Anlass aber packte ihn tiefe Reue über seine Sünden. Er wollte ein anderer, besserer Mensch werden und Buße tun, um sein ewiges Seelenheil nicht zu gefährden. Darum entschloss er sich, eine Wallfahrt nach Westenhofen bei Schliersee zu machen. Dort, in der alten, seinem Namenspatron, dem Hl. Martin gewidmeten Kirche (Anmerkung 106), hatte er schon mehrmals Hilfe in seinen Anliegen erfahren.

Und weil ihn echte Reue über sein früheres Leben ergriffen hatte, schob er den guten Vorsatz nicht auf die lange Bank, sondern machte sich gleich am nächsten Morgen auf den Weg, obwohl tiefster Winter war. Der Schnee auf dem steilen Weg lag stellenweise hüfthoch und machte ihn nicht gerade leicht. Doch der reumütige Bauer stapfte stundenlang unverdrossen hindurch.

Als Schutz gegen die grimmige Kälte dienten ihm ein dicker braunschwarzer Pelzmantel und eine weit ins Gesicht gezogene gleichfarbige Fellmütze. Seine Füße steckten in gefütterten Stiefeln und an den Händen trug er warme Handschuhe. So gut ausgerüstet machte es ihm nach einer Weile richtig Spaß, über den knirschenden Schnee durch die herrliche Bergwelt zu wandern. Da kamen ihm ernsthafte Bedenken:

„So eine Wallfahrt ist keine richtige Buße“, stellte er ganz bedrückt fest. „Ich hab's warm, muss nicht arbeiten und kann durch eine wunderschöne Landschaft gehen, was mich richtig freut. Womöglich hilft mir der Hl. Martin gar nicht, wenn mir der Weg zu ihm gar so leicht wird."

Weil er aber glaubte, der Fürsprache seines Namenspatrons ganz dringend zu bedürfen, zermarterte er sich den Kopf darüber, wie er sich den Weg erschweren könnte. Harte Erbsen, die er in die Stiefel hätte stecken können, hatte er nicht dabei, und Steine an ihrer statt

Hochzeit in Schliersee.
Ölgemälde von Albert Singer 1920

konnte er nicht nehmen, weil sie entweder zugeschneit oder am Boden festgefroren waren. Er grübelte und grübelte, bis er plötzlich einen – wie ihm schien – guten Einfall hatte.

„Ich werde das letzte Stück von Fischhausen aus auf den Knien rutschen!“, beschloss er mit freudigem Opfermut. „Das ist dem Hl. Martin sicher Buße genug!“

Gesagt, getan! Wie versprochen schob er sich von Fischhausen aus kniend vorwärts, Stück für Stück. Auf diese Weise aber kam er nur so mühsam und langsam vorwärts, dass er dachte:

„Wenn das so weitergeht, bin ich morgen noch nicht in Westerhofen. Hl. Martin, entschuldige, aber ich muss ein wenig schneller vorwärtskommen. Du willst sicher nicht, dass ich in die Nacht hineinkomme und erfriere!“

Um trotzdem noch eine Erschwernis der Wallfahrt zu haben, ließ er sich auf alle Vieren nieder und legte auf diese Weise ein gutes Stück Wegs zurück.

Da kamen ihm vom Dorf Schliersee aus ein paar Leute entgegen. Die sahen eine dunkle, pelzige Gestalt im typischen Kreuzgang auf allen Vieren die Straße entlangtrotten und erschraken zutiefst.

„Ein Bär, Jesus, Maria, ein Bär!“, rief eine Frau entsetzt.

„Hilfe, Hilfe!“, schrie eine andere und rannte Hals über Kopf davon.

„Lauft ins Dorf und warnt die anderen!“, befahl ein beherzter Mann. „Ich hole schnell mein Gewehr und erschieße ihn!“

Weil er die Pelzmütze ganz weit ins Gesicht gezogen hatte, dass sie auch die Ohren bedeckte, hatte der Bauer in seinem frommen Eifer den Aufruhr, den er entfacht hatte, gar nicht bemerkt. Munter trabte er auf allen Vieren dahin. Es traf ihn vor Schreck fast der Schlag, als er plötzlich mehrere bewaffnete Männer mit lautem Gebrüll und drohend geschwungen Äxten oder auf ihn angelegten Gewehren auf sich zustürmen sah. Er richtete sich auf und schrie mit erhobenen Händen:

„Ich ergebe mich! Ich ergebe mich! Warum wollt ihr mich umbringen, ich habe doch nichts getan! Ich ergebe mich freiwillig!“

Als aus dem vermeintlichen Bären diese menschlichen Laute drangen, blieben die Angreifer verdutzt stehen und erkannten nun, dass unter dem Fell ein Mann steckte.

„Du Depp!“, schrie einer von ihnen empört. „Was läufst du auf allen Vieren wie ein Bär! Beinahe hätt' ich dich erschossen!“

Da erklärte ihnen der Bauer, mit vor Schrecken noch ganz zittriger Stimme, warum er sich so seltsam verhalten hatte. Nun brachen alle in brüllendes Gelächter aus, schlugen sich auf die Schenkel und konnten sich vor Vergnügen kaum fassen. Endlich stieß einer, noch immer vom Lachen geschüttelt, hervor:

„Den Rest deiner Wallfahrt kannst du aufrecht wie ein Mensch gehen. Ha, ha, mit der Todesangst, die jetzt hast ausstehen müssen, hast du sicher all deine Sünden abgebüßt, ha, ha, ha!“

„Mir soll's recht sein“, meinte der Bauer, wischte sich den Schweiß weg, den ihm die Angst auf die Stirne getrieben hatte, und beendete seine Wallfahrt – nun mit gutem Gewissen – auf zwei Beinen.

Blick von der Gindelalm über den Schliersee.
Aquarell v. Wilhelm Scheuchzer, um 1830

Der Wetterpfarrer vom Schliersee

Im 18. Jahrhundert oder noch früher soll einmal in Schliersee ein Pfarrer gewesen sein, der die Macht hatte, mit Hilfe übernatürlicher Kräfte das Wetter zu beeinflussen:

Oft gelang es ihm, dass er den Gewitterkegel von der Brecherspitze und den Grasweiden und Gütern Schliersees weit in die Wälder des Baumgartens und des Kreuzberges zurücksegnen konnte. Dies besteht eigentlich nur in der Kunst, die Hexen zu vertreiben, die das Wetter machen. (Anmerkung 107)

So schrieb Heinrich Noe im Jahre 1865 und erklärte weiter:

...und gerade deshalb ist es eine schwere Arbeit - der unsichtbare Chor (der Hexen) *will den Priester mit fortwirbeln, ihn hineinnehmen in das wilde Gejaid. Deshalb muss dieser immer eine oder*

mehrere Personen um sich haben, die ihn festhalten, während er aus seinem Buch die Formeln liest. Es kommt dessen ungeachtet vor, dass ihn die Gewalt der Dämonen fußhoch vom Boden in die Höhe schleudert!

Früher glaubten die Leute auch, dass es eine Blume gäbe, die das Wetter anzeigen könne. Sie wurde „Himmelsbrand“ genannt und soll eine Pflanze ähnlich dem Phlox sein.

Der Schatz im Pruffkogel

In einem verschütteten Stollen am Pruffkogel im Schlierseewinkel sollen, laut Sage, hundert tote Knappen liegen, die vor Hunderten von Jahren nach den Schätzen im Berg gesucht hatten und eines Tages nicht wieder aus dem Innern des Berges herausgekommt hatten. Reichsgraf Josef von Waldeck, nach dem Josefstal benannt ist, soll dort noch bis 1782 nach Silber und Eisen graben lassen haben.

Der Wildschütz Jennerwein

Am 6. Nov. 1877 wurde auf dem Peißenberg zwischen Tegernsee und Schliersee der Wildschütz Georg Jennerwein erschossen. Der verwegene, lebenslustige Bursche, gebürtig aus Holzkirchen, arbeitete als Holzknecht am Schliersee, wo er im Unterschwaigerhof, nahe beim Hennerer-Wirt, wohnte. Er galt nicht nur als berüchtigter Wilderer, sondern auch als Frauenheld und Herzensbrecher. (Anmerkung 108)

Wie alle Wildschützen, lag er in ständiger Fehde mit den Jägern.

Mädchen und Bursche aus der Gegend von Schliersee.
Zeichnungen v. Moritz Müller um 1850

Einer von ihnen, namens Pföderl, soll den „Girgl“ besonders gehasst haben, weil dieser sich an seine Braut herangemacht und sie ihm ausgespannt hatte. Seine Jagdleidenschaft aber wurde Georg Jennerwein zum Verhängnis. Als man im November 1877, ein paar Tage nach seinem unerklärbaren Verschwinden, seine Leiche im Wald fand, auf dem Bauche liegend und mit einigen Kugeln im Rücken, fiel der Verdacht natürlich sofort auf den Jäger Pföderl. Was aber wirklich am Tatort geschehen ist, konnte nie ganz geklärt werden, denn es gab keine Zeugen.

Wohl hatten die Leute schon immer behauptet, dass es mit dem Girgl wegen seines wilden Lebenswandels einmal kein gutes Ende nehmen würde, aber dass er heimtückisch und hinterrücks erschossen worden war, war wider ihr Gerechtigkeitsempfinden und sie machten aus Georg Jennerwein einen Volkshelden. Theaterstücke über ihn wurden geschrieben und aufgeführt, Moritatensänger beklagten sein Schicksal und verurteilten seinen ruchlosen Mörder, und das Lied (hier 1. und 5. Strophe, alle Strophen Seite 378)

1.
Ein stolzer Schütz' in seinen schönsten Jahren,
er wurd' hinweggeputzt von dieser Erd,
man fand ihn erst am neunten Tage,
beim Tegernsee, am Peißenberg.
5.
Du feiger Jäger, es ist eine Schande,
du erwirbst dir wohl kein Ehrenkreuz.
Er fiel mit dir nicht im offnen Kampfe,
wie es der Schuss von hint beweist.

war in aller Munde und wird noch bis auf den heutigen Tag gesungen. An der Stelle, wo ihn im Wald die tödlichen Schüsse trafen, steht ein Marterl. Noch heute wird manchmal ein Blumenstrauß vor dem Grabkreuz mit seinem Namen auf dem Friedhof von Westenhofen niedergelegt, obwohl seine Gebeine gar nicht dort ruhen.

Der geheimnisvolle Strudel im Spitzingsee

Der Spitzingsee soll unterirdisch – so weiß es die Sage – mit dem Inn in Verbindung stehen. An einer Stelle im See befindet sich ein geheimnisvoller Strudel, von dem aus eine Wasserader im Innern der Erde zu dem großen Fluss führt. Amalie Steinberger aus Bayrischzell erzählte 1908 darüber:

Vom Spitzingsee geht die Sage, dass sich drei Männer baden wollten, dabei in einen Strudel gerieten und ertranken. Sie sollen später in Wasserburg am Inn angeschwemmt worden sein. Ebenso erging es mit einem Schäffel, welches man in den See warf.

Auch eine Ente, die unversehens in den geheimnisvollen Strudel geriet, soll später lebendig und fröhlich schnatternd bei Wasserburg wieder aufgetaucht sein. Woran man erkannte, dass es sich um die gleiche Ente handelte, die am Spitzingsee verschwand, berichtet die Sage nicht. (Anmerkung 109)

Federzeichnung von Heinz Schinzel

Die Hexen auf der Brecherspitze

Die Brecherspitze galt seit Hunderten von Jahren als Hexentreffpunkt und -tanzplatz. Ein Bauer aus Neuhaus, der sich vor etwa 200 Jahren einmal zu einer der gefährlichen Zeiten – wahrscheinlich in der Walpurgis-Nacht – dort aufhielt, behauptete, eine nackte Hexe gesehen zu haben.

„Dann zog auf ihren grausigen Wink eine Wolke herauf und verhüllte sie", wird weiter noch erzählt und ist auch im Münchner Archiv nachzulesen.

Eine andere seltsame Geschichte aus der Zeit des Russlandfeldzuges von Napoleon im Jahre 1812 berichtete Heinrich Noe 1856:

Als die bayerischen Soldaten nach Russland marschieren und dort sterben mussten, fragte einmal eine russische Bäuerin einen todmüden Soldaten, welches seine Heimat wäre. Er antwortete:

„Ich bin aus Bayern, aus dem Gerichte Miesbach“.

„Das ist ja nicht weit von der Brecherspitz!“, antwortete die Russin. –

„Jetzt weiß ich schon, was Du für eine bist!“, erwiderte der erstaunte Soldat. Die Russin aber schwieg. – (Anmerkung 110)

Die Geister auf der Brecherspitze

Auf dem Gipfel der Brecherspitze befindet sich ein seltsamer ringförmiger Wall um eine Senke im Boden. Das Ganze gleicht einem Mondkrater. Diese Stelle gilt von alters her als unheimlicher Ort, denn dort, so heißt es, sei von jeher ein Tanzplatz von Hexen, bösen Geistern und Dämonen gewesen. (Anmerkung 110)

Vom Weltuntergang

Eine uralte Überlieferung aus dem Gebiet um den Schliersee, die darauf hinweist, wie waldreich diese Gegend gewesen ist, sagt:

Wenn einmal um den ganzen Rhonberg eine Straße führt, wenn der Schwarzenberg bei Au kahl ist und die Leute rote und weiße Hüte tragen, ist das Weltende nimmer weit.

Max Roeder bemerkte 1958 zu dieser Weissagung:

Als in den neunziger Jahren (des vorigen Jahrhunderts) am Schliersee die Trasse der Bahnstrecke vermessen wurde, erinnerte man sich an diese rätselhaften Worte und die Bauern und Taglöh-

ner im Tal regten sich auf. Professor Sepp schrieb in jenen Tagen den Spruch nieder und bewahrte ihn so vor dem Vergessen.

Um den Rhonberg führt heute eine Straße.

Eine andere Überlieferung aus der Gegend um Tölz behauptet:

Wenn die römische Religion so klein wird, dass sie auf einem Sattelbogen ins Achental hineinreitet, dann ist das Ende der Welt nimmer weit.

Professor Sepp glaubte, dass sich hier möglicherweise die Erinnerung des Volkes an den Abzug der Römer, als um 500 n. Chr. die Bajuwaren siegreich in Bayern einzogen, über viele Jahrhunderte hinweg erhalten habe. Wer den Glauben und das religiöse Leben der Menschen in unseren Tagen betrachtet, sieht diese Weissagung vielleicht etwas anders.

Man kann den Bogen auch zu einer Weissagung des Mühlhiasls aus dem Bayerischen Wald schlagen, die lautet:

Der Glauben wird so klein werden, dass man ihn unter den Hut hineinbringt.

Auch ein alter Spruch aus dem Inntal bezieht sich auf eine Weltkatastrophe und darauf, wie wenige sie überleben werden.

Es werden so viele Menschen erschlagen werden, dass die Überlebenden im Schatten einer Linde Platz finden werden, die bei der Voldererbrücke in Hall steht.

Zum Vergleich eine Weissagung von Theophrasticus Paracelsus, dem berühmten Arzt und Naturforscher, aus dem Jahr 1549:

... und werden sagen: Ey wo hast du dich aufgehalten und sie werden sagen: in einer Fuchshöhle...

so werden sie einander vor grossen Freuden umd den Hals fallen und Küssen...

und das Landt wirt auch von Volckh wiest und Lähr sein...

Das Marterl auf der Bodenschneid

Im Spitzinggebiet, am Südrücken der Bodenschneid, steht ein schön geschmiedetes Kreuz, dessen Inschriftentafel nicht mehr lesbar ist. Warum es hier errichtet wurde, ob jemand bei der Bauernarbeit verunglückt ist oder als Schmuggler oder Wilderer den Tod gefunden hat, niemand weiß es, es ist in Vergessenheit geraten.

Der Schliersee. Johann Georg Dillis 1790-92

Die unheimliche Waizengeiß bei der Wechselalm

Die Wechselalm am Roßkopf liegt nahe bei einem Hochmoor mit einem versumpften See und dunklen Wasserlöchern, die wie tote Augen unbeweglich aus dem Moos starren und deren Tiefe man nicht weiß. Dieses Gebiet wird von den Leuten „Waizen“ (Anmerkung 111) genannt. Dort soll früher ein unheimliches Wesen gehaust haben, eine abstoßende Mischung aus Geiß und Adler, die „Waizengeiß“.

Auf einem riesigen Vogelkörper mit mächtigen Schwingen saß der Kopf eines Geißbockes mit starken, gedrehten Hörnern. Eifersüchtig, so wird erzählt, bewachte die Waizengeiß ihr Revier im Hochmoor. Kein Vogel wagte es, dort zu brüten, und auch großes Wild wie Gamsböcke oder Hirsche wurden von dem Ungeheuer verscheucht. Mit einem meckernden Gekreische, das jedem, der es hörte, durch Mark und Bein ging und das sich anhörte wie

„Möcht'i! Möcht'i!“, verjagte es jeden Eindringling.

Das Hochmoor wurde auch von den Leuten gemieden. Nur wer unbedingt musste, hielt sich dort auf, denn es galt von alters her als unheimlich und nicht geheuer.

Es ist schon sehr lange her, da musste einmal eine junge Sennerin ganz alleine auf der Wechselalm das Vieh versorgen. Da brachte eine der Kühe, die ihr anvertraut waren, ein totes Kalb zur Welt. Weil sie sich nicht anders zu helfen wusste, legte es die Sennerin auf einen Schubkarren, fuhr es zu einem der düsteren Tümpel und warf es dort hinein.

In der folgenden Nacht aber hob plötzlich um Mitternacht ein fürchterliches Brausen vor der Hütte an, das sie jäh aus dem Schlaf riss. Zitternd wollte sie nach der Ursache forschen, als plötzlich dumpfe Schläge wie von Hörnern an ihren Fensterladen dröhnten und eine Stimme, so schaurig, dass der jungen Frau fast das Blut in den Adern gefror, drohend verlangte:

„'s Kaiwi aus der Waizen oder i' z'reiß di in taus'nd Fetz'n!“

Aus Furcht vor der Waizengeiß holte die Sennerin am nächsten Tag das tote Kalb wieder aus dem Sumpf, wollte aber nicht mehr länger auf der Alm bleiben.

Einmal jedoch fand der böse Spuk doch seinen Meister.

Wie gewöhnlich wollte die Waizengeiß einen Pilzsammler, der nichtsahnend ihr Revier betreten hatte und dort herumsuchte, angreifen und verjagen. Im Sturzflug kam sie wild meckernd aus der Luft herabgeschossen. Der Mann aber fürchtete sich nicht, nahm einen armdicken Ast vom Boden auf und schleuderte ihn nach dem

Wildbad Kreuth, Gez. u. gest. v. C. Lebschée.
Malerische Topographie des Königreichs Bayern 1818

unguten Gespenst. Er traf es an einer der Schwingen so hart, dass diese brach. Die Waizengeiß stürzte in einen der Tümpel und versank dort, weil sie sich nicht mehr befreien konnte, für immer.

Seither, so heißt es, ist nur noch manchmal ein mühsames Flügelschlagen oder ein wildes Flattern aus dem Sumpf zu hören, gesehen hat die Waizengeiß von da an keiner mehr.

Das Schwarze Kreuz „In der Langenau"

Früher war das Gebiet zwischen Kreuth und der Grenze zu Österreich ein beliebtes Jagdrevier der Äbte von Kloster Tegernsee. Bei solch einer Jagd (Anmerkung 112), die vor mehreren Jahrhunderten „In der Langenau", einem langgezogenen Bergtal, das von

Wildbad Kreuth zum Langeneckberg und zum Schinder führt, stattfand, kam es dabei einmal zu einem verhängnisvollen Irrtum.

Der Abt traf, als er glaubte, auf einen Hirsch zu zielen, stattdessen einen jungen Mönch, der hinter einem Busch gestanden hatte, tödlich.

Zur Sühne ließ der Todesschütze, wie es damals der Brauch war, an der Stelle des Unglücks ein Holzkreuz aufstellen. Am Jahrtag des Unglücks pilgerten alle Klosterbrüder dorthin, gedachten ihres toten Mitbruders und beteten für seine Seele. Da fuhr, so berichtet die Legende, plötzlich aus heiterem Himmel ein Blitz hernieder und schlug in das Kreuz ein, das daraufhin angekohlt war.

Niemand konnte sich erklären, was das zu bedeuten hatte, aber seither wird die Stelle in dem Bergtal das „Schwarze Kreuz" genannt.

Das Marterl auf der Langenau-Alm

„In der langen Au" bei der Langenau-Alm steht ein Steinkreuz, auf das die Jahreszahl 1701 und die Buchstaben G F eingraviert sind. Auch das Zeichen für Christus IHS ist darauf zu finden.

An wen dieses Kreuz erinnern soll, eine verunglückte Person, einen Wilderer oder einen Jäger, das Wissen darüber ist verloren gegangen.

Die Tochter des Bergkönigs

Einst wurde eine der Töchter des Bergkönigs, die ihren Vater wegen ihrer übertriebenen Eitelkeit und wegen ihrer Flatterhaftigkeit, mit der sie sich bald dem einen und gleich darauf einem anderen ihrer Bewerber zuwandte, sehr erzürnt hatte, zur Strafe für dieses Verhalten in eine Blume mit zarter blauer Blüte verwandelt.

Bad Kreuth. Monument des Königs Maximilian.
Gez. u. gest. v. Carl August Lebschée um 1818

Der Bergkönig pflanzte sie an einer ganz einsamen Stelle, weit hinten im Kreuther Tal zwischen Leonhardstein und Grüneck ein, dort, wo kaum jemals ein Mensch hinkam.

„Hier musst du so lange bleiben, bis ein Mann kommt, der dich auch in dieser Gestalt liebt", sprach er noch immer voller Groll,

„erst dann soll der Zauberbann gelöst sein, und du darfst wieder du selbst werden.“

So stand denn nun die arme Prinzessin als Blume auf der einsamen Bergwiese, eine lange, lange Zeit, bis eines Tages ein junger Mann auf der Suche nach seltenen Pflanzen auch in dieses abgelegene Tal kam.

„Was für eine wunderschöne Blume“, dachte er, als er das verzauberte Mädchen sah, „noch nie habe ich eine schönere gesehen!“

Mit vor Freude zitternden Händen grub er sie vorsichtig aus, um nur ja keines der zarten Würzelchen zu beschädigen, barg sie in seiner mitgebrachten Botanisiertrommel und eilte sogleich nach Hause, wo er sie in einen Blumentopf einpflanzte, ihr reichlich Wasser gab und sie an einen schönen sonnigen Platz am Fenster stellte. Dann wälzte er stundenlang gelehrte Bücher, um herauszufinden, um was für eine Pflanze es sich bei seinem Fund handelte und wie sie am besten zu pflegen sei.

Doch so viel er auch nachschlug und sogar Professoren befragte, niemand konnte ihm Auskunft geben, niemand hatte eine vergleichbare Blume je gesehen. Mit großer Besorgnis musste der junge Mann beobachten, dass, so liebevoll er seinen kostbaren Fund auch pflegte, die Blüte von Tag zu Tag matter und kränker zu werden schien. Bald ließ die Pflanze kraftlos alle Blätter hängen, obwohl er sie regelmäßig goss und düngte, fast schien es ihm, als wolle sie sterben.

„Sie fühlt sich hier nicht wohl, sie will zurück in die Berge, in den Boden, den sie gewöhnt ist und in die frische klare Luft“, erkannte da der junge Mann. „Lieber will ich sie wieder hergeben, damit sie weiterleben kann, auch wenn ich sie noch so gerne behalten würde.“

Er machte sich schleunigst auf, fuhr wieder nach Kreuth und wanderte in das Tal zu der einsamen Bergwiese. Dort pflanzte er die Blume wieder an der Stelle ein, wo er sie ausgegraben hatte. Besorgt goss er sie mit frischem Quellwasser und stützte den matten Stängel mit einer kleinen Astgabel. Dann nahm er einige Tage Quartier in Kreuth und kam jeden Tag, um die seltene Pflanze sorgsam zu gießen. Zu seiner großen Freude kehrte bald wieder Leben in ihre matten Blätter zurück und sie wurde von Tag zu Tag größer und schöner.

Als er eines Morgens wieder zu seiner Blume kam, war sie zu seinem größten Schrecken verschwunden. An ihrer Stelle aber stand ein wunderschönes Mädchen in einem blauen Kleid vor ihm, das ihn freundlich anlächelte. Der junge Mann, der schon fürchtete, die Unbekannte könnte seine geliebte Blume abgepflückt haben, fragte sie vorwurfsvoll und voller Sorge:

Königsalpe bei Kreuth.
gez. u. gest. von Johann Poppel um 1854

„Hier stand immer eine ganz seltene blaue Blume. Ich kann sie nicht mehr finden. Hast du sie vielleicht gesehen?"

„Kennst du mich nicht mehr?", lächelte da das schöne Mädchen. „Ich bin deine Blume!"

Und sie erzählte ihm, warum sie, in eine Pflanze verwandelt, auf der Bergwiese hatte stehen müssen.

„Wenn du mich jetzt auch noch magst, bin ich für immer erlöst!“, schloss sie ihren Bericht.

Da wurde der junge Mann ganz rot vor Freude und erklärte eifrig, dass er sie natürlich immer noch möge, viel mehr noch als in ihrer Blumengestalt.

Wie sich jeder vorstellen kann, dauerte es nicht lange, bis die beiden jungen Menschen heirateten und ein glückliches Paar wurden. Sie bekamen drei Kinder und verbrachten mit ihnen so viel Zeit wie möglich in den Bergen, dass sie auch in der Nähe ihres Großvaters sein konnten, der seiner Tochter natürlich schon lange nicht mehr zürnte, sondern sich über ihre Wandlung und ihr Glück freute.

Dorf Kreuth.
Gez. u. gest. von Johann Poppel um 1854

Die Entstehung des Leonhardi-Rittes von Kreuth

Der Hl. Leonhard, dessen Fest am 6. November gefeiert wird, gilt unter anderem als besonderer Schutzheiliger der Pferde. Daher wurden und werden an vielen Orten an diesem Tag Umritte oder Fahrten mit Gespannen um Kirchen oder Kapellen, die ihm geweiht sind, abgehalten. (Anmerkung 66)

Der Umritt in Kreuth geht der Legende nach auf eine Bäuerin des Daiblerhofes (Anmerkung 113) in Wolfsgrub zurück, die jedes Jahr in der Nacht vom 5. auf den 6. November auf einem Schimmel nach Kreuth und dort dreimal um den Hügel, auf dem die Kirche steht, geritten sein soll, und auf diese Weise um den Segen des Heiligen für ihre Rösser gebeten haben soll.

Vor dem Morgengrauen, so wird erzählt, war sie jedes Mal wieder auf ihrem Hof in Wolfsgrub zurück.

Die Wolfsgrub von Rottach-Egern

In einem sumpfigen Gebiet unterhalb der Bärenwand am Fuße des Wallbergs bei Rottach-Egern liegt die sog. „Wolfsgrub". Ihren Namen hat sie – der Sage nach – von folgender Begebenheit:

In Rottach-Egern wurde einmal ein lustiges Kirchweihfest gefeiert. Die Leute aßen so viel sie konnten, tranken mehr als sie konnten und tanzten, bis ihnen die Füße wehtaten. Es ging so ausgelassen zu, dass auch die Musiker, die zum Tanz aufspielten, zuletzt alle Mühe hatten, den richtigen Takt zu halten, weil einige von ihnen ebenfalls im Laufe des Abends zu tief ins Glas geschaut hatten. Als die Feier endlich aus war, konnte sich einer der Geiger, der Schneider des Ortes, der fiedeln konnte wie kein Zweiter in der ganzen Gegend, aber keinen Alkohol vertrug, kaum mehr auf den Beinen halten.

Jagdgesellschaft bei Wildbad Kreuth.
Aquarell v. Lorenz Quaglio um 1833

Fröhlich vor sich hin trällernd, seine Geige unter den Arm geklemmt, als würde er daran Halt finden, machte er sich auf den Heimweg. Dabei musste er durch ein Stück Wald, in dem sich zu damaliger Zeit noch viele wilde Tiere wie Bären, Wildschweine oder Wölfe aufhielten. Doch in seinem bierseligen Zustand machte er sich darüber keine Sorgen, genauso wenig wie um den rechten Weg, den er schon bald verloren hatte.

Mit einem Mal, er wusste nicht wie, denn mit dem Denken ging es nicht mehr so rasch bei ihm, verlor er den Boden unter den Füßen und stürzte in ein dunkles Loch. Aber er verletzte sich nicht, denn er fiel auf etwas Weiches, Pelziges.

„Da hab' ich ja noch einmal Glück gehabt!", dachte er vergnügt und versuchte gerade sich aufzurappeln, als das weiche, pelzige Etwas plötzlich drohend knurrte und sich streckte. Zu seinem nicht geringen Schrecken erkannte der Schneider, dass er sich einem riesigen Wolf gegenüber befand, der seine Gesellschaft gar nicht zu schätzen schien.

„Oh je, ich bin in eine Wolfsgrube gefallen!" fuhr es ihm durch den Sinn, und er wurde blass vor Schrecken.

Er wusste zwar, dass die Jäger solche Gruben angelegt hatten, um die Wölfe, die immer zahlreicher wurden und den Bauern oft großen Schaden zufügten, fangen zu können, er konnte sich aber nicht erklären, wie er selbst in eine hineingeraten war, denn sie lagen nicht neben Wegen, die von den Leuten benutzt wurden, und keinesfalls an seinem Heimweg.

Er hatte jedoch nicht die Zeit, Ordnung in seinem vom Alkohol umnebelten Gehirn zu schaffen, denn der Wolf hatte den derben Schlag auf seinen Rücken, den er durch den Sturz des Schneiders erlitten hatte, äußerst übel aufgenommen und näherte sich ihm in sehr drohender Haltung, die Ohren nach vorne gestellt, das Fell angriffslustig gesträubt, die Lefzen hochgezogen und die scharfen Zähne gefletscht. Waffen- und wehrlos, wie er war, fiel dem armen Mann kein anderes Mittel ein, den Wolf versöhnlicher zu stimmen, als ihm auf seiner Geige ein fröhliches Lied zu spielen, wie er das noch vor kurzem auf dem Kirchweihfest getan hatte.

Und siehe da, dem Tier gefiel die Musik. Überrascht blieb es stehen, spitzte die Ohren und begann dann ganz schauerlich dazu zu singen oder besser gesagt zu heulen.

„Solange er heult, kann er mich nicht fressen. Man kann nicht beides gleichzeitig tun, fressen und heulen, nicht einmal ein Wolf kann das!"

So sprach sich der Schneider nach dem ersten Schrecken selbst Mut zu und fiedelte dabei, was das Zeug hielt. „Ich muss nur bis zum Morgengrauen durchhalten, dann macht der Jäger seine Runde und wird mich gewiss finden und befreien. Habe ich schon auf dem Fest die halbe Nacht gegeigt, dann muss ich es eben jetzt die ganze tun, was soll 's!"

Er fiedelte und fiedelte und durfte nie aufhören, weil sich ihm bei jeder kleinsten Pause, die er einlegen wollte, der Wolf sofort bedrohlich näherte. Er spielte alle Lieder, die er konnte, und als er damit fertig war, fing er wieder von vorne an.

Kahnfahrt bei Egern. Aquarell v. Lorenz Quaglio um 1825

Inzwischen hatte sich das Geheule, das seine Musik begleitete, zu einem grauenvollen Konzert gesteigert, denn andere Wölfe im Wald waren durch den ungewöhnlichen Lärm angelockt worden und standen nun ihrerseits „singend“ um die Grube herum, in der ihr Artgenosse und der unglückliche Schneider gefangen saßen. Letzterer fürchtete jeden Augenblick, dass noch ein Wolf herunterfallen könnte, und wollte sich lieber gar nicht erst ausmalen, was wohl mit ihm geschehen würde, sollten sich dann zwei hungrige Bestien um ihn streiten.

Da riss plötzlich mit einem hellen Sirren eine Saite seiner Geige. Wohl oder übel musste er auf den drei verbliebenen weiterspielen. Schwitzend vor Angst lehnte er an der Grubenwand und fiedelte mit dem Mut der Verzweiflung weiter, auch als die zweite und die dritte Saite der Überbeanspruchung nicht mehr gewachsen waren und zersprangen. Jegliche Bierseligkeit war ihm inzwischen gründlich vergangen, und es war ihm voll bewusst, dass er um sein Leben spielte.

„Wenn es nicht bald Morgen wird und der Jäger endlich kommt, bin ich verloren!“ wurde ihm mit erschreckender Klarheit deutlich und er musste sich sehr beherrschen, sein Zittern zu unterdrücken. „Wenn die letzte Saite auch noch reißt, lassen mir meine liebenswürdigen Zuhörer sicher nicht die Zeit, eine neue aufzuspannen.“

Da ertönte plötzlich ein scharfer Knall, und mit wildem Aufjaulen stoben die Wölfe am Grubenrand in alle Richtungen davon.

„Gott sei Lob und Dank!“ seufzte der Schneider erleichtert.

Der Jäger hatte früher als sonst seinen üblichen Pirschgang angetreten und schon von weitem das ungewöhnlich laute Heulen der Wölfe vernommen. Als er dann nähergekommen war und das misstönende Gefiedel aus der Grube gehört hatte, hatte er messerscharf geschlossen, dass die Wolfsgrube einen anderen Insassen haben müsse als sonst. Nachdem er das Rudel Wölfe verjagt hatte, schaute er in das Loch hinunter und sah dort den verzweifelt geigenden Schneider und den riesigen Wolf, der ihn bedrohte.

Mit einem gezielten Schuss erledigte er das wilde Tier und zog dann den völlig erschöpften Musiker herauf, der ihm lachend und weinend zugleich für seine Rettung dankte.

Von Stund an aber war dem Schneider das Geigen verleidet. Er spielte künftig nicht mehr in den Wirtshäusern zum Tanz auf sondern wendete sich ganz seinem eigentlichen Beruf, der Schneiderei, zu. Die Stelle aber, wo er sein letztes Konzert gegeben hatte, hieß fortan bei allen Leuten in der Umgebung „Wolfsgrub“, auch als keine solche Grube mehr dort vorhanden war. Und sie heißt bis auf den heutigen Tag so. (Anmerkung 114)

Der Schatz im Gloggnersee am Wallberg

Im Gloggnersee, einem kleinen, aber tiefen Weiher am Fuße des Wallberges, auf dem sich die Bewohner der umliegenden Orte Wolfsgrub, Haslau, Unterwallberg oder Elmau im Winter beim

Eisstockschießen vergnügen, soll ein kostbarer Schatz versunken sein. Die Sage weiß Folgendes darüber zu berichten:

In schweren Kriegszeiten wollten einmal die Mönche von Kloster Tegernsee ihr Geld sicher vor den Feinden verstecken. Sie packten es in eine Truhe mit Eisenbeschlägen und wiesen einen vertrauenswürdigen Mann an, diese bei Nacht und Nebel zu den Höhlen der Bodenschneid zu bringen und dort sicher zu verwahren.

Der Mann tat, wie ihm geheißen. Um neugierigen Fragen auszuweichen, hielt er sich mit seinem Fuhrwerk möglichst abseits von Dörfern oder Gehöften und machte stets einen weiten Bogen darum. So geschah es, dass er in der Dunkelheit den richtigen Weg verpasste, aus Versehen über den zu der Zeit zugefrorenen Gloggner See fuhr, dort in der Mitte im Eis einbrach und samt seiner wertvollen Fracht darin versank.

Er wurde nie wieder gesehen.

Nach vielen, vielen Jahren entdeckten einmal zwei Bauern aus Unterwallberg am Grund des Sees einen wie Metall blinkenden Gegenstand.

„Das muss der Schatz sein!“, vermutete einer von ihnen sogleich, denn trotz aller Geheimhaltung waren Gerüchte über den Geldtransport zur Bevölkerung durchgedrungen.

Sogleich liefen die zwei nach Hause, holten Seile, Haken und alle für die Bergung des Schatzes notwendigen Geräte herbei und machten sich an die Arbeit. Tatsächlich gelang es ihnen auch, eine riesige Truhe mit Eisenbeschlägen und einem schweren Vorhängeschloss bis fast an die Wasseroberfläche zu ziehen. Dann aber rutschte einer von ihnen im Schlamm aus und ließ vor Schreck sein Seil los.

Da löste sich die Truhe aus der Verankerung, plumpste in Wasser zurück und versank dort im aufgewühlten versumpften Untergrund. Trotz aller Mühen konnten die beiden Bauern sie nicht mehr finden.

Aber auch sonst ist es niemandem gelungen, den Schatz zu heben und so liegt er wohl noch heute tief unten im Gloggnersee.

Nach einer anderen Sage soll im Gloggner See einst ein Ort versunken sein und man soll noch manchmal die Glocke von dessen Kirche klingen hören. (Anmerkung 115)

Egern mit Riederstein. Gez. u. gest. v. Carl August Lebschée.
Malerische Topographie des Königreichs Bayern 1818

Wie die Kapelle auf dem Riederstein entstand

Zu der Zeit, als es in den bayerischen Bergen noch wilde und gefährliche Tiere wie Wölfe, Bären oder Wildschweine gab, befand sich ein Jäger einmal auf Bärenjagd und folgte voller Jagdeifer den Spuren des Tieres von der Baumgartenschneid bis hinunter zum Riederstein.

Dort gab es für ihn eine böse Überraschung, denn genau da, wo der Fels steil abfällt und keine Fluchtmöglichkeit besteht, stand plötzlich der Verfolgte drohend aufgerichtet vor ihm. Nach einer

Schrecksekunde, in der ihm das Blut in den Adern stockte und er unfähig war, sich zu bewegen, siegte doch sein Jägerinstinkt und er riss das Gewehr hoch und schoss auf das Raubtier.

Zu Tode getroffen schwankte der Bär hin und her und stürzte dann über den steilen Felsen in die Tiefe hinab, wobei er grauenvoll stöhnte. Dem Jäger zitterten noch immer die Knie, aber er trat an den Rand des Abgrunds und schaute hinunter. Da rutschte auch er ab und fiel ebenso in die Tiefe, wie vor ihm der Bär.

„Hl. Muttergottes, hilf mir!", stieß er noch im Fallen in Todesangst hervor, obwohl ihm bewusst war, dass es keine Rettung mehr gab.

Doch er kam auf wundersame Weise mit dem Leben davon, weil er haargenau auf den vor ihm abgestürzten Bären fiel, der tot am Fuße des Felsens lag und dessen weiches Fell den Sturz des Jägers abfing. Auf dieses Wunder hin erbaute der Jäger zum Dank für seine Rettung die der Gottesmutter geweihte Kapelle auf dem Riederstein, genau dort, wo sich der geradezu unglaubliche Vorfall zugetragen hatte.

In einer anderen Legende heißt es, dass die Kirche vom Bauern vom Leeberghof zum Dank dafür errichtet worden sei, weil seine wertvollen Pferde, die dort oben von einem Raubtier bedroht worden waren, heil und vollzählig wieder von dem gefährlichen Felsvorsprung heruntergekommen waren.

Der Schlangenkönig auf der Roßsteinalm

Auf einem Bauernhof bei Lenggries wohnte einmal ein Mädchen, das liebte alle Tiere, als wären sie seine Brüder oder Schwestern. Wenn andere Kinder Käfer fingen und in dunkle Schachteln sperrten, Spinnen die Beine ausrissen, Katzen Blechdosen an die Schwänze banden oder dergleichen Quälereien mehr verübten, dann weinte es und versuchte, den armen Geschöpfen zu helfen und sie vor ihren Peinigern zu retten, auch wenn es dabei selbst oft Prügel bezog. Niemals tat es einem Lebewesen ein Leid, auch wenn dieses noch so hässlich war oder von den übrigen Menschen für gefährlich oder schädlich gehalten wurde wie beispielsweise eine Schlange, eine Hornisse oder eine Maus.

Egern. Gez. v. Scheuchzer, gest. v. J. Riepel um 1854

Im Sommer half das Mädchen oft der Sennerin auf einer der hochgelegenen Roßsteinalmen am Tegernsee, die seinem Vater gehörte und nahe am Roß- und Buchstein lag, weil ihm die Arbeit mit Tieren Freude machte. Eines Morgens, als es gerade vor der Hütte saß, warme Milch trank und Brot dazu aß, vernahm es plötzlich neben sich ein leises Rascheln. Es blickte auf und entdeckte eine kleine weiße Natter, die ihren glänzenden Schuppenleib in der Sonne schlängelte.

Überrascht und voller Freude rief es der Sennerin zu: „Komm her und schau, bei mir ist eine wunderschöne Schlange!“

„Nimm gleich einen Stecken und jag das Biest fort!“, schrie die Frau erschrocken aus der Küche. „Und pass ja auf, dass es dich nicht beißt, vielleicht ist es giftig!“

Das Mädchen aber tat nicht, wie ihm geheißen. Es nahm seine Tasse, goss, weil sie schon fast leer war, ein wenig warme Milch nach und brockte ein Stück Brot hinein. Dann schob es sie vorsichtig, um sie nicht zu erschrecken, der Natter hin.

„Das ist für dich, denn du hast sicher Hunger“, erklärte es dabei mit freundlicher Stimme, „nimm, und iss und trink dich satt“.

Die Schlange blickte das Kind aus ihren klugen Augen fest an, so als könnte sie jedes Wort verstehen, und fraß dann ohne Scheu die Tasse leer. Von da an kam sie jeden Tag zur gleichen Zeit und wurde von dem Mädchen gefüttert, das immer schon ungeduldig auf seinen kleinen Freund wartete. Auch die Sennerin gewöhnte sich langsam an das seltsame Haustier, vor allem deshalb, weil ihr seit dem Tag, an dem die Schlange das erste Mal als Gast eingekehrt war, kein Stück Vieh mehr abhandenkam oder verunglückte und weil sie sich erinnerte, dass ihre Großmutter gesagt hatte, Schlangen brächten Segen über ein Haus, in dem sie freundlich bewirtet würden.

Getreideernte in Egern am Tegernsee. L. Quaglio um 1826

Im Herbst, als das Vieh von der Alm wieder ins Tal getrieben wurde, da kroch die Natter hinter dem festlich geschmückten Zug her, bis hin zu dem Bauernhof, in dem das Mädchen wohnte. Das Kind freute sich darüber sehr und fütterte sie weiterhin wie gewohnt mit Milch und Brot.

Im nächsten Sommer zogen sie dann gemeinsam wieder auf die Alm. So vergingen einige Jahre. Das Mädchen war inzwischen erwachsen und schon selbst Sennerin geworden und stand kurz vor der Hochzeit mit einem Bauernsohn aus Lenggries. Und noch immer fütterte es treu die Schlange, die jeden Tag zur gleichen Stunde herbeikroch.

Am Abend vor der Hochzeit besprachen die Brautleute noch einige Dinge miteinander. Da wünschte sich das Mädchen:

„Wenn doch die Natter auch zu unserer Hochzeit käme, ich würde mich sehr freuen!"

„Besser nicht", lachte der Bräutigam, "sonst laufen uns womöglich die anderen Hochzeitsgäste davon!"

Aber am nächsten Tag, als die ganze Gesellschaft nach der Trauung fröhlich beim Mahl saß, schlüpfte hinter einer Kellnerin, die beide Arme voller Bierkrüge hatte und deshalb die Türe nicht schließen konnte, die Schlange in die Gaststube. Sie sah sehr schön aus, denn sie trug auf ihrem Kopf ein Krönlein aus purem Gold. In schnellen Windungen bewegte sie sich auf die Braut zu. Einige der Hochzeitsgäste schrien entsetzt auf, stiegen auf die Stühle oder wollten weglaufen. Die Braut aber beruhigte sie sogleich mit den Worten:

„Ihr braucht keine Angst zu haben, das ist meine zahme Schlange, die tut niemandem etwas zuleide."

Und zur Natter gewandt sagte sie freundlich:

„Ich freue mich, dass du zu meinem Ehrentag gekommen bist. Ich habe schon auf dich gewartet!"

Bei diesen Worten stellte sie ihr einen großen Teller mit warmer Milch und Bröckchen aus feinstem Weißbrot hin, den sie schon vorbereitet hatte. Da fraß die Schlange die ganze Schüssel leer, als wäre sie ein geladener Gast, während alle Anwesenden ihr staunend zusahen. Als sie fertig war, neigte sie anmutig das Köpfchen und ließ die kleine Krone in den Teller fallen. Dann glitt sie wieder aus dem Raum.

Das schöne goldene Schlangenkrönlein war das Hochzeitsgeschenk der Natter, als Dank für die vielen Jahre der Freundschaft. Und sie begleitete das junge Paar auch in das neue Heim, wo sie fortan jeden Tag zur gleichen Stunde auftauchte, genau wie früher auf der Alm. Und, so wird erzählt, es lag immer ein Segen über Haus und Hof der jungen Familie. Es war, als hielte die Schlange alles Unheil fern. (Anmerkung 116)

Die Wilde Jagd auf dem Roßstein

Auf etwa 1100 Meter Höhe steht nahe der Röhrlmoosalm unterhalb vom Roßstein eine kleine, dem Pestheiligen Sebastian geweihte Kapelle. Dort soll es in früheren Zeiten nicht geheuer gewesen sein. Wie es heißt, zog dort immer die Wilde Jagd (Anm.12) vorüber. Es ist schon ungefähr 70 Jahre her, da erzählte der Gerlbauer in Hohenwiesen folgende Geschichte darüber:

Dort, an der Steinernen Gasta, zieht das Nachtgjaid durch die Luft. Da haben's einmal beim Klaffenbacher Bauern, wo ich als Bub aufgezogen worden bin, einen Hund g'habt. Der ist allemal, wenn's Nachtgjaid durchg'fahren ist, dem die ganze Nacht nachg'laufen. Der Bauer hat gewusst, dass alle Pfinztag (Donnerstag) *das Nachtgjaid übers Steinerne Gasta her am Klaffenbacher Hof vorbeisaust.*

Deshalb hat der Bauer einmal an einem solchen Pfinztag den Hund eing'sperrt; da hat dann einer vom Nachtgjaid, der einen großen Hut aufg'habt hat, beim Fenster anklopft und hat zu dem Bauern g'sagt:

„Ob'st den Hund mitlaufen lasst oder net?"

Der Bauer hat das Fenster aufgemacht und der Hund ist auch gleich draußen gewesen. In der Früh ist der Hund wieder kommen, aber der Klaffenbacher hat ihn gleich erschossen. Ich muss mich selber wundern, dass dem Bauern d'rauf nichts passiert ist.

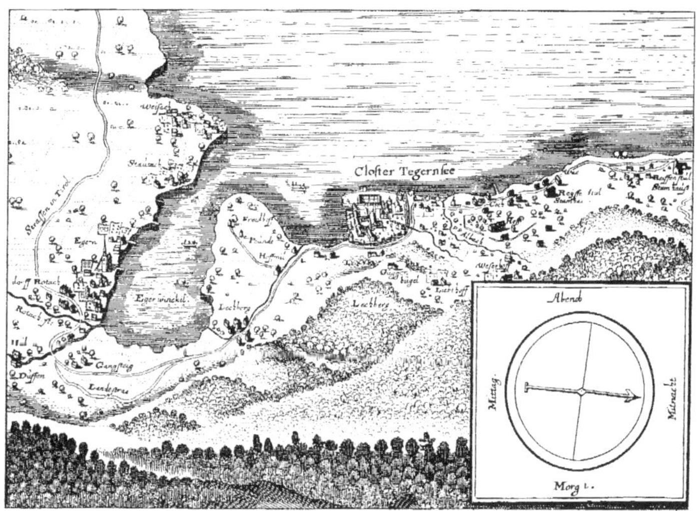

Lage des Klosters Tegernsee.
Stich von Matthäus Merian um 1657

Warum Kloster Tegernsee gegründet wurde

Mitte des 8. Jahrhunderts lebten am Hofe von König Pippin in Frankreich zwei Brüder aus fürstlichem Geblüt, namens Adalbert und Otkar. Sie waren mit dem König blutsverwandt und ihre Mutter entstammte dem mächtigen Geschlecht der Agilolfinger in Bayern. Da geschah es eines unseligen Tages, dass der vierzehnjährige Sohn Pippins den Sohn des Otkar, mit dem er gerade Schach spielte, aus Jähzorn mit dem Brett erschlug.

Wie vermieden wurde, dass diese ungewollte Bluttat einen Krieg, der vielen Menschen Verderben gebracht hätte, nach sich zog, erzählt 1822 M. v. Freyberg so:

Pippin, die Rache jener Brüder fürchtend – denn sie waren so groß an Macht als an Gesinnung und reich begütert in Bayern und Burgund – wusste durch eine weise List dem Ausbruch ihres Schmerzes zu begegnen. Noch ehe der Totschlag ruchbar geworden war, versammelte er seine Großen und unter diesen Herrn Otkar bei sich. Als sie erschienen, sprach Pippin zu jenen:

Die Klostergründer von Tegernsee.
Adalbert und Otkar

„Wie bedünkt euch wohl, dass einem Übel, dem in keinem Fall abzuhelfen ist, zu begegnen sei?“

Nicht ahnend das Ziel dieser Rede, erwiderte Herr Otkar: „Solches Übel wahrlich ist mit Gleichmut zu ertragen.“

Als ihm nun der König hierauf den entsetzlichen Unfall entdeckte, verhüllte der unglückliche Vater seinen grenzenlosen Schmerz in ein tiefes, anhaltendes Schweigen. Nach langer Trauer aber kamen beide Brüder zu dem Entschluss, der Welt auf immer zu entsagen. Nun hatten sie schon früher am Tegernsee, im bayrischen Südgau, das Kirchlein St. Salvator auf ihrem Vatergut gegründet. Sie befahlen jetzt, den Wald an dem Ufer des Sees zu lichten, und beschlossen dicht an jener Kirche ein Gotteshaus zu stiften und all ihr Besitztum in diesen Gegenden dem Altar zu weihen.

Um aber andächtige Sehnsucht zu stillen und für die zu gründende Kirche ein hoch gefeiertes Heiligtum zu erwerben, erhob sich das erleuchtete Brüderpaar vor allem zu einer Pilgerfahrt nach Rom. Versehen mit St. Winfrieds Briefen, der sie in so herrlichem Entschluss mächtig bestärkte, erreichten sie die sieben heiligen Hügel gerade in dem Augenblick, als jener Königin der Städte durch einen Einfall heidnischer Seeräuber das fürchterlichste Unglück drohte.

Da erhoben sich die gottbetrauten Männer, angeflammt durch die Rede des Hirten der Christen und erschüttert durch die Bedrängnis der Kirche, noch einmal zu Übung der Ritterpflicht; sie stellten sich an die Spitze der Römer, überwanden und züchtigten die Frevler und kehrten mit Siegestrophäen zum Grab der Fürstenapostel zurück. Zum Lohn so herrlicher Tat erbaten sich die frommen Helden nun den Leib St. Quirins vom Heiligen Vater zum Geschenk. –

Quirinus, ein Sohn Kaiser Philipps, hatte, durch seine Mutter Severa zur christlichen Lehre hingewandt, durch Papst Fabian in die Kirche aufgenommen, den Umgang ihrer trefflichen Bekenner durch zwanzig Jahre genossen. In ihrer Mitte blühte der heilige Jüngling, bis Claudius den Thron der Cäsaren bestieg und die Verfolgung der Christen mit neuer Wut begann. Da wurde denn auch

Quirin gewürdigt, ein Blutzeuge Christi zu werden. Der Kaiser ließ ihn ergreifen, peinigen, enthaupten und seinen Körper in den Tiber versenken. Doch der Leichnam wurde durch einen Priester gefunden und im Kirchhof St. Pontiani bestattet.

Aber bald verbreitete sich der Ruf der diesem Grab entströmenden Wunder durch Rom und die Welt. Ja das Zutrauen der Römer zu St. Quirin war nun so hoch gestiegen, dass der Papst Bedenken hatte, in Adalberts und Otkars Bitte öffentlich einzuwilligen. Doch versprach er den erbetenen Schatz einem Boten, den sie später senden sollten, unter dem Siegel des Geheimnisses zu übergeben.

Beruhigt durch diese Zusage kehrten die frommen Brüder mit dem Segen des Papstes über die Alpen zurück. Und während sie nun hier beschäftigt waren, alles für den Empfang des erwählten Patrons ihrer Stiftung zu bereiten, eilte ihr Schwestersohn Uto nach Rom, um das zugesagte Kleinod in aller Stille abzuholen und über die Alpen zu geleiten.

Dort, wo das Heiligtum den letzten Abend geruht hatte, unfern des Sees, entsprang eine Quelle voll Heilkraft. So war denn schon die erste Stunde der Ankunft des Patrons segenbringend für die Gegend; alle Bewohner strömten im Festkleid dem Zug entgegen und geleiteten den Sarg mit Gebeten und Hymnen zur Salvatorkirche, wo er ruhen sollte, bis das neue Gotteshaus vollendet war.

Endlich, im Jahre 754 n. Chr., wurde die feierliche Weihe der Klosterkirche vollzogen. Die Bischöfe von Salzburg, Regensburg und Freising verherrlichten das Fest und geleiteten an der Spitze der Priester das Heiligtum aus dem Kirchlein in die Gruft des neuen Tempels.

In dieser Stunde vollzogen auch die Stifter ihr Gelübde, der Welt für immer zu entsagen; sie vertauschten ihre Waffen mit dem Ordenskleid Benedikts und legten den Stiftungsbrief nieder auf St. Quirins Altar. Der Papst, der König und der Fürst des Landes genehmigten die heilige Handlung, und nicht minder bestätigten sie den unter Leitung des Bischofs von den Mönchen einstimmig zum Abt gewählten Graf Adalbert in dieser seiner neuen wohlverdienten Würde.

Soweit die Erzählung von 1822. Die Klostergründer Adalbert und Otkar waren auf einer alten Darstellung, die früher in Tegernsee, später in Tölz aufbewahrt wurde, zu sehen. (Anmerkung 117)

Die drei Kronen im Wappen von Tegernsee sind wohl ein Symbol für die zwei fürstlichen Stifter des Klosters und für St. Quirinus, der ja der Sohn eines römischen Kaisers gewesen ist.

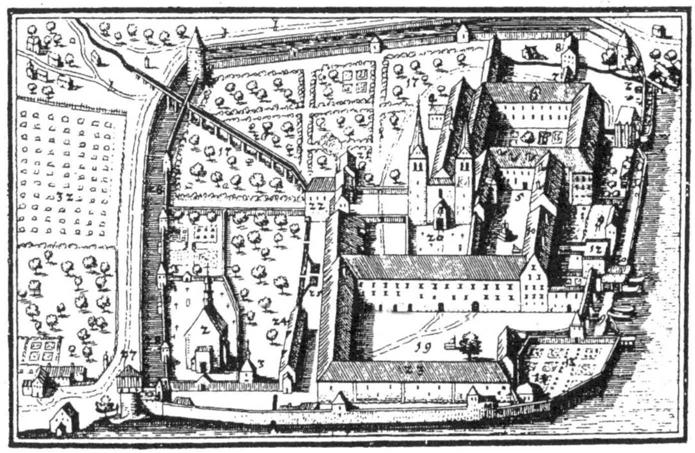

Kloster Tegernsee. Stich von Matthäus Merian von 1657

Die Hunnen in Kloster Tegernsee

Zur Zeit der Hunneneinfälle in Bayern, als die wilden Reiterhorden aus dem Osten mordend und brennend durch das Land zogen, blieb auch Kloster Tegernsee nicht verschont. Der Sage nach fanden die Feinde das abgelegene Kloster durch Verrat. Unzufriedene und rachsüchtige Leibeigene sollen die Hunnen auf reiche Schätze, die sie dort finden könnten, hingewiesen haben und ihnen den Weg nach Tegernsee gezeigt haben.

So wurden um das Jahr 975 das Kloster und mit ihm wohl unersetzliche Handschriften und Kunstwerke aus dieser Zeit ein Raub der Flammen. Die Bewohner wurden barbarisch niedergemetzelt, wenn es ihnen nicht gelungen war, sich rechtzeitig zu verstecken oder zu fliehen.

Drei Jahre später wurde Kloster Tegernsee von Kaiser Otto II. wieder erbaut.

Die Quirinus-Quelle und das Quirinus-Öl

Der Hl. Quirinus soll, der Legende nach, der Sohn von Kaiser Philippus Arabs gewesen sein, der Mitte des 3. Jahrhunderts (244 - 249 n. Chr.) über das römische Weltreich herrschte und der sich zum Christentum bekannte. Nach dem Märtyrertod von Quirinus, der unter Kaiser Claudius II. enthauptet wurde, ereigneten sich an seinem Grab in Rom mehrere Wunder (vgl. S. 224).

Als Kloster Tegernsee gegründet wurde, erbaten sich die Stifter Adalbert und Otkar, die Rom vor räuberischen Seefahrern gerettet hatten, vom Papst zum Dank für ihre Heldentat die Reliquien des Heiligen für das neue Kloster. Sie wurden ihnen versprochen, mussten aber später im Geheimen geholt werden, da die römische Bevölkerung ihren verehrten Heiligen nicht hergegeben hätte. Als nun Uto, ein Neffe von Adalbert und Otkar, den man mit dieser Aufgabe betraut hatte, von seiner geheimen Mission zurückkehrte, machte er kurz vor Tegernsee noch einmal Rast. Dabei wurde auch der Sarg abgeladen und auf den Boden gestellt. In einer alten Schrift steht darüber:

Als man... die Sarch erhebete, sahe man mit Erstaunung, dass unter selben ein helles Brunnenwasser hervorquellete, durch dessen Gebrauch sowohl Menschen als Vieh von vielen Gebresten die Gesundheit erhalten.

Über der Stelle, an der die Quelle entsprungen war, wurde eine Holzkapelle errichtet, später, um 1450, die Wallfahrtskirche St. Quirin.

Der Legende nach ereigneten sich noch zwei weitere Wunder, als die Reliquien nach Tegernsee gebracht wurden.

Als einige Fuhrknechte, denen nichts heilig war, den Sarg aufbrechen und die Gebeine des Quirinus stehlen und veräußern wollten, schlugen plötzlich helle Flammen daraus hervor und hinderten die dadurch völlig verschreckten Männer an ihrem frevelhaften Tun.

Tegernsee. Kupferstich aus
Daniel Meißner: Politisch Schatzkästlein. Nürnberg 1678

Als zweites Wunder wird überliefert, dass der nicht verweste Leichnam des Heiligen in der Zeit, als er noch in der St. Salvatorkirche untergebracht war, weil die Klosterkirche noch nicht fertiggestellt war, geblutet habe.

Nach St. Quirin fanden früher viele Wallfahrten statt.

Im Jahre 1430 entdeckte man am anderen Ufer des Sees, genau gegenüber der Quirinskapelle, eine petroleumhaltige Quelle aus dem Grund, weil sich eine Ölspur von der Quirin -Kapelle bis zum Austrittsort der Quelle hinzog. Diesem „Quirin-Öl", wie es von den Leuten genannt wurde, schrieb man wie dem Quirin-Wasser große Heilkräfte zu. Es wurde lange Zeit sogar in Fläschchen abgefüllt und teuer verkauft.

Als man zu Beginn des 20. Jahrhunderts an der Stelle, wo das Quirin-Öl aus der Erde kam, in der Hoffnung, Erdöl zu finden, Grabungen durchführte, stießen die Leute zwar nicht auf das ersehnte schwarze Gold, aber auf Jod- und Schwefelquellen, die dem Ort Wiessee als Bade- und Kurort auf andere Weise zum Reichtum verhalfen. (Anmerkung 118)

Alm bei Tegernsee.
Aquarell von Johann Georg Dillis, Anfang 19. Jh.

St. Quirin hilft in Feuersnot

Gegen Ende des 15. Jahrhunderts brach in einem Dorf eine verheerende Feuersbrunst aus. Auch das armselige Hab und Gut einer Witwe war davon unmittelbar bedroht. Weil die Frau nichts als ihre arme Hütte mit ein paar Vorräten besaß – Witwen zählten in früheren Zeiten meist zu den Ärmsten der Armen – und weil sie nun fürchten musste, auch das Wenige noch zu verlieren, geriet sie in Verzweiflung und rannte ganz kopflos herum.

Da sagte ihre Tochter, ein frommes und gottesfürchtiges Mädchen, sie solle doch St. Quirin um Hilfe bitten. Die Mutter tat, wie sie ihr geraten hatte und rief:

„O heiliger Sankt Quirein,
Woll' mich mit Deiner Güten
Vor diesem Feuer behüten!"

Und siehe da, mit einem Mal erhob sich aus dem Nichts ein starker Wind und blies das Feuer, das schon auf das Haus der armen Frau übergreifen wollte, von diesem weg und schließlich ganz aus. Wie die Legende weiter zu berichten weiß, war bei diesem Brand das ganze Dorf in Schutt und Asche gelegt worden, nur das Haus der Witwe hatte die Katastrophe unversehrt überstanden.

Der Trunk aus der Hirnschale von St. Quirin

„In Tegernsee war der Trunk aus dem Schädel des Quirinus üblich..." schreibt der Sagenforscher J. Sepp um 1898. Es war in früheren Zeiten ein häufig geübter Brauch, dass Wallfahrern aus der zu einem Kelch verarbeiteten Hirnschale eines Heiligen bei der Messe der verwandelte Wein gereicht wurde, etwa in Wolfratshausen, wo die Hirnschale des Nantovinus (Anmerkung 119) verwendet wurde.

St. Quirin und der reumütige Ochsendieb

Im 15. Jahrhundert machte einmal ein junger Mann mit seinem Taufpaten, der sehr fromm war, eine Wallfahrt nach Tegernsee. Der Junge aber war ein rechter Tunichtgut. Er hatte vor einiger Zeit seinem Paten einen Ochsen gestohlen, ohne dass die Missetat bisher aufgekommen war. Als die beiden nun in der Kirche waren, schnitt der Dieb heimlich dem vor ihm knienden Paten den Geldbeutel ab, den dieser – wie es damals üblich war – mit einem Lederriemen um den Leib gebunden hatte, stahl die darin befindlichen 30 Silberpfennige und warf den Beutel weg. Dabei ließ er sich nicht im Mindesten durch den heiligen Ort, an dem er sich befand, bei seiner Missetat stören.

Er glaubte, von niemandem beobachtet worden zu sein, doch einer hatte ihn gesehen, St. Quirin.

Nach einiger Zeit verließ der Pate die Kirche, der Junge aber gab sich den Anschein, als sei er mit seinen Gebeten noch nicht fertig und blieb noch eine Weile zurück, um einen besonders frommen Eindruck zu machen. Als er glaubte, dass er lange genug gewartet hatte, stand er auf und wollte nun seinerseits das Gotteshaus verlassen. Zu seinem nicht geringen Schrecken aber konnte er einfach die Kirchentüre nicht mehr finden. Mehrmals lief er verzweifelt die Wände entlang, auf der Suche nach einem Ausgang, doch es war umsonst. Es war, als hätte es nie eine Türe gegeben, so undurchdringlich standen die hohen Kirchenmauern.

Da packte den Dieb eine furchtbare Angst, denn er wusste wohl, warum er hier wie festgebannt war. Kalter Schweiß trat ihm auf die Stirne und tiefe Reue über seine Sünden erfasste ihn.

„Ich habe es getan!“ schrie er, „ich habe den Ochsen gestohlen und auch das Geld meines Paten genommen! Aber ich will alles wieder gutmachen, wenn ich nur hier herauskomme!“

In diesem Augenblick öffneten Leute die Türe und kamen mit seinem Paten zurück. Der Missetäter gestand noch einmal alles, was er angerichtet hatte und bat seinen Paten reumütig um Verzeihung. Er gab ihm sein Geld zurück und versprach ihm den schönsten Ochsen aus seinem eigenen Stall, weil er den gestohlenen schon verkauft hatte und nicht mehr zurückgeben konnte.

Da verzieh ihm der alte Mann. Erst jetzt war der Dieb imstande, die Kirche zu verlassen.

Der Tegernsee (mit St. Quirin).
Ölgemälde v. Johann Georg v. Dillis um 1825

St. Quirin und der wortbrüchige Ritter

Vor vielen hundert Jahren geriet einmal ein Ritter aus dem Tegernseer Gebiet in die Gefangenschaft seiner Feinde und wurde in ein feuchtes, finsteres Verließ gesperrt, aus dem es kein Entrinnen gab. Lange Zeit musste er an diesem schrecklichen Ort ausharren und wurde von Tag zu Tag mutloser und verzweifelter.

In seiner Not wandte er sich an St. Quirin und gelobte, ihm sein Lieblingspferd, an dem er ganz besonders hing, zu schenken, wenn er gerettet würde.

Und siehe da, kurze Zeit später kam er auf wunderbare, ganz ungewöhnliche Art und Weise frei. In die Heimat zurückgekehrt, brachte er sogleich, wie er es versprochen hatte, sein Lieblingspferd nach St. Quirin und band es an der Kirchentüre fest. Als er aber den traurigen Blick des Tieres sah, als er fortgehen wollte, dachte er: „St. Quirin ist sicher auch mit dem Geld zufrieden, das mein Pferd wert ist."

Und er ging in die Kirche und legte einen Geldbetrag auf den Altar. Die Höhe desselben entsprach zwar nicht dem Wert des Tieres, aber der Ritter meinte:

„Das wird genug sein, wahrscheinlich wäre ich auch von selber freigekommen und hätte St. Quirin gar nicht gebraucht."

Er band sein Pferd los und wollte damit wieder nach Hause reiten. Zu seiner Verblüffung aber bekam er es nicht von der Stelle. Wie festgewurzelt stand es da, bis der Ritter zögernd erst den halben, dann den dreiviertelten und schließlich den vollen Wert des Tieres in Geldstücken auf den Altar gelegt hatte.

Erst dann war der Bann gebrochen, und er konnte sein Lieblingspferd wieder mitnehmen.

Das Gnadenbild aus Tegernsee

Im Jahre 1620 begab sich ein Ehepaar aus München, namens Hammerthaler, das im Tal eine Gastwirtschaft besaß, auf eine Wallfahrt zum Kloster Tegernsee. Dort erblickte die Frau eine Muttergottesstatue aus der Spätgotik, die ihr so gut gefiel, dass sie den Abt des Klosters inständig bat, ihr diese zu überlassen.

Tegernsee und St. Quirin.
Malerische Topographie des Königreichs Bayern 1818

Sie wollte sie in ihrer Hauskapelle zur Verehrung aufstellen. Der Abt willigte ein, gerührt durch ihre Frömmigkeit, und sandte ihr ein wenig später die von ihr so sehr begehrte Andachtsfigur zu.

In dem Augenblick aber, in dem die Tegernseer Madonna über die Schwelle des Hauses getragen wurde, war Frau Hammerthaler, die seit Jahren an starken Schmerzen im Arm litt, der dadurch fast steif und unbrauchbar geworden war, auf wunderbare Weise von dieser Krankheit geheilt.

Dieser Vorfall sprach sich rasch in der ganzen Stadt herum. Viele Gläubige kamen daraufhin mit ihren Sorgen und Anliegen zur „Hammerthaler Muttergottes", wie die wundertätige Statue bald genannt wurde. Für den starken Besucherstrom aber war die Kapelle im Haus des Wirtes zu klein. Darum übergab das Ehepaar im Jahre 1642 das Gnadenbild an die Augustinerkirche, wo es am Annenaltar aufgestellt wurde. Nach der Säkularisation 1803 wurde es in die Hl. Geistkirche gebracht, wo es im Jahre 1924 auf einem der Seitenaltäre seinen Platz fand.

Der Geist in Kloster Tegernsee

Nachdem Kloster Tegernsee in der Zeit der Säkularisation um 1803 aufgehoben und die Mönche daraus vertrieben worden waren, gab es von den neuen Bewohnern, dem Hofmarschallamt Seiner Königlichen Hoheit des Prinzen Karl, ständig Klagen über das Auftreten eines Geistes im ehemaligen Refektorium, dem Speisesaal des Klosters. Dort hatte man noch ein paar alte Tische aus dem Besitz des Klosters stehengelassen. Nun kam es nicht selten vor, dass eine unsichtbare Faust plötzlich auf eine der Tischplatten niederdonnerte und eine ungehaltene Stimme von jemandem, der nicht zu sehen war, dazu rief: „Himmelsakerment, is es Fress'n no nit firti?"

Tegernsee. Gez. v. W. Scheuchzer. gest. v. J. G. Riegel um 1850

Die Beißwürmer im Gebirge

Früher soll es in den Bergen rund um den Tegernsee, aber auch anderswo, äußerst gefährliche Tiere, die sog. Beißwürmer, gegeben haben (Anmerkung 120). Heinrich Noe schreibt 1865 darüber:

Die Einen beschreiben sie als eine Art riesiger Eidechsen, wie halbe Krokodile, so dass sie an den „Tatzlwurm" erinnern würden, welcher in vielen Gegenden des Hochlandes hausen soll. Die anderen dagegen behaupten, ein Beißwurm habe Ähnlichkeit mit einer ungeheuren Raupe, die mit gewaltigen Stacheln und spitzigen Zähnen ausgerüstet wäre.

Für letztere Ansicht spricht die Autorität des alten Auer in Tegernsee, welcher mir erzählte, dass er einmal auf einem Berge eingeschlafen und plötzlich dadurch aufgewacht sei, dass er einen solchen Beißwurm zwischen seinem Schenkel und der kurzen Hose „den Tüch" verspürte. In seinem Schmerze und seiner Todesangst verlobte er sich zur heiligen Notburga in Eben oberhalb Jenbach, ...und das Ungetüm flüchtete sich eilig von seinen Füßen über das Gewänd hinab. So recht genau konnte mir aber auch Auer die Gestalt des Beißwurmes nicht angeben – vermutlich weil er ihn vor Entsetzen nicht näher zu betrachten vermochte.

Elche am Tegernsee

Einst sollen in den früher unwegsamen Gebieten um den Tegernsee Elche, Wisente und Auerochsen gelebt haben. Eine Bestätigung für diese Aussage, die Bischof Arebo von Freising schon im 8. Jahrhundert machte, war im Jahre 1844 der Fund eines vollständigen Elchgerippes. Es wurde etwas südlich vom Tegernsee bei Straßenbauarbeiten entdeckt. 1674 gab es noch Bären und Luchse in der Gegend, 1828 wurde der letzte Bär bei Kreuth aufgespürt.

Wie die Insel im Ringsee entstand

Als Gott mit der Erschaffung der Welt schon fast fertig war, wollte er zum Schluss als Meisterstück noch ein ganz besonders schönes Fleckchen Erde machen. So entstand der Tegernsee mit seiner Umgebung. Der Teufel aber, der das Tun des Herrn mit scheelen Augen und voller Neid und Missgunst beobachtet hatte, schwor sich:

„Jetzt reicht es aber! Diese Stelle ist so schön, wie keine andere, die werde ich zerstören!"

Er lauerte auf eine gute Gelegenheit für sein Vorhaben und als Gott einmal gerade nicht hinsah, weil er mit einem anderen Teil der Erde beschäftigt war, riss der Böse den halben Leonhardstein bei Kreuth ab, flog damit zum Ringberg und schleuderte von dort den riesigen Brocken hinunter in den Tegernsee.

„Das gibt eine Überschwemmung, die alles im Tal vernichtet!", freute er sich hämisch und rieb sich die Hände.

Aber der Felsen fiel nicht mitten in den See, sondern in dessen oberen Teil, wo eine Ausbuchtung den Namen Ringsee hat (Anmerkung 121). Dort versank er in der Tiefe ohne großen Schaden anzurichten und bildet seither die einzige Insel im See. Voller Zorn und Gift und Galle spuckend, machte sich der Böse aus dem Staub und will seither vom Tegernsee nichts mehr wissen.

Der Kaibelplärra vom Ringsee

Einst herrschte in Kloster Tegernsee ein hartherziger Abt, der, um seinen persönlichen Reichtum und Luxus zu vergrößern, aus seinen Untertanen rücksichtslos mehr herauspresste, als sie geben konnten. Bald war er in der ganzen Gegend verhasst und gefürchtet. Zuletzt führte er eine „Blutsteuer" auf das Vieh ein und verlangte von jeder Kuh das erste Kalb als seinen Anteil. Viele Leibeigene, die ohnehin nicht viel besaßen, kamen durch diese Maßnahme an den Bettelstab und ins Elend. Doch das nahm er ungerührt in Kauf, Hauptsache er wurde immer reicher. Zur Strafe für sein unmenschliches Handeln und seine vielen sonstigen Sünden musste er nach seinem Tod umgehen.

Blick auf den Tegernsee. Wilhelm v. Kobell, Beginn 19. Jh.

Heinrich Noe schrieb 1865 darüber:

Bald nach seinem Tode hörte man in den weiten Gängen des Klosters eigentümliche Töne, wie vom Blöken eines Kalbes und es dauerte nicht lange, so bemerkte man auf den Steinplatten die Hufspuren desselben unsichtbaren Tieres. Dieses konnte niemand an-

derer sein, als der verstorbene und verwünschte Abt. Das Gespenst erhielt den Namen „der Kaibelplärra", unter welchem es noch heute in Tegernsee bekannt ist.

Um sich vor dem unerträglichen Geplärre des Geistes zu schützen, mauerten die Klosterbrüder den Gang, in dem er sich vorwiegend aufhielt, zu.

Aber es nützte nichts, er war trotzdem zu hören. Auch am Ringsee, dort wo die Weißach mündet, trieb er oft sein Unwesen und sein jammervolles Geschrei war häufig über den ganzen See zu vernehmen.

Ein Knecht vom Großbucherbauern, der einmal auf dem Heimweg von einer Hochzeit in Rottach war, sah den Kaibelplärrer auf einer Zaunsäule sitzen. Das Gespenst mit der schwarzen Mönchskutte, aus der ein Kalbskopf und anstatt Armen und Beinen Kälberfüße und ein Kälberschwanz herausschauten, brüllte ganz jämmerlich und machte sich daran, den Burschen zu verfolgen. In panischer Angst rannte dieser davon und kam völlig verwirrt und erschöpft daheim an. Dort berichtete er, was ihm zugestoßen war. Nicht lange nach seinem schrecklichen Erlebnis wurde er krank und starb.

Die Leute wussten sich keinen Rat mehr, wie sie das unliebsame Gespenst loswerden könnten.

Also, man wendete sich an den Papst. Dieser verbannte kurzweg den Kaibelplärra in Gesellschaft einer großen Anzahl anderer böser Geister, die bei ihm verklagt worden waren, auf den Unnütz am Achensee. Auf diesem steilen und öden Berg, welcher seinen Namen von dem Mangel an Pflanzenwuchs hat, können sie ungestört ihr schlimmes Wesen treiben. (Heinrich Noe, 1865)

Nach anderen Erzählungen ist der Kaibelplärra aber noch bis ins vorige Jahrhundert zu hören gewesen, erst nach Aufhebung des Klosters Tegernsee während der Säkularisation sei er endgültig verschwunden. (Anmerkung 122)

Die Raubritter auf der Insel im Ringsee

Einst stand auf der Insel im Tegernsee, die damals noch völlig vom Land getrennt war, auf der Stelle, die heute „Fischerfleck" heißt, eine Burg mit mächtigen, schier unbezwingbaren Mauern. Sie wurde von einem Raubritter und seinen Kumpanen bewohnt. Von dieser strategisch günstig gelegenen Stelle aus überfielen sie Handelsleute, die mit ihren wertvollen Waren von oder nach Italien unterwegs waren und über den Achen-Pass wollten.

Diese wurden kurzerhand um ihr Hab und Gut gebracht, oft auch um ihr Leben. Die Bauern im weiten Umkreis um die Burg hatten besonders viel unter den wilden Gesellen zu leiden. Diese nahmen sich alles, was sie zum täglichen Leben brauchten, wie Kühe, Schweine, Hühner, Brot oder Käse, einfach aus den Ställen oder Höfen ohne jemals dafür zu bezahlen. Die Bauern waren nicht in der Lage, sich gegen die räuberischen Übergriffe zu wehren, und wenn es einer doch versuchte, wurde ihm dafür zur Strafe der rote Hahn aufs Dach gesetzt.

So kam es, dass immer mehr Bauern beim Abt in Kloster Tegernsee Klage über die Raubritter führten und um Schutz vor ihnen baten. Wohl forderte der Kirchenfürst daraufhin bewaffnete Männer an, doch bevor diese noch eingetroffen waren, fiel er selbst in die Hände des Raubgesindels, als er einmal auf einer einsamen Straße am Achensee mit nur geringem Gefolge unterwegs war.

Die Klosterbrüder wollten ihren Abt mit der hohen Lösegeldsumme von 500 Goldgulden freikaufen, aber das war den frechen Räubern nicht genug und sie forderten das Doppelte.

Um dieser Forderung Nachdruck zu verleihen, setzten sie den gefangenen Abt vor den Augen seiner entsetzten Mönche in einen eisernen Käfig und ließen diesen an langen Seilen vom Turm der Burg in den See hinab, wo sie ihn so lange untertauchten, bis der Unglückliche darin schon fast ertrunken war. Erst dann zogen sie ihn wieder herauf.

Weil aber die Klosterbrüder trotz aller Bemühungen das hohe Lösegeld nicht gleich zusammenbringen konnten, musste der Abt noch längere Zeit in der Gefangenschaft schmachten. Schließlich wurde er für 600 Goldgulden freigelassen. Nicht lange darauf aber ereilte die Raubritter die verdiente Strafe für ihre Untaten.

Eine in dieser Gegend seltene Naturkatastrophe, ein Erdbeben, zerstörte die ohne tiefgründendes Fundament nur auf das sumpfige Gelände gebaute Burg völlig. Alle Raubritter wurden von den zusammenstürzenden Mauern erschlagen und darunter begraben.

Das tote Haus am Ringsee

Mitte des 19. Jahrhunderts stand, von riesigen Ahornbäumen fast verborgen, ein einzelnes Haus am Ufer des Ringsee, dort, wo die Weißach mündet. Es war als „Gespensterhaus" verschrien, und die Leute mieden es. Es wurde „das tote Haus" genannt, warum, das weiß heute niemand mehr.

Es stand damals viele Jahre leer, weil niemand darin wohnen wollte. Alle fürchteten sich vor den Geistern, die, wie es hieß, darin hausten. Was später mit dem Gebäude geschah, ob sich ein mutiger Bewohner fand oder ob es abgerissen wurde, ist nicht bekannt.

Die verschwundenen Nachbarn

In jenen Zeiten, als der Tegernsee noch bis zum Wallberg und weit hinein ins Kreuther Tal reichte, lebten an seinem Ufer nur drei Bauern: Der Bauer auf der Eben bei Gmund, der Bauer am Wechsel (Anmerkung 123) und der Bauer in der Au über dem Söllbachtal. Wollte einer von ihnen den anderen besuchen, so musste er über den See fahren.

An einem Sonntag machten sich einmal der Bauer in der Au und der Bauer am Wechsel mit den damals üblichen Einbäumen auf den Weg über das Wasser zum Nordufer des Sees, um von dort nach Schaftlach zur Kirche zu gehen. Dieses Gotteshaus war damals das einzige im weiten Umkreis. Das taten die beiden jeden Sonntag.

An diesem bestimmten Tag aber kamen sie nie an. Ob sie mitten auf dem See in Streit gerieten und jeder des anderen Boot versenkte, ob sie in eine unbekannte Strömung gerieten oder ein plötzlich auftretendes Unwetter ihren Tod verursachte, niemand weiß es. Sie waren und blieben von da an auf geheimnisvolle Weise für immer verschwunden.

Unterirdische Verbindung zwischen Schliersee und Tegernsee

Der Sage nach soll der Tegernsee seit einem verheerenden Erdbeben, das früher einmal die Gegend heimsuchte (Anmerkung 124) unterirdisch mit dem Schliersee in Verbindung stehen.

Wie die Fischer zu berichten wissen, ist einmal der silberne Tabernakel-Schlüssel der Klosterkirche von Tegernsee dem Abt aus Versehen in den See gefallen. Trotz aller Bemühungen konnte er nicht mehr gefunden werden. Kurze Zeit später aber kam er in den Eingeweiden einer riesigen Forelle, die Fischern im Schliersee ins Netz gegangen war, wieder zum Vorschein.

Auch der goldene Ehering eines Fischers vom Schliersee, den dieser mitten im See beim Netzauslegen verloren hatte, wurde nach einigen Tagen im Innern eines Saiblings, der im Tegernsee gefangen worden war, gefunden. Dass es sich dabei wirklich um den verlorenen Ring des Fischers vom Schliersee handelte, ging einwandfrei aus den eingravierten Initialen des Hochzeitspaares und des Hochzeitsdatums hervor.

See und Kloster Tegernsee.
Radierung aquarelliert v. Simon Warnberger um 1802

Die Riesenfische und der Schatz im Tegernsee

Im Tegernsee liegt ein großer Schatz versenkt, und großmächtige Fische tummeln sich auf dem Grund.

So schrieb J. Sepp im vorigen Jahrhundert. Um 1690 wurde im Tegernsee eine Rauchforelle von enormer Größe und 57 Pfund Gewicht gefangen. Sie war nicht der einzige Fisch dieser Größe, wie fünf Holzmodelle in der „Hoffischerei" neben Schloss und Tegernsee beweisen, die nach den natürlichen Ausmaßen von besonders großen Exemplaren der gefangenen Fische angefertigt wurden.

Dass es „großmächtige Fische" im Tegernsee gibt, ist somit geklärt, ob sich auf seinem Grund aber wirklich ein Schatz befindet, wie die Sage überliefert, ist nicht gewiss.

Gefunden wurde er bisher jedenfalls nicht.

Der reumütige Abt von Tegernsee

Vor vielen Jahrhunderten war einmal ein besonders unbeliebter Mann Abt in Kloster Tegernsee. Ähnlich wie der Abt, der später als „Kaibelplärra“ (Anmerkung 125) umgehen musste, presste auch er so viele Steuern und Abgaben aus seinen Untertanen heraus und bestrafte geringfügige Vergehen so hart, dass er bald überall nur noch der „Bauernschinder“ genannt wurde. Von allen Leuten wurde er gehasst und gefürchtet.

Dann aber änderte er sich schlagartig von einem Tag auf den anderen.

Er hatte eines Nachts einen solch eindringlichen Traum gehabt, dass er am nächsten Morgen nicht wusste, ob er das Geschaute wirklich erlebt oder nur geträumt hatte. In einer Vision war ihm Christus erschienen, wie er sein schweres Kreuz nach Golgatha schleppte und wie ihm durch die schlechten Handlungen des Abtes die Last, die er zu tragen hatte, noch vergrößert wurde.

Dieser Traum ließ dem Kirchenfürsten fortan keine Ruhe mehr. Er wollte sein Leben ändern und Buße tun. Er beschloss, ein ebenso großes Kreuz, wie es Christus in seiner Vision hatte schleppen müssen, auf den Wallberg zu tragen und dort als sichtbares Zeichen seiner Sühne an einem Platz aufrichten zu lassen, der vom Tegernsee aus gut zu sehen war.

Als das Kreuz, das er zu diesem Zweck hatte anfertigen lassen, fertig war, lud er es sich auf die Schulter und schleppte es den Wallberg hinauf.

Anfangs kam er verhältnismäßig rasch voran, aber schon nach ein paar Stunden machten sich die vielen Jahre des Wohllebens bemerkbar, der Schweiß brach ihm aus allen Poren und er wurde immer kurzatmiger. Trotzdem ging er Schritt für Schritt weiter, obwohl er sich manchmal geradezu zwingen musste. Er duldete auch nicht, dass ihm einer der Knechte, die ihn begleiteten, half.

Schloss Tegernsee. Gez. u. gest. v. Carl August Lebschée.
Malerische Topographie des Königreichs Bayern 1818

So kämpfte er sich mühsam immer höher den Berg hinauf. Drei Tage lang zog und schleppte er das schwere Kreuz schon und war noch nicht einmal bis zur Hälfte des Weges gekommen, den er sich vorgenommen hatte. Am Ende des dritten Tages, kurz vor er sich zur Nachtruhe hinlegen wollte, brach er vor Anstrengung unter der Last zusammen und blieb tot liegen.

Eine Stelle an dem alten Fahrweg auf den Wallberg, die in einer Serpentinenschleife liegt, von der aus man einen herrlichen Blick auf den Tegernsee hat, heißt bis auf den heutigen Tag „beim Kreuzzieher". Lange Zeit erinnerte ein Steinrelief, das den kreuztragenden Heiland darstellte und an einer hohen Fichte angebracht war, an diesen tragischen Vorfall.

Später, als der Baum morsch geworden und umgestürzt war, wurde das Relief in der Totenkapelle von Egern links neben dem Altar eingemauert.

Der fromme Abt von Tegernsee

Einer der gottesfürchtigsten und frömmsten Äbte, die je in Tegernsee regierten, war ein Mann namens Heinrich, der vor vielen Jahrhunderten lebte.

Über diesen Heiligen schrieb Heinrich Noe 1865:

Man sagte, es sei ihm vergönnt, himmlische Gesichte zu schauen. Oft verschloss er sich in seine Zelle und gab sich den beschaulichen Übungen seines Berufes mit besonderer Inbrunst hin. Eines Tages – es war der Vorabend des Festes Mariä Verkündigung – erschien der fromme Abt weder beim Mittag- noch beim Abendessen im Refektorium.

Endlich wurden die Mönche unruhig; sie fürchteten, es sei ihm etwas Uebles begegnet. Doch wagte es keiner, an seiner Zelle anzuklopfen - denn es war doch möglich, dass sie ihn bei irgendeiner frommen Verrichtung störten. Zuletzt, als es schon spät in der Nacht war, vermochte es der älteste Pater, an seiner Türe zu pochen.

Es erfolgte keine Antwort. Der Pater trat ein und was sah er? Auf dem Boden kniete der Abt, die Blicke nach dem Bild der Allerseligsten Jungfrau gerichtet. Sein Arm war ausgestreckt, die Hand zusammengeballt, als ob sie etwas hielte. Aus ihrer Höhlung trat ein heller Schein. Es war das Licht vom Reste einer Wachskerze, welche soweit herabgebrannt war, ohne dass es ihr Träger an irgendwelchem Schmerz verspürte.

Der Pater rüttelte ihn und rief. Erst nach langer Zeit kam er zu sich und fragte verwundert, was man von ihm wolle. Es währte abermals geraume Weile, bis man ihm klar machte, wie lange Zeit er da in Verzückung gelegen haben müsse, da die Wachskerze so weit in seine Hand hinein gebrannt war. Der fromme Abt vermeinte, er habe sich vor wenigen Augenblicken niedergekniet.

Doch wusste er von unsäglichen Herrlichkeiten des Himmels zu erzählen, welche seinem begnadigten Blick begegnet seien. Darum wurde er vom Volke wie ein Heiliger verehrt.

Als man bei Anlegung des herrschaftlichen Eiskellers die Grüfte des Klosters zerwühlte und die morschen Gebeine in großen Fuhren fortschaffte, fand man auch die wohlerhaltene Leiche dieses Frommen. Sie war an dem goldenen Kreuze kenntlich, welches den Namen des berühmten Abtes trug.

Dieses Kreuz ist leider verschollen, es wurde wohl auf irgendeinem Antiquitätenmarkt von einem der Finder verscherbelt.

Der Schatzhüter vom Leeberg

In geheimen Höhlen im Leeberg sollen – der Sage nach – die Tegernseer Mönche in Kriegszeiten die Schätze des Klosters verborgen haben. Nur der Abt selbst hatte, so heißt es weiter, den Schlüssel zu der mit einer schweren eisenbeschlagenen Türe versperrten Schatzkammer.

Um den Ort absolut geheim zu halten, wurden einem Schlosser, der einst das Schloss dieser Türe richten musste, schon im Klosterhof von Tegernsee die Augen fest verbunden. Dann wurde er oftmals im Kreis und stundenlang hin- und hergeführt, über Stiegen und durch unterirdische Gänge, bis er nicht mehr wusste, wo er war, und keinesfalls den Weg, den er gegangen war, hätte beschreiben können.

Als er seine Arbeit ausgeführt hatte, kamen dem Abt Bedenken, dass sich der Schlosser trotz aller Vorsichtsmaßnahmen möglicherweise den Weg gemerkt haben könnte, und er ließ ihn, so wird berichtet, nicht mehr lebendig aus der Schatzkammer. Jedenfalls kehrte der Mann nie zurück.

Der Sage nach, steht der Unglückliche noch heute am Eingang zur Höhle, in der die Reichtümer verborgen sind, und hält dort Wache, solange die Welt noch besteht.

Zwei Holzknechte, die sich einmal bei ihrer Arbeit auf dem Leeberg verspätet hatten und auf ihrem Heimweg daher eine Abkürzung durch den steilen Bergwald nahmen, behaupteten, dort einen uralten Mann vor einem niedrigen, von Gestrüpp fast gänzlich überwucherten Eisentor, das in den Berg hineinführte, gesehen zu haben. Er sei ganz altmodisch gekleidet gewesen und habe eine Hellebarde getragen. Vor Schrecken über diese unerwartete Begegnung seien sie Hals über Kopf davongelaufen. Als sie die Stelle am nächsten Tag suchten, gelang es ihnen nicht, sie zu finden. Und auch sonst hat niemand den geheimnisvollen Schatzwächter je wieder gesehen.

Der Klosterschatz im Leeberg

Unermesslich reiche Schätze sollen im Lauf der Jahrhunderte von Kloster Tegernsee im Leeberg angehäutt worden sein, so weiß die Sage zu berichten. Ein Kleinbauer aus Gmund will sie einst mit eigenen Augen gesehen haben.

Einmal hatte eine schlimme Seuche seine Kühe dahingerafft und er war nicht imstande, seine Pacht an das Kloster zu zahlen. Darum musste er seine Schuld in Form von Frondienst begleichen. Eine Woche lang musste er einige riesige Heuhaufen, die vor den Stallungen lagerten, zu Häcksel zerkleinern. Mit unermüdlichem Fleiß machte er sich vom ersten Morgengrauen bis spät in die Nacht hinein ans Werk und schaffte so die ihm übertragene Arbeit in der dafür angesetzten Zeit.

Als er endlich damit fertig war, erfüllte ihn großer Stolz und er sagte zu dem Abt, der gekommen war, sein Werk zu begutachten:

„Gell, so einen großen Haufen hast du noch nie gesehen!"

Da lachte der Kirchenfürst und meinte: „Komm mit mir, ich zeige dir auch etwas!"

Er verband ihm die Augen und führte ihn dann lange durch unterirdische Gänge und über viele Stufen in einen Raum, wo er ihm die Augenbinde abnahm. Da sah der Bauer zu seinem höchsten Erstaunen, dass er sich in einem hohen Felsengewölbe befand, das bis unter die Decke mit einem Haufen aus Gold, Silber und Edelsteinen gefüllt, der noch viel größer war als seiner aus Häcksel.

„Nicht wahr, so etwas hast du auch noch nicht gesehen?", lachte der Abt und freute sich über das ungläubige Erstaunen, das sich im Gesicht des Bauern zeigte. „Weil du so fleißig warst, darfst du dir so viel von dem Schatz mitnehmen, wie du in deine Hosentaschen hineinbringst! Aber erzähle niemandem davon!"

Nachdem der Bauer seine Hosentaschen vollgestopft hatte, verband ihm der Abt wieder die Augen und führte ihn auf unbekannten Wegen wieder in den Klosterhof zurück, wo er ihn freundlich nach Hause entließ.

Der Geist des Wildschützen vom Tegernsee

Eine seltsame Geschichte, die sich Mitte des 19. Jahrhunderts zugetragen haben soll, erzählt Heinrich Noe 1865:

Einer der bekanntesten Wildschützen Tegernsees war Leonhard B. Jeder Jäger wusste von seinem Treiben und dem ausgebreiteten Handel, den er mit erlegten Hirschen, Rehen und Gämsen trieb, war es geradezu ein Wunder zu nennen, dass er geraume Zeit weder mit Grenzwächtern noch mit Forstleuten zusammenstieß. Doch hatten ihm letztere Tod und Verderben geschworen und es fehlte ihm nie an Warnungen, sein verhängnisvolles Geschäft vorsichtig zu beschränken, oder noch besser ganz aufzugeben.

Vielleicht zum ersten Mal in seinem Leben – er war ungefähr sechs und zwanzig Jahre alt – kehrte er am 1. Januar 1862 niedergeschlagen und mutlos nach Hause zurück. Nicht als ob er bemerkt hätte, dass ihn ein Jäger belauschte oder dass ihm keine Beute begegnet wäre – im Gegenteil er hatte einen gewaltigen Gämsbock auf den Schultern, von einer Größe und Dickleibigkeit, wie sie nicht leicht vorkommt, aber sein Herz war schwer.

Bauernbursch aus der Gegend von Miesbach.
Ludwig Neureuther um 1804

Es herrscht nämlich unter den Wildschützen der Aberglaube, dass irgendein überraschender Zufall, der ihnen am ersten Tag des Jahres begegnet, ein schlimmes Vorzeichen für dasselbe ganze Jahr sei, namentlich, dass ihnen im Laufe desselben von den Jägern Unglück droht. Und ein solches war ihm am ersten Januar widerfahren.

Der Bock hatte ihn vorerst in die Nähe kommen lassen, die bei der Wachsamkeit des Tieres etwas Unerhörtes ist und blieb wie angewurzelt stehen. Er schoss und traf ihn, aber das Tier bewegte sich nicht. Beim zweiten Schuss knickte er ein wenig zusammen, war aber rasch wieder auf den Beinen, beim dritten stürzte er nieder. Als Leonhard hinzukam, war er noch nicht verendet, sondern strampfte und wehrte sich mit den „Krückeln". Ein Hieb mit dem Knicker fruchtete ebenso wenig und auch erst nach wiederholten Kolbenschlägen auf den Schädel gelang es ihm, das Tier vollends zu töten.

Dem Leonhard, nach dessen eigener Erzählung ich das berichte, wurde es nicht geheuer, und es mögen böse Gedanken gewesen sein, die ihn begleiteten, als er, mit der Gämse belastet, vorsichtig über die waldigen Abhänge sich nach Hause schlich. Doch hielt das bedrückende Gefühl nicht lange an und der kommende Sommer fand ihn tätiger als je, was bei der Überzahl von Fremden in der ganzen Gegend manchen Wirten, welche ihren Gästen frisches Wildpret vorsetzen wollten, überaus genehm war.

In der letzten Woche des Oktobers – mehrere Tage vor Allerheiligen – trat Leonhard wieder einen Beutezug an. Dass er in der Nacht nicht zurückkehrte, wunderte seine Eltern nicht sonderlich - denn es konnte allerlei Zufalle geben, welche ihn zwangen, dieselbe unter freiem Himmel, oder in irgendeiner verlassenen Hütte zuzubringen. Bedenklicher war es schon, dass er auch in der zweiten Nacht nicht wiederkehrte, und vollständiges Entsetzen überfiel seine Angehörigen, als die dritte Nacht vorüber ging, ohne dass Leonhard irgendwo gesehen worden war. Man hielt ein Unglück für gewiss, Jäger mussten ihn erschossen haben.

Rasch verbreitete sich die Kunde durch den Ort, und die Burschen, in denen eine dumpfe und zurückgehaltene Erbitterung gegen die Forstleute brütet, vereinigten ihre Bemühungen mit denen der jammernden Eltern und durchsuchten alle Berge, Wände, Klippen und Hohlwege – Leonhard war nirgends zu finden.

Er kam nicht wieder; im nächsten Frühjahr stieß man auf einen Hut, den Manche für den seinigen hielten. Er war von zwei Kugeln durchlöchert, im Übrigen aber noch so gut erhalten, dass es den Findern nicht einleuchten wollte, wie ein Hut, der den ganzen Winter über unterm Schnee lag, so aussehen konnte.

In der Hütte der Eltern brannte Tag und Nacht ein Licht – so lange der Leonhard kein „christliches Begräbnis" hat, sagte der Vater. Der Groll unter der Jugend wuchs. Er brach aber später in einem gefährlichen Haberfeldtreiben aus und selbst dem vortrefflichen Forstmeister drohte ein Schuss ins Fenster mit unmittelbarer Lebensgefahr.

Der Leonhard war nicht da – aber dunkle Sagen gingen um, welche die unglückliche Geschichte aufhellen wollten.

Die Eltern Leonhards hatten sich nämlich an die Franziskaner in X und andere Geistliche gewendet und „Zwingmessen" lesen lassen. In der Zwingmesse beschwört der Priester einen Verstorbenen; dieser erscheint, nur ihm sichtbar, während des Gottesdienstes und gibt auf alle Fragen, welche an ihn gestellt werden, wahrheitsgetreu Auskunft.

Die Franziskaner sagten nun, Leonhard habe sich in der Zwingmesse gestellt und habe mitgeteilt, dass er von rückwärts und, wie er gewiss wisse, von einem Jäger in den Kopf geschossen worden sei. Er war voll Blut und ganz bleich. Im Kopf war die klaffende Wunde sichtbar. Um seine Ruhestätte befragt, gab er an, sie hätten ihn in den Glockensee (kleines aber tiefes Gewässer am Wallberg) versenkt.

Ähnlich erschien Leonhard in allen andern Zwingmessen, deren die Familie eine große Anzahl lesen ließ. Es ist dies übrigens eine der teuersten Arten von Erkundigung-Einziehen. Zwingmessen kos-

ten mehr als gewöhnliche und die Familie bezahlte nach und nach mehrere hundert Gulden.

Konnte nach dem Resultat der Zwingmessen noch ein Zweifel obwalten, so wurde er vollständig dadurch gelöst, dass Leonhard eines Tages selbst im Beisein seines Vaters und seiner Schwester in der elterlichen Stube sich sehen ließ. Er war blass und trug eine große Wunde am Kopf; die Jäger, sagte er, hätten ihn in den Glockensee versenkt. Über den Täter wusste er weiter nichts, als dass es ein Jäger war.

Bauer in der Au bei Tegernsee.
Gez. u. gest. von Johann Poppel um 1854

Kaum hatten sich die Angehörigen von ihrem Entsetzen erholt, verschwand er wieder. In einer anderen Zwingmesse wich Leonhard von früheren Aussagen ab. Er behauptete, von den Jägern verbrannt worden zu sein. Dagegen hatte er diesmal ein besonders gutes Gedächtnis für finanzielle Angelegenheiten. Er gab nämlich auf Gulden und Kreuzer genau Summen an, von welchen er sagte, dass sie ihm der und der Händler und Wirt für abgeliefertes Wildpret noch schulde.

Seine Mutter machte sich nun ans Einkassieren und forderte auf Grund der von ihrem Sohne in der Zwingmesse abgegebenen Erklärungen von den Betreffenden Bezahlung. Manche von diesen aber beschuldigten den Geist einer groben Lüge und verneinten entweder je mit ihm in Beziehung gestanden zu haben, oder ihm noch etwas zu schulden.

Solche, welche die Stimmung der trotzigen Bauernjugend gut kennen, glauben, dass die Geschichte mit Leonhards Erscheinen in der Zwingmesse noch durchaus nicht beendigt ist. Sie halten vielmehr dafür, dass die blutrünstige Gestalt noch manches Opfer zu sich hinabziehen kann, sei es in den schwarzen See oder in den felsigen Grund, unter dem sie vielleicht verscharrt liegt.

Der Gespensterhund vom Tegernsee

In früheren Zeiten, als das Ufer des Sees noch nicht so dicht besiedelt war, soll sich in den Nachtstunden oft ein unheimlicher Hund gezeigt haben, der späte Heimkehrer manchmal buchstäblich zu Tode erschreckt haben soll. Das ungute Gespenst wurde „Waizenhund“ (Anmerkung 111) genannt. Wie es heißt, handelte es sich dabei um ein übernatürlich großes Tier mit schwarzem struppigem Fell und riesigen roten Augen, die wie Kohlen im Feuer glühten. Wer ihm begegnete, der suchte so schnell er konnte das Weite.

Einst war der Knecht vom Lieberhof am Großtegernseer Berg auf einem Kirchweihfest in Altwiessee. Es ging hoch her, es wurde gelacht, getanzt und getrunken bis hinein in die Nacht.

Da sagte eine Verwandte des Burschen, die im Dorf wohnte:

„Jetzt geh' aber heim, sonst triffst du gar noch den Waizenhund!“

„Den fürcht' ich net!“, lachte der Knecht und prahlte: „Wenn ich den treff', hau ich ihm mein Ruder auf den Schädel, dass er das Waizen für immer vergisst!“

Um seinen Mut zu beweisen, trank er noch eine Maß Bier und blieb bis zum Schluss auf dem Fest. Als er sich dann endlich auf den Heimweg machte, weil die Musiker schon ihre Instrumente zusammengeräumt hatten und die Kellnerinnen bereits die Stühle auf die Tische stellten, konnte er zwar nicht mehr ganz gerade gehen, aber rudern konnte er noch. Er pfiff fröhlich ein Lied, band sein Boot los und machte sich auf die Überfahrt über den See.

Da tat es plötzlich einen so schweren Plumps, dass das Boot fast kenterte, und ein riesenhafter schwarzer Hund saß dem Knecht gegenüber in dem schwankenden Gefährt und starrte ihn aus rotglühenden Augen drohend an.

„Der Waizenhund!“, fuhr es dem Burschen durch den Sinn und er war vor Schreck wie erstarrt und mit einem Schlag nüchtern.

Als er nicht zu rudern begann, fletschte sein ungebetener Fahrgast die Lefzen und zeigte sein gefährliches Gebiss. Dabei ließ er ein unwilliges Knurren hören und sträubte das Fell.

Obwohl die Hände des Knechtes so zitterten, dass er die Ruder fast nicht halten konnte, begann er das Boot überzusetzen. Und er musste ohne Pause rudern, denn immer, wenn er ein wenig ausruhen wollte, gebärdete sich das Untier dermaßen drohend, dass ihm vor Furcht die Haare zu Berge standen und sein Herz bis zum Hals klopfte.

Endlich langte er, am ganzen Körper in Schweiß gebadet und völlig außer Atem, am anderen Ufer des Sees an. Da war sein unheimlicher Begleiter ebenso plötzlich verwunden, wie er gekommen war. Für den armen Knecht aber war die ausgestandene Angst zu viel gewesen. Er konnte zwar noch aus dem Boot aussteigen und ein kleines Stück weit gehen, dann aber brach er tot zusammen.

Federzeichnung von Heinz Schinzel

Der tapfere Bub vom Lieberhof

Der Dreißigjährige Krieg ging nicht einmal an dem abgelegenen Lieberhof oben auf dem Großtegernseer Berg vorüber, ohne schreckliche Spuren zu hinterlassen. Die feindlichen Truppen, die, als sie im Jahre 1632 München besetzt hatten, von da aus ins ganze Oberland ausgeschwärmt waren und raubend, mordend und brennend durch das Land zogen, kamen auch zu dem einsamen Bauernhof.

Wohl hatten die Bewohner, wie die meisten Menschen der Gegend, ihr wertvollstes Hab und Gut vergraben, hatten aber versäumt, sich selbst vor den anrückenden Schweden in Sicherheit zu bringen. Zwei der marodierenden Soldaten drangen mit Gewalt in das Haus ein und kehrten auf der Suche nach Geld und Wertsachen rücksichtslos das Unterste zu Oberst. Sie zerschlugen Möbel, zerschlitzten Kissen und Polster und als sie nicht viel fanden, was des Mitnehmens wert gewesen wäre, wollten sie voller Wut den Bauern vor den Augen seiner Frau und seiner Kinder so lange foltern, bis er das Versteck seiner Schätze preisgegeben hätte.

Sie zerrten ihn vor das Haus zum Brunnen und wollten gerade mit ihren unmenschlichen Praktiken, wie beispielsweise dem gefürchteten Schwedentrunk (Anmerkung 131) beginnen, als plötzlich eine schwere Steinplatte vom Dach des Bauernhofes herabgeschleudert wurde, die den älteren und brutaleren der beiden Schweden am Kopf traf und niederstreckte. Er blieb tot am Boden liegen. Daraufhin ergriff der andere Hals über Kopf die Flucht, weil er glaubte, in einen feindlichen Hinterhalt geraten zu sein.

In Wirklichkeit aber war hatte sich der ältere Bub des Bauern in einem günstigen Augenblick, von den Schweden unbemerkt, davongestohlen, war auf die Altane gelaufen, wo noch einige Steinplatten, die vom Dachdecken übriggeblieben waren, lagen, und hatte eine davon mit dem Mut der Verzweiflung auf die Feinde geschleudert und getroffen. So hatte der tapfere Bub seiner Familie das Leben und den Hof wohl vor dem Abbrennen gerettet.

Die ertrunkenen Hochzeiter im Tegernsee

Einst, es war im Jahre 1544, fuhr eine Hochzeitsgesellschaft nach der Trauung des Brautpaares, die in der Kirche von Egern stattgefunden hatte, mit den damals üblichen Bauernschiffen – das waren sehr flache Holzboote – über den See nach Tegernsee, wo im Gasthof zur Post das Hochzeitsmahl und die anschließenden Festlichkeiten stattfanden.

Auf der Rückfahrt nach Egern, die spät in der Nacht erfolgte, geriet das Boot mit dem Brautpaar und einem Teil der Hochzeitsgesellschaft in einen heftigen Sturm und kenterte. Es sank, und alle 14 Personen auf dem Schiff ertranken.

Zur Erinnerung an das schreckliche Ereignis wurde am Egerner Seeufer, nahe beim Landungssteg des Überführers, und in Tegernsee bei der Hoffischerei am See, jeweils ein Tuffsteinkreuz mit eingravierter Jahreszahl des Unglücks aufgestellt.

Das Rockadirl vom Tegernsee

Auf dem See schwimmt nachts eine Jungfrau, das Rockadirl genannt.

So schrieb Friedrich Panzer 1848 über das sagenhafte Fräulein, das in anderen Überlieferungen auch Hexe genannt wird und das einen großen Schatz am Grunde des Tegernsees hüten soll. Manchmal, so heißt es, lässt es sich auch mit einem Spinnrocken über der Oberfläche des Sees schwebend blicken.

Einige behaupten auch, das Rockadirl sei ein adeliges Mädchen gewesen, das zur Sühne für eine Freveltat ihrer Familie ins Kloster hätte gehen sollen, sich aber aus Verzweiflung darüber in den See gestürzt habe. (Anmerkung 126)

Der Sage nach soll der Überführer Martl aus Egern einst das Rockadirl in einer Sturmnacht über den See gefahren haben. Als sie ihn dabei bat, sie zu erlösen, willigte der Bursche ein. Da nahm sie ihn mit auf den Grund des Sees, wo er erst gegen giftiges Gewürm ankämpfen musste und dann in einen großen Saal kam, wo ein geisterbleiches blondes Mädchen reglos am Spinnrad saß. Als er das Spinnrad zerschlagen hatte, wie ihm das Rockadirl vorher geraten hatte, kehrte Leben in das Fräulein zurück und sie erklärte voller Freude, dass sie nun erlöst sei.

Zum Dank erlaubte sie dem Martl so viel von den Schätzen, die ringsum verstreut lagen, mitzunehmen, wie er wolle. Voller Freude steckte sich der junge Überführer alle Taschen voll. Nun konnte er endlich seine Braut Mariedl, die Tochter des Klosterjägers von Tegernsee, heiraten und ein Haus in Egern bauen, wo er mit seiner Familie leben konnte. Zur Hochzeit, so heißt es, machte das Rockadirl dem jungen Paar noch ein ansehnliches Geldgeschenk zum Dank für seine Erlösung.

Die Nixen und der Wasserkönig im Tegernsee

Ganz tief unten am Grund des Tegernsees ist das Reich des Wasserkönigs und seiner Töchter. Die Seejungfrauen sind von großer Schönheit, und ihre Gestalt ist halb menschlich, halb fischähnlich. Sie legen es darauf an, Menschen in die Tiefe zu locken und immer wieder gelingt es ihnen mit Hilfe ihrer bezaubernden Lieblichkeit und ihrem melodiösen Gesang einen Mann oder auch einen Jungen in ihren Bann und in ihr nasses Reich hinabzuziehen.

Einst war eine junge Dienstmagd vom Schlosserhof in Wiessee mit einem jungen Fischer, der am anderen Ufer des Tegernsees wohnte, versprochen. Jeden Abend kam der junge Mann über den See gerudert, um seine Liebste zu besuchen und seine paar freien Stunden mit ihr zu verbringen.

Im Winter, wenn der See zugefroren war, konnte er ihn sogar zu Fuß überqueren. Eines Abends aber, die größte Kälte war schon gebrochen und ein Frühlingsahnen lag in der Luft, wartete das Mädchen vergebens, er kam und kam nicht. Und er kam niemals wieder.

Wie die Leute am nächsten Tag feststellten, war er auf dem Weg zu seiner Verlobten über eine Stelle gekommen, wo das Eis schon zu dünn war um sein Gewicht tragen zu können. Er war eingebrochen und hatte im eisigen Wasser den Tod gefunden. Seine Leiche aber gab der See, wie viele andere auch, niemals frei.

Von der Stunde an lachte die sonst so fröhliche Magd nie mehr. Sie wurde immer verschlossener und schwermütiger und vertraute den Kummer, der an ihrem Herzen fraß, niemandem an. Ein paar Wochen nach dem Verschwinden ihres Geliebten nahm sie heimlich ein Boot, ruderte in die Mitte des Sees hinaus und stürzte sich dort ins Wasser, um endlich wieder ihrem Verlobten nahe zu sein.

Das gurgelnde Wasser durchtränkte ihre Kleider und sie wurde durch deren Schwere in die Tiefe gezogen und verlor die Besinnung. Als sie ihre Augen wieder öffnete, fand sie sich auf einer weichen Algenwiese und umringt von mehreren Nixen mit ihren ewig jungen, lächelnden Gesichtern und ihren blaugrün schimmernden Fischschwänzen.

„Was willst du hier, dich wollen wir hier nicht haben“, sagte eine von ihnen mit glockenheller Stimme.

Noch ehe das Mädchen antworten konnte, meinte eine andere:

„Bringen wir sie zum König, der soll entscheiden, was mit ihr geschehen soll und ob sie bleiben darf oder nicht.“

Zwei Nixen nahmen sie in die Mitte und hielten sie jede an einer Hand fest. So schwammen sie mit ihr durch Höhlen mit Vorhängen aus grünen Algen, die mit Bergkristallen besetzt waren, zu einem riesigen unterirdischen Saal, wo auf einem silberschimmernden Thron dick und behäbig der Wasserkönig mit einer silbernen Krone auf dem Kopf saß. Um ihn herum befanden sich viele Seejungfrauen und auch einige Männer, unter ihnen der Verlobte des Mädchens. Er schien dieses aber nicht zu sehen oder zu erkennen, denn er widmete sich ganz einer bezaubernd schönen Nixe.

Als das Mädchen die Männer im Saal näher anschaute, bemerkte sie zu ihrem Entsetzen, dass es sich bei ihnen ausschließlich um solche handelte, die im See ertrunken waren, deren Leichen aber man nie gefunden hatte, weil der See sie nicht freigegeben hatte. Wie es schien, ging es ihnen im Reich des Wasserkönigs gut, denn alle waren fröhlich und vergnügt.

„Ach, wenn ich nur auch hierbleiben dürfte", dachte sie sehnsüchtig, „dann wären mein Verlobter und ich für immer beisammen!"

Als hätte er ihre Gedanken gelesen, erklärte der Wasserkönig streng: „Du gehörst nicht hierher, du musst zu den Menschen zurück. Nur eine Frau, die einen Fischschwanz hat, darf hierbleiben. Das ist Gesetz bei uns."

Federzeichnung von Heinz Schinzel

Da flehte sie:

„Ich will so gerne hierbleiben, bitte sage mir, was ich tun muss, um einen Fischschwanz zu bekommen.“

Der Wasserkönig strich sich nachdenklich über das Kinn und erklärte nach einer Weile, obwohl die Nixen dazwischenschrien, dass sie die Fremde nicht haben wollten:

„Das ist sehr schwer. Du musst drei Aufgaben erfüllen. Als Erstes musst du dafür sorgen, dass unser Fischbestand nicht weiter dermaßen abnimmt wie in der letzten Zeit. Zweitens musst du den Boden des Sees von allem Unrat reinigen, den die Menschen in ihrem Unverstand hineingeworfen haben.

Die dritte Aufgabe darfst du dir selbst aussuchen, sie muss aber von besonderem Nutzen für unser Reich sein.“

„Ich bin das Arbeiten gewöhnt!“ antwortete da die junge Magd fröhlich. „Ich werde das schon schaffen!“

Und sie machte sich sogleich ans Werk. Unermüdlich schwamm sie mit Hilfsflossen, die ihr der Wasserkönig gegeben hatte, durch den See und löste Fische von den Haken der Angler oder zerschnitt die Netze der Fischer und befreite deren Gefangene daraus. So konnte sich der Fischbestand im See nach einiger Zeit wieder so erholen, dass der Wasserkönig damit zufrieden war.

Nun machte sie sich an die Lösung der zweiten Aufgabe. Unermüdlich suchte sie den Seegrund nach Unrat ab und brachte alles, was sie fand, Töpfe ohne Henkel, alte Schuhe, morsche Hölzer, Farbtiegel und vieles mehr in ein tiefes Loch im Seeboden, das sie anschließend mit einer großen Steinplatte zudeckte. Nun verletzte sich keine Nixe mehr an einem rostigen Eisenteil oder blieb mit der Schwanzflosse in einem alten Gitter, das ein Mensch achtlos in den See geworfen hatte, hängen, und alle waren zufrieden mit ihrer Arbeit.

Als Drittes beschloss sie, die Algen, die im See schon überhandnahmen, etwas auszulichten, dass die Sonne wieder bis auf den Grund des Sees scheinen konnte und mehr Licht in das Reich des Wasserkönigs kommen konnte. Sie mähte einen großen Teil der Algen ab und erreichte nach einiger Zeit, dass der See wieder so klar und hell war, wie schon lange nicht mehr. Zufrieden mit ihrem Werk kehrte sie dann zum Wasserkönig zurück und bat ihn um den versprochenen Fischschwanz.

„Du hast deine Sache sehr gut gemacht“, lobte sie dieser, „du bist es wert, in mein Volk aufgenommen zu werden!“

Bei diesen Worten berührte er sie mit der Spitze seines silbernen Szepters. Da fühlte sie, wie mit einem Mal ihre beiden Beine zu einem verschmolzen und wie anstatt ihrer Füße eine Schwanzflosse daraus hervorwuchs. Ab der Hüfte überzog sich ihr Leib mit schimmernden Schuppen, und bald hatte sie einen ebenso schönen Fischschwanz wie die übrigen Nixen und sie konnte sich wie diese frei und ungezwungen im Wasser bewegen.

„Ja was machst du denn hier!“, rief plötzlich eine bekannte Stimme hinter ihr mit überschäumender Freude und zwei Arme umschlossen sie so fest, dass sie fast keine Luft, beziehungsweise kein Wasser, mehr bekam. Es war ihr Verlobter, der sie erst jetzt, wo sie einen Fischschwanz hatte, sehen konnte.

Von der Stunde an waren die beiden Liebenden wieder glücklich beisammen und mussten sich nie mehr trennen. Sie tanzten und sangen mit den Nixen, wenn die Sonne hell durch das Wasser bis auf den Grund des Sees schien, wachten über den Bestand der Fische und hielten sorgsam den Seegrund von Unrat frei, den unachtsame oder rücksichtslose Menschen immer wieder hineinwarfen.

Der Hl. Antonius und der vermisste Sohn aus Bad Wiessee

Ein junger Mann aus Wiessee, Anton Beil, wurde im Alter von gerade einmal siebzehn Jahren 1941 eingezogen und an die Front geschickt. Von da an hörte man in der Heimat nicht mehr viel von ihm. Auch als der Krieg endlich zu Ende war, kam er nicht zurück. Da wurde er nach ein paar Jahren amtlich für tot erklärt.

Blick von Kaltenbrunn über den Tegernsee.
Aquarell von Wilhelm Scheuchzer um 1830

Nur seine Mutter, Maria Beil, die Gründerin des Hotel Rex in Wiessee, wollte die Hoffnung auf die Heimkehr ihres Sohnes nicht aufgeben. Sie betete viel und in einer Vision hatte sie ihn mit einem großen Verband, gleichsam wie mit einem Helm um den ganzen Kopf, zu Fuß umherirren sehen und glaubte daher felsenfest, dass er noch am Leben war und an seine Rückkehr.

Sie entschloss sich, ein Holzgebäude auf ihrem Grund, südwestlich vom Hotel, zu einer Notkirche (Anmerkung 127), die im Ort dringend gebraucht wurde, umbauen und dem Hl. Antonius weihen zu lassen, der auch als Schutzpatron der Reisenden gilt, und den sie angefleht hatte, ihren Sohn zu beschützen.

Die Einweihung der Notkirche fand im Sommer des Jahres 1949 statt, im Dezember des gleichen Jahres kehrte ihr Sohn Anton zurück.

Der junge Soldat war gegen Kriegsende durch einen Granatsplitter, der unter seine Schädeldecke eingedrungen war, schwer verletzt worden, in Gefangenschaft geraten und hatte trotzdem zu Fuß von der Ostsee bis in den Ural marschieren müssen.

In den dortigen Lagern, in denen die Gefangenen schwere Arbeit in den Steinbrüchen verrichten mussten, wurde er später von russischen Chirurgen operiert. Seine Schädeldecke wurde abgesägt, der Splitter aus dem Gehirn gezogen und die Schädeldecke wieder daraufgesetzt. Dann wurde der Kopf eingegipst.

Anton überlebte die schwere Operation und durfte Weihnachten 1949 in die Heimat zurückkehren.

Dort heiratete er in den 50er Jahren in der St. Antonius-Kirche, die seine Mutter zur Verfügung gestellt und ausgestattet hatte. Er und seine Nachkommen konnten später das Hotel von Maria Beil weiterführen.

Die unglückliche Nonne im Tegernsee

Bei Gmund soll vor langer, langer Zeit einmal ein Frauenkloster gewesen sein. Ein adeliges Fräulein darin, das von ihrer Familie gezwungen worden war den Schleier zu nehmen, soll damals ihrem Gelübde nicht treu gewesen sein und einem Mann, den es liebte, gefolgt sein. Zur Strafe dafür, so heißt es in der Sage, wurde sie in eine silberweiße Schlange verwandelt und in den Tegernsee gebannt.

Von Zeit zu Zeit, besonders wenn das sanfte Abendlicht über dem See liegt, soll man sie am Strand dahingleiten oder sich auf den Wellen wiegen sehen. Nach anderen Berichten soll es sich bei der verwunschenen Nonne sogar um die Äbtissin des Klosters gehandelt haben.

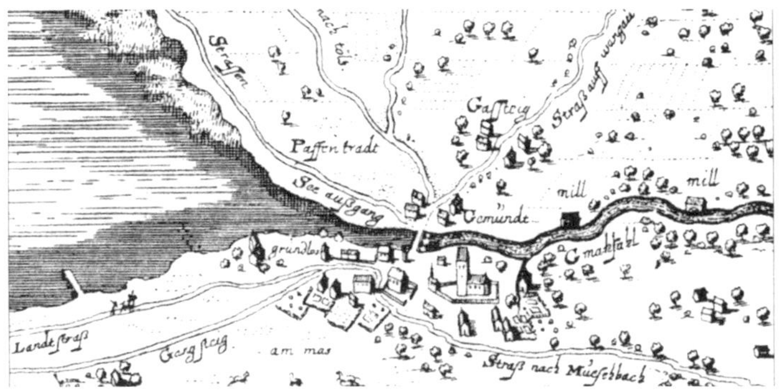

Gmund „Gemünde“. Stich von Matthäus Merian um 1644

Die Durlhexe bei Gmund

Mitte des 17. Jahrhunderts, als der Hexenverfolgungswahn auch in Bayern grassierte und vielen unschuldigen Menschen einen grausamen Tod brachte, wurde auch einer Bauerntochter aus Hohenwiesen nachgesagt, dass sie eine Hexe sei. Die Leute fürchteten sich vor ihr und erzählten allerlei seltsame Geschichten über sie. Man verdächtigte sie, die Unwetter, die häufig über dem Gebiet um den Tegernsee tobten, „zusammengeschoben“, also verursacht, zu haben. Hyazinth Holland schreibt 1853 und Willibald Schmidt 1936 nach mehreren – auch mündlichen Überlieferungen – darüber:

Zur Zeit, als Lenggries noch zur Pfarrei Gaißach gehörte, war in Hohenwiesen auf dem Bachmairanwesen eine Hexe, die Durl. Die konnte Gold machen. Sie war die Tochter eines reichen Bauern und eine revierische Person. Kein Mensch weiß, wie sie hinter das böse Wesen gekommen ist. Am Lichtmesstag gingen einmal die Kirchenleut auf dem Weg zur Wachsweihe in Gaißach am Haus der Durl vorbei. Sie war noch ganz im Werktagsgewand und räumte das Haus zusammen, wie wenn sie gar nicht ans Kirchengehen denken wollte. Die Leute schrien ihr zu:

„Nicht gar zu fleißig!"

„Schleun dich, dass du nicht zu spät kommst!"

Sie aber ließ sich nicht irr machen und meinte lachend:

„Geht nur ihr voran, ich komm schon noch recht. Z' Venedig ham's grad das ander g'läut." –

Wie sie schon bei der Hirschbruck gleich ober Lenggries war, merkte sie, dass sie das Wachs vergessen hatte.

„Muss glei nach Venedig und s' Waxl hol'n!" sagte sie und war schon auf und davon. Aber an der Kirchentür in Gaißach holte sie die andern ein und kam noch recht zur Wachsweihe.

Der Krautenkaspar von Arzbach ist einmal mit der Durlhex auf dem Nudelwolker gefahren, aber arschlings aufgesessen, sonst wäre er erstickt, so schnell ist es gegangen.

Heut noch sagt man im Isarwinkel zu einem, der es recht pressant hat: „Du fahrst ja dahin wie die Durl von Hohenwies!" und wenn man fragt: „Was ist denn mit der?" kann man die Antwort kriegen: „Die ist in einer Stund auf Venedig hin und her."

Beim Lainer haben 's öfter Butter gerührt, über zwei Stunden, aber keinen Butter zusammengebracht. Da sahen sie, wie die Durl an ihrem Haus vorbeiging. Sie trug etwas in ihrem Fürtuch und schrie herüber: „Nachbarin, plag dich nicht! Deinen Butter hab ich schon lang im Fürtuch (Schürze) *innen!" Die Durl konnte die Kühe von der Stube aus melken. Sie band dann einen Schuhriemen an den Ofenfuß und fuhr strichweise daran herab. Einmal hat sie sogar in der Stube regnen lassen, als es ihr die Mutter erlaubte.*

Ein andermal saß sie auf einem großen Tannenbaum bei Gmund und wollte über die Tegernseer Gegend Hagel ausschütten. Da fingen die geweihten Glocken zu läuten an und bannten sie so fest auf den Baum, dass sie nicht mehr wegfliegen konnte. Nachher sagte sie: „Wär die große Schell'n von Gmund, der Kotbauer von Eck (Anmerkung 128) *und 's Goaßglöckl in Ried nit g'wesn, i hätt' diesmal alles in Boden neischlag'n lassen; s' Goaßglöckl in Ried nutzt nix."*

Ein Weber, der auf der Stör in Hohenwies war, sah der Bäuerin zu, wie sie die Ofengabel schmierte und mit den Worten „Hui aus und ninderscht ani!“ zum Kamin hinausfuhr. Da nahm er ihre Salbe und probierte sie ein bisschen an seinem Webstuhl. Als der aber anfing, sich vom Fleck zu rühren, hörte er voller Schrecken gleich wieder auf. Ein andermal war der Schneider mit seinem Gesellen auf der Stör. Da stellte ihnen die Durl eine Flasche Apfelschnaps auf den Tisch und sagte:

„Grüß Gott, Meister, Gesell und Bua,
Macht die Stubentür zua.
Jetzt geh i gleich auf d' Dull'n
Und will den Haar (Flachs) *herabhol'n;*
Brechen, schwingen, hecheln und spinnen
und meinen Schneidern den Zwirn davon bringen.
Trinkt derweil ein Glasl Schnaps!"

Ehvor aber diese ihr Glasl ausgetrunken hatten, kam sie schon mit dem Zwirn zum Nähen.

Am meisten hat die Durlhexe die Leut mit dem Wettermachen geplagt, bis sie es nicht mehr aushalten wollten.

Der Amtmann in Hohenburg konnte ihr lang nichts anhaben, wie ein Wiesel wusste sie ihren Verfolgern zu entwischen; aber endlich wurde er ihr doch Herr. Beim Bachmair zeigte man noch lange den Tisch, an dem sie von den Schergen verhaftet wurde und den Riss in der Mauer, der entstanden ist, wie s' die Hex erwischt haben.

Eines Tages sprach der Amtmann mit mehreren Mannsbildern in Hohenwies zu und die Durl bewirtete sie wie andere Gäste auch mit Apfelschnaps und Brot. Weil keiner ein Messer im Sack haben wollte, hielt sie ihnen das ihrige hin – da wurde sie schnell bei den Händen gepackt. Mit dem rundscheibigen, feichtenen, alten Tisch haben sie s' in dem Winkel, wo sie hinter dem Tisch gesessen ist, gegen die Mauer drückt.

Wenn aber der Tisch nicht aus einerlei Holz gewesen wäre, hätten sie die Durl nicht bekommen. Dann haben sie ihr die Hände gefesselt und sie auf den Wagen geworfen.

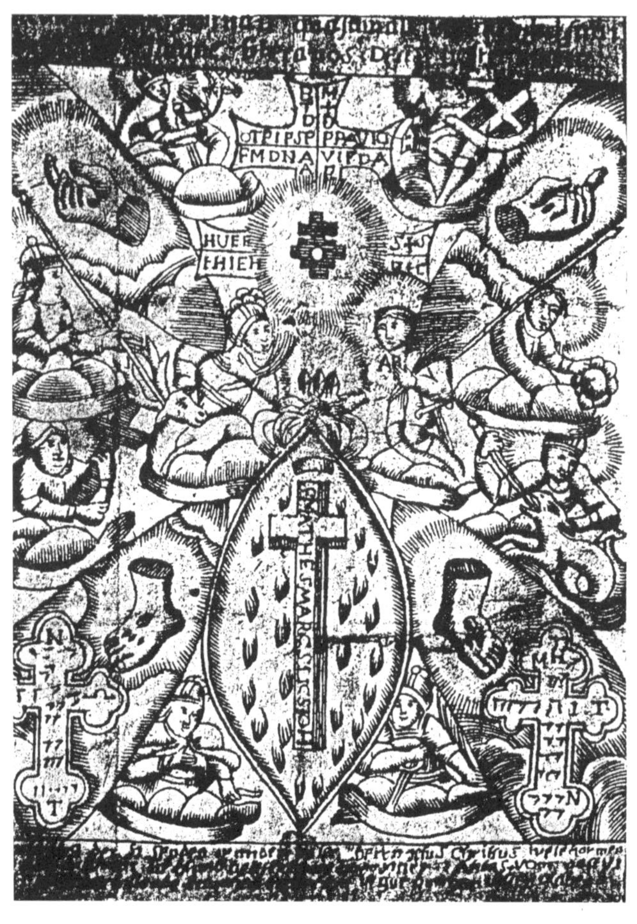

Hexenamulett.

Alle Zauberer und Hexen tragen ein Teufelsmal; deswegen fragte sie der Amtmann, wo sie gemerkt sei.

„Unter der Zunge“ sagte sie.

Als sie auf dem Floß zum Urteil nach München gebracht wurde, kamen sie an einem Wurzelstock vorbei, der draußen frei am Ufer stand. Da sagte sie: „Den hab' ich oft meinem Mann ins Bett gelegt, dass er gemeint hat, ich wär da; derweil bin ich auf und davon gefahren."

Am Almbach hat sie dann durch das Feuer das Zeitliche mit dem Ewigen vertauscht. Ihre Asche wurde am Wendel im Grenzet im Holz vergraben. (Anmerkung 129)

Trotz aller Geschichten über die sogenannte Hexe müssen die Menschen damals ein schlechtes Gewissen bei ihrer Verurteilung und ihrer Hinrichtung gehabt haben, denn es wird ebenso erzählt:

Die Hexe von Hohenwies ist aber doch der Seligkeit teilhaftig geworden. Aus dem Feuer, in dem sie verbrannt wurde, haben die Leute ein weißes Vöglein auffliegen sehen. Und in ihrem Testament hatte sie versprochen, ihrer zuerst heiratenden Tochter ein Himmelszeichen zu geben, wenn sie ein Kind der Seligkeit würde. Wirklich hat sich an diesem Tage um zwei Uhr in der Früh ein auffallender Stern blicken lassen. Die Richtstätte war durch eine Kapelle bezeichnet. Später ist dort eine Martersäule gesetzt worden.

Mag die „Durlhexe" auch ihre Zeitgenossen, die ihr das „Hexe sein" angedichtet hatten, auf ihre Weise verspottet und deren Aberglauben durch prahlerische Worte über ihre besonderen Fähigkeiten noch genährt haben, sie ist sehr hinterlistig verhaftet und sehr grausam bestraft worden.

Die Schweden in Streitmoos und Lauffeld

Im Jahr 1632, als die Schweden das ganze Oberland heimsuchten und dort, wo sie vorübergekommen waren, nur Trümmer, Tod und Verwüstung hinterließen, kam eine Truppe der gefürchteten Feinde auch nach Tegernsee, wie es heißt, am 21. Mai. Sie erschlugen einen ihnen als Abgesandten entgegengeschickten Metzger und raubten dann das Kloster aus.

Der Abt war noch rechtzeitig nach Tirol geflohen, aber dem Pater Hofmeister wurde die Kleidung vom Leib gerissen und er wurde als Geisel mitgenommen, später jedoch wieder freigelassen. Als die feindlichen Soldaten endlich abgezogen waren, plünderten anschließend die Klosteruntertanen das Gebäude und nahmen mit, was die Schweden noch übriggelassen hatten.

Kaltenbrunn am Tegernsee.
Gez. u. gest. v. Johann Poppel um 1854

In Holz bei Kaltenbrunn, so wird berichtet, gelang es den Bauern die ortsunkundigen Feinde in ein sumpfiges Gebiet zu locken und dort zu vernichten. Dieser Ort heißt seither „Streitmoos" (Anmerkung 130). Dort sollen noch im vorigen Jahrhundert als stumme Zeugen des Geschehens beim Pflügen Steigbügel, Hufeisen oder Riemenschnallen ans Tageslicht gekommen sein.

In der Nähe von Gut Schwärzenbach bei Gmund sollen die marodierenden Soldaten ein Lager gehabt haben. Sie wurden aber auch hier in die Flucht geschlagen, darum trägt ein Flurstück dort noch heute den Namen „Lauffeld“.

Der Name „Schlachtfeld“, den ein Stück Land beim Sackerer-Bauern nahe Gut Schwärzenbach hat, das neben dem „Schlachtgraben“ liegt, geht möglicherweise auf einen Kampf zwischen Gmunder und Ostiner Bauern mit dem Mordgesindel, der hier stattgefunden haben soll, zurück.

Der scheue Riese vom Tegernsee

Mitte des 19. Jahrhunderts, um 1851, wurde auf dem Grundner-Hof zwischen Bad Wiessee und Kaltenbrunn Thomas Hasler geboren, dem ein ungewöhnliches und nur kurzes Leben bevorstand. Nach einem Unfall, bei dem der neunjährige Bub von einem Pferdehuf am Kopf getroffen worden war, änderte sich für ihn alles. Von da an fing er an zu wachsen und hörte damit bis zu seinem Tod nicht mehr auf; er wurde 2,35 Meter groß. Thomas hatte sechs Geschwister, doch bei keinem von ihnen war ein ähnlicher Riesenwuchs festzustellen, alle hatten normale Größen.

Niemand in seinem Umfeld, konnte sich dieses ungewöhnliche Wachstum erklären, aber auch Gelehrte und Ärzte in München, denen der Bub vorgestellt wurde und die um Rat gefragt wurden, standen in der damaligen Zeit vor einem Rätsel und konnten dieses Wachatum nicht stoppen.

Thomas sonderte sich daraufhin als Kind immer mehr von den Gleichaltrigen ab, denn er durfte bereits als 11jähriger nicht mehr in die Schule gehen, weil er zu groß für die dortigen Bänke war; er durfte oft auch nicht mit den anderen Kindern spielen, weil sie sich vor seiner Größe und Kraft fürchteten. Als junger Bursch war er bei den anderen auch nicht beliebt und sie wollten ihn nicht einmal beim Kegeln dabeihaben, weil er mit seiner ungeheuren Kraft mit einem Kugelwurf das ganze Kegelspiel zertrümmert hatte.

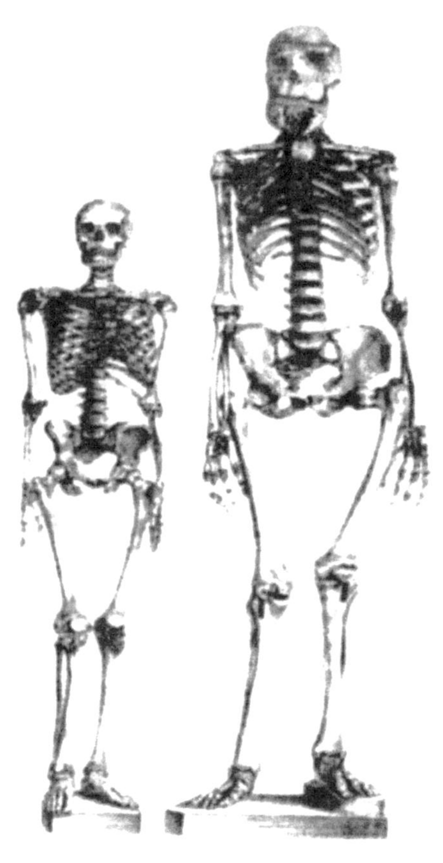

Skelett eines durchschnittlich großen Menschen
im Vergleich zum Skelett des Riesen.
Foto aus dem Archiv von Benno Eisenburg

Wie es heißt, konnte er Kegel sogar mit der Hand zerdrücken, so stark war er. Er wurde immer einsamer und verlies kaum noch den elterlichen Hof, wo er wegen seiner ungewöhnlichen Größe im Stadel hausen musste. Zudem verformte sich sein Schädel immer mehr. Einmal noch stimmte er, nach langem Zögern, einer ärztlichen Untersuchung in München zu, wohl in der verzweifelten Hoffnung auf Hilfe. Der Überlieferung nach, bekam er aber am Tag vor der Abreise einen so unstillbaren Durst, dass er zwei Kübel voll Wasser austrank, von Krämpfen befallen wurde und im Alter von nur 25 Jahren, am 29. Juni 1876, starb. (Anmerkung 132)

Blick auf den Tegernsee. Ölgemälde von Ludwig Sckell um 1890

Die drei Drescherinnen

Bevor im Jahre 1854 in München eine verheerende Cholera-Epidemie ausbrach, bei der alle Fremden, die zur Eröffnung des Glaspalastes gekommen waren, panikartig die Stadt verließen, war in Bayern aus verschiedenen Gegenden eine seltsame Prophezeiung zu vernehmen, auch aus dem Tegernseer Winkel.

Der Sagenforscher J. Sepp schrieb darüber:

In der Gegend von Tegernsee... ging es, wie glaubwürdige Zeugen versichern, schon eine Zeit vor dem Auftreten der Cholera in der Hauptstadt von Mund zu Mund, die Scheuer eines Bauern sei mit einmal in der Nacht hell erschienen. Als der Bauer mit seinen Leuten, vom Nachtwächter oder der Patrouille geweckt aufstand, um nachzusehen, erblickte er durch die Ritzen des Tennentores drei Jungfrauen, die droschen, und sich laut vernehmen ließen:

Wir dreschen, wir dreschen den Armen zum Brod
Und dem Reichen zum Tod.

Einige sagen, sie seien schwarz gewandet gewesen, und nur der jüngste von der Familie des Bauern habe die Erscheinung ganz gesehen. (Anmerkung 133)

Die Pestkapelle in Holz

Zwischen Gundischhof, Baierhof und Schwaigerhof in Holz zwischen Gmund und Bad Wiessee, steht eine kleine Kapelle aus dem 18. Jahrhundert, die Schwoaga-Kapelle, früher auch Weiler-Kapelle genannt. (Anmerkung 134) Der Überlieferung im Ort nach, soll sie wegen eines Gelübdes zur Zeit einer Pestseuche errichtet worden sein, damit die drei Höfe vom Schwarzen Tod verschont blieben.

Heute ist das kleine Gotteshaus eine Kriegergedächtniskapelle und die sinnreichen Inschriften, welche die Außenwände zieren, erinnern an die Weltkriege des vergangenen Jahrhunderts mit ihren unzähligen Opfern. Über dem Eingang ist der Erzengel Michael abgebildet, wie er den Drachen besiegt.

Hierher führt der etwa siebeneinhalb Kilometer lange „Dritter Gmunder Pilgerweg“ über 14 Stationen von der Lourdes-Kapelle Finsterau aus über Georgenried und zurück.

Schwoagakapelle in Holz. Foto von Heinz Schinzel

Wie die Lourdes-Kapelle in Finsterwald entstand

An der Tölzer Straße in Finsterwald steht eine Lourdes-Kapelle am „Dritter Gmunder Pilgerweg“ (vgl. S. 274). Sie ist nach vorne offen und mit einem schmiedeeisernen Zaun versehen. Hinter einem Rundbogen befindet sich die Grotte mit der Madonnenstatue.

Lourdes-Kapelle von Finsterwald. Foto von Heinz Schinzel

Wie zahlreiche andere Lourdesgrotten oder -Kapellen, die seit den Marienerscheinungen ab dem 11.02.1858, welche die damals vierzehnjährige Bernadette Soubirous erleben durfte, und nach denen an der Grotte mit dem heilenden Wasser viele Gläubige, auf ihr Gebet hin, Wunderheilungen erfahren haben, in vielen Ländern errichtet wurden, erbaute in Finsterwald die Familie von Anton und Therese Floßmann, wohl in Erfüllung eines Gelübdes, die Lourdes-Kapelle. Sie wurde um 1900 errichtet.

Irenenkapelle beim Schneiderhäusl.
Foto von Heinz Schinzel

Die Irenenkapelle am Pilgerweg bei Gmund

Auch am „Dritter Gmunder Pilgerweg" (vgl. S. 274) liegt gegenüber dem Schneiderhäusl am Holzeralmweg eine besonders schön mit Liftlmalerei verzierte kleine Kapelle, die der Hl. Irene, einer römischen Märtyrerin, gewidmet ist.

Diese war – der Legende nach – die Witwe des Hl. Kastulus, der als Christ ebenfalls den Märtyrertod erlitten hatte. Sie fand, so wird berichtet, den von zahlreichen Pfeilen verwundeten Hl. Sebastian noch lebend am Baum hängend vor, befreite ihn von seinen Fesseln und pflegte ihn gesund. Um das Jahr 288 n. Chr. starb Irene, ihr Name bedeutet „die Friedfertige", in Rom den Märtyrertod. Ihre Tribute sind der Ölzweig und das Salbeifläschchen und sie gilt als Schutzpatronin der Kranken.

Erich Lejeune hat diese Kapelle auf Wunsch seiner Frau Irene 1996 errichten und sie deren Namenspatronin widmen lassen, wohl aus Dankbarkeit oder um ein Gelübde zu erfüllen.

Günter Wasmeier aus Schliersee, ein bekannter Liftlmaler und Restaurator, der Vater des berühmten Skifahrers Markus Wasmeier (Anmerkung 135), schuf die Malereien sowohl außen wie auch in der Kapelle.

Zu bewundern ist über dem Eingangsbogen die Heiligste Dreifaltigkeit bei der Krönung von Maria; neben dem Eingang ist auf der einen Seite der Hl. Florian, auf der anderen der Hl. Sebastian abgebildet.

Gekrönt ist das kleine Glockentürmchen der Kapelle mit einem vergoldeten, schmiedeeisernen sog. Papstkreuz, einem Kreuz mit drei, sich nach oben verjüngenden Querbalken, welche die Aufgaben des Papstes versinnbildlichen: Hirtenamt, Priesteramt, Lehramt. Der ebenfalls schön ausgestaltete Innenraum enthält die Kreuzwegstationen, den Altar ziert Maria im Strahlenkranz.

Die Schimmelkapelle und St. Kümmernis in Georgenried

Früher befanden sich auf dem Platz in Georgenried, auf dem heute die dem Hl. Georg geweihte Kapelle von 1525 steht, schon vier Vorgängerbauten, nachweisbar durch Mauerreste von vor 1000

Schimmelkapelle in Georgenried.
Foto Heinz Schinzel

n. Chr.; zu einer Zeit also, in der noch viele Gebiete ringsum heidnisch waren. Vor dem Bau der ersten christlichen Kirche war hier schon ein heidnisches Heiligtum, dem Gott Wodan geweiht.

Darauf deutet der Name „Schimmelkirche", wie die kleine Kirche zwischen Finsterwald und Hauserdörfl in der Bevölkerung früher genannt wurde, hin.

Von Schimmelkapellen heißt es oft in der örtlichen Überlieferung, dass sich ein Schimmel „hineinverirrt" habe und dort verhungert sei. Das ist ein Hinweis darauf, dass noch in christlichen Zeiten die einheimische Bevölkerung an ihrem ursprünglichen Kultplatz – auch wenn dort schon eine christliche Kirche stand – ihrem heimlich verehrten Gott Wodan Pferdeopfer darbrachte. (Anmerkung 136)

Der Legende nach, wurde die vorherige Georgskirche (Bau vor der heutigen Kirche) von Ritter Georg von Waldeck zum Dank für die Rettung aus türkischer Kriegsgefangenschaft und seine glückliche Heimkehr in der Mitte des 15. Jahrhunderts, um 1444, errichtet. (Anmerkung 137)

In ihr befindet sich ein Votivbild der Hl. Wilgefortis, im Volksmund St. Kümmernis genannt, von 1607, vorne an der Südseite des Altarraumes. Schon im 19. Jahrhundert beschrieb J. Sepp das Bild, auf dem die Heilige mit rotem Rock, Bart und Heiligenschein und ans Kreuz genagelt dargestellt ist.

Von der Hl. Kümmernis, die früher besonders in schwerer körperlicher Bedrängung, Verfolgung oder Todesnot angerufen wurde, erzählt die Legende:

Kommeria war die Tochter eines portugiesischen Königs und lebte im 5. Jahrhundert n. Chr. Sie bekannte sich trotz aller Widerstände ihrer heidnischen Angehörigen zum christlichen Glauben. Da beschloss ihr Vater, sie mit einem heidnischen König zu verheiraten, der sie vom Christentum abbringen sollte.

Als Kommeria, die außergewöhnlich schön war, dies erfuhr, betete sie in ihrer Not zu Gott und bat, er möge ihr Gesicht so verunstalten, dass ihr Freier keinen Gefallen an ihr fände und sie nicht mehr zur Frau begehre. Ihr Wunsch wurde erhört, denn als der Tag gekommen war, an dem sie ihrem Bewerber begegnen sollte, da war ihr über Nacht ein Bart gewachsen.

Der König geriet darüber in maßlose Wut.

Ohne auf die Bitten seiner Gattin und der Freunde seiner Tochter zu hören, ließ er sie, weil sie sich so unbeirrbar für Christus ent-

St. Kümmernis-Bild von 1607 in Georgenried.
Foto von Heinz Schinzel

schieden hatte, den gleichen Tod erleiden wie den von ihr angebeteten Gott und ließ sie ans Kreuz schlagen.

Nach ihrem Opfertod aber wurde die Prinzessin in allen Landen wegen ihrer Standhaftigkeit im Glauben hochverehrt. Auf zahllosen Bildern und Schnitzereien erinnerten die Künstler an dieses Geschehen. Weil die Heilige königlicher Abstammung war, wurde sie immer – zwar am Kreuz hängend – jedoch mit einer Krone auf dem Haupt, in kostbare Gewänder gehüllt und mit goldenen Schuhen an den Füßen dargestellt.

Einst spielte ein blinder Geiger, der sich auf Wanderschaft befand, zu Ehren der tapferen Jungfrau vor ihrem Bild. Als er sein Musikstück beendet hatte, warf ihm diese zum Dank einen ihrer Goldschuhe herab.

Überrascht tastete der arme Musikant, der das Geschenk ja nicht sehen konnte, nach dem Gegenstand, der da vor seine Füße gefallen war, und hob ihn auf. Dabei berührte er zufällig seine Augen mit dem Schuh. Und siehe da, im gleichen Augenblick war ihm das Augenlicht wiedergegeben. Fassungslos stammelte er:

„Ich kann sehen, oh Gott sei Dank, ich kann sehen!"

Er lachte und weinte zugleich und drückte den Schuh fest an seine Brust, weil er glaubte, das Herz müsse ihm zerspringen vor Glück.

Und als er die übergroße Freude nicht mehr länger alleine ertragen konnte, barg er das kostbare Geschenk unter seinem zerschlissenen Gewand und rannte in die kleine Stadt, die sich in der Nähe befand. Dort schritt er durch die Straßen und spielte dabei auf seiner Geige. In seiner überglücklichen Gemütsverfassung musizierte er schöner als je zuvor. Alle, die ihn hörten, blieben wie verzaubert stehen und starrten ihm nach. Als er am Rathaus der Stadt vorüberkam, sah er, dass darin ein Fest gefeiert wurde.

„Ich will ihnen zum Tanz aufspielen!", beschloss er, weil er alle an seinem grenzenlosen Glück teilhaben lassen wollte. „Ich will ihnen Musik machen, dass sie alle ihre Sorgen vergessen!"

Aber sein guter Wille wurde ihm schlecht gelohnt.

„Was will denn der Bettler hier?", rief einer der Gäste ungehalten, als er den Musikanten in seinem armseligen Gewand hereintreten sah. „Werft ihn hinaus!"

Sofort stürzten sich zwei kräftige Diener auf den ungebetenen Eindringling und schleppten ihn aus dem Saal. Dabei fiel der goldene Schuh der Hl. Kümmernis zu Boden. Rasch bückte sich der Geiger, um sein kostbarstes Gut wieder an sich zu nehmen. Aber es war zu spät. Einer der beiden Lakaien war schneller gewesen.

„Ja, was hast du denn da, du Galgenvogel?", schrie er. „Wie kommt so ein Habenichts wie du zu einem goldenen Schuh?"

„Er gehört mir!“ beteuerte der Geiger. „Gebt mir meinen Schuh wieder, bitte gebt mir meinen Schuh wieder!“

„Gewiss hast du ihn gestohlen!“ fuhr ihn da der Diener an und verstärkte den Griff, mit dem er ihn festhielt. „Komm mit, wir bringen dich zu unserem Herrn zurück!“

Trotz seiner verzweifelten Bitten schleppten sie ihn wieder in den Saal und berichteten dort den Vorfall.

„Aber das ist doch der Schuh der Hl. Kümmernis!“ schrie einer der Gäste empört, als der Diener das umstrittene Beweisstück in die Höhe hielt. „Was für ein Lump ist das, der sich nicht einmal schämt, eine Heilige zu bestehlen!“

„Nein, nein, es war alles ganz anders, ich habe ihn nicht genommen!“, beteuerte der arme Geiger. „Sie hat ihn mir geschenkt, als ich ihr zu Ehren ein Lied spielte!“

„Geschenkt hat sie ihn dir also?“, höhnten die anderen. „Hat man schon jemals eine so freche Lüge gehört? Als ob Heiligenbilder Geschenke machen könnten! Fort mit dem Halunken!“

Sie packten ihn und zerrten ihn vor den Richter der Stadt. Obwohl der Geiger unter Tränen immer und immer wieder seine Unschuld beteuerte, glaubte ihm dieser ebenso wenig wie alle anderen und verurteilte ihn wegen Kirchenraubes nach dem damaligen Gesetz zum Tode.

Der Unglückliche wurde gebunden und zum Galgen geführt. Die Richtstätte aber lag ganz in der Nähe der Kirche mit dem Bild der Hl. Kümmernis. Als man den Verurteilten fragte, was sein letzter Wunsch auf dieser Erde sei, bat er:

„Lasst mich noch einmal vor der Heiligen spielen.“

Obwohl sie dieses Ansinnen als Frevel empfanden, konnten sie ihm den letzten Wunsch doch nicht abschlagen. Der Henker reichte ihm seine Geige und geleitete ihn vor das Bild. Dort setzte der Todgeweihte den Bogen an und spielte, wie er noch nie in seinem Leben gespielt hatte. All ein Leid, seine Angst und seine Enttäuschung legte er in sein Abschiedslied von dieser Welt.

„Hier habe ich mein größtes Glück erfahren“, dachte er, „hier erfahre ich auch mein größtes Unglück.“

Da ging plötzlich ein bestürztes Raunen durch die Menge. Vor aller Augen warf die Heilige auch ihren anderen goldenen Schuh zu dem Verurteilten hinab.

„Ein Wunder, ein Wunder!“, schrien alle Leute und konnten es nicht fassen, was sie doch selbst gesehen hatten.

Nun war der Geiger gerechtfertigt, und seine Aussage vor Gericht, die ihm keiner geglaubt hatte, erwies sich als wahr. Im Triumph führten ihn die Bürger in ihre Stadt zurück. Diejenigen aber, die ihn vorher geschmäht und seinen Tod gefordert hatten, jubelten ihm nun zu. Die Stadtväter erwogen sogar, ihn zum Ehrenbürger zu ernennen. Er wollte jedoch von all dem nichts wissen. Dankbar für sein gerettetes Leben und für die Gnade, wieder sehen zu können, spendete er die Goldschuhe für die Armen der Stadt und zog dann weiter seines Weges. (Anmerkung 138)

Gnadenbild in Georgenried.
Foto von Heinz Schinzel

Der Dreipfenningberg bei Gmund

Als nach der Säkularisation im Jahre 1803 der Klosterbesitz von Tegernsee vom Staat aufgeteilt wurde, fanden sich für die Wälder in den steileren Bergregionen rund um den See nur schwer Abnehmer, weil sie wegen der schlechten oder gar nicht bestehenden Verkehrswege der damaligen Zeit kaum bewirtschaftet werden konnten. Heinrich Noe schreibt 1865 darüber:

So kam es öfter vor, dass Bauern ganze Forstcomplexe, welche ihnen der Staat umsonst anbot, um nur die Steuer davon erheben zu können, ausschlugen, weil sie nicht wussten, was sie damit anfangen sollten. Ein Berg an der Gmundner Straße heißt noch aus jenen Zeiten der „Dreipfenningberg".

Möglicherweise geht der Name „Niemandsbichl" an der Straße zwischen Gmund und Hausham auch auf diese Besonderheiten zu dieser Zeit zurück.

Die Pestkapelle in Gmund

Mitten im Ort, unterhalb der Kirche, steht die im Dreißigjährigen Krieg um 1634 erbaute und 1636 geweihte Mariahilf-Kapelle. Sie war als Pestkapelle und in besonders schweren Zeiten ein Zufluchtsort für die Bewohner von Gmund. Im Jahr 1648 zogen die Waakirchener und Schaftlacher nach einem feierlichen Gelübde mit brennenden Kerzen hierher und stifteten eine Votivtafel, weil endlich der furchtbare Krieg ein Ende gefunden hatte.

Bei einem Blitzschlag in den Turm im Jahr 1837 waren davon auch einige Betende in der Kapelle betroffen. Einige fielen betäubt zu Boden und ihre Kleider wurden zerfetzt. Unter ihnen war auch die Bäuerin zum Finner, Gertud Mair (sie starb im Jahr 1852) in Holz. Alle kamen aber mit dem Leben davon. Aus Dankbarkeit wurde die 1844 erfolgte Erneuerung des Altars von Johann Reisberger, der zu der Zeit Bauer zum Finner in Holz war, bezahlt.

Heute ist sie auch eine Kriegergedächtniskapelle, welche die Schrecken der Weltkriege in Erinnerung halten und an den Frieden mahnen soll. Es sind neben dem Eingang zwei Engel dargestellt, über dem Eingang steht geschrieben:

Den Opfern zur Ehre
den Lebenden zur Mahnung

Alte Kapelle zu Gmund am Tegernsee.
Radierung von Ludwig Emil Grimm um 1820

Der Wilde Jager von Gmund

Der Angermaier Hans von Gmund, der zu Anfang des vorigen Jahrhunderts in Tegernsee Revierförster gewesen ist, hat nicht weniger wie zwölf Menschenleben auf dem Gewissen gehabt. Die

Burschen hat er niedergeschossen wie die Hasen. Mensch oder Tier, das ist ihm alles eins gewesen; er hat sich nichts daraus gemacht.

So beschrieb Willibald Schmidt um 1936 den berüchtigten „Jager von Gmund“, Johann Baptist Mayr (Anmerkung 139) dem man nachsagte, dass er „kugelfest“ gewesen sei, weil es niemals einem Wilderer – selbst den besten Schützen nicht – gelungen war, ihn zu treffen. Einmal erwischte er den gerade einmal siebzehn Jahre alten Bauernsohn Josef (Sepp) Menthen beim Abtransport eines Hirschs, ließ ihn trotz eiskalter Nacht gefesselt im Freien, um ihn am nächsten Tag vor Gericht zu bringen und erschoss ihn gnadenlos bei dessen Fluchtversuch. Mayr wurde anschließend freigesprochen.

Da kochte der lange schwelende Hass der Bevölkerung, vor allem der Wilderer, gegen den Jäger über. Im Jahr darauf stellten sie ihm und seinen Jagdgehilfen Nikolaus Riesch und Johann Probst eine Falle und lockten sie im Wald zwischen Agatharied und Gmund durch eine List in einen Hinterhalt. Dort kam es zu einem fürchterlichen Kampf auf Leben und Tod. Weil die Burschen glaubten, dass der Jäger durch Kugeln nicht verletzt werden könnte, erschlugen sie den verhassten Feind, einen seiner Helfer und seinen treuen Hund mit Gewehrkolben. Willibald Schmidt erzählt:

Die Wildschützen haben ihn nicht getroffen. Und wie sie ihm einmal angekonnt hätten, haben sie ihn auch nicht ganz erschlagen können. Er hat nicht sterben können und hat lang gedeutet, bis sie ihn verstanden und einen geistlichen Herrn geholt haben. Der hat ihm die Hostie aus der rechten hohlen Hand geschnitten, wo er sie am Martinstag hat eingeschoben und einwachsen lassen.

Erst dann, nach mehrmonatigem Leiden, so heißt es weiter, und erst nachdem ihm der Pfarrer die eingewachsene Hostie aus seiner Schusshand herausoperiert hatte, habe Johann Baptist Mayr endlich am 16. Februar 1834 die Augen für immer schließen können.

Das „Einwachsenlassen“ einer Hostie war früher ein beliebtes Mittel, sich – wie man glaubte – kugelfest zu machen und wurde von Jägern und Wilderern gleichermaßen angewandt (vgl. S. 115). Man war davon überzeugt, dass dann jeder Schuss, obwohl gezielt auf einen abgegeben, vorbeigelenkt würde. Es waren aber auch noch andere Methoden üblich, sich vermeintlich unverwundbar zu machen (Anmerkung 8). In der berühmten „Jägerschlacht in Grund“ am 11. November 1833 kämpften auf Seiten der Wilderer:

Waldhofer Johann (Hansl) – Fraunhofer Hausl – Gießhofer Josef (Sepp)– Höger Thomas (Thomä) – Josef (Sepp), Bauer am Rain – Hinterauer Johann (Hansl) – Auer Georg (Irgl).

Beteiligt waren auf Seiten der Jäger:

Johann Baptist (Hans) Mayr und seine Jagdgehilfen Nikolaus Riesch und Johann Probst.

Als Männer aus dem nahe gelegenen Schmerold, durch den Kampflärm aufgeschreckt, herbeieilten, flüchteten die Wilderer. Es hatte jedoch schon einige Opfer gegeben: Auf Seiten der Jäger starb Nikolaus Riesch bei dem Überfall sofort, der Jagdgehilfe Probst überlebte, weil er sich totgestellt hatte. Dem Revierjäger Hans Mayr wurden alle Knochen zerschlagen und er kämpfte noch vier lange, mit Schmerz erfüllte Monate mit den Tod.

Hansl Waldhofer wurde von Donau, dem Hund des Jägers, gebissen und schwer verwundet. Er floh nach dem furchtbaren Kampf, ins nahe gelegene Nachbarland Tirol, weil er fürchtete, erkannt worden zu sein. Später, bei seiner Heimkehr, bekam er wegen der Zeugenaussage des überlebenden Johann Probst, und der ihn überführenden Hundebissnarben auf seiner Brust, 16 Jahre Kerkerhaft. Auf die Gnadengesuche seiner Braut hin, die ihm all die Jahre hindurch die Treue gehalten hatte, wurde er nach 10 Jahren entlassen. Er verriet seine Mittäter nie. Weil alle anderen Wilderer, die man im Verdacht hatte, ebenfalls beharrlich jegliche Aussage verweigerten, konnte ihnen nichts nachgewiesen werden und alle blieben straffrei.

Die Stelle bei Grund, wo die Wilderer den verhassten Jager von Gmund schwerst verletzten und seinen Jagdgehilfen Riesch erschlugen, kennzeichnet heute ein Marterl. Es ist 1933, genau hundert Jahre später, aufgestellt worden und auf ihm ist die furchtbare Schlacht bildlich und sehr drastisch dargestellt (Anmerkung 139). Warum Hans Mayr einen so glühenden Hass gegen Wilderer hegte

Marterl der Jägerschlacht in Grund. Foto von Heinz Schinzel

und sie derart erbarmungslos tötete, manchmal aus Versehen auch einen harmlosen Pilzsammler, ist nicht bekannt. Johann Baptist Mayr (Anmerkung 140) liegt im Alten Friedhof von Gmund begraben, ebenso wie manch ein Wilderer. Eine Steintafel erinnert dort noch heute an diesen besonders ungeliebten Revierjäger.

Steinkreuz in Gasse. Foto von Heinz Schinzel

Das Steinkreuz in Gasse und das Gedenkkreuz bei Berg

Ein stark verwittertes Steinkreuz in barocker Form, das die Jahreszahl 1797 trägt, steht im Ortsteil Gasse von Gmund bei einem Holunderstrauch.

Es erinnert an ein tragisches Ereignis, das sich damals in einer bitterkalten Winternacht zugetragen hat, als ein Bauer, auf dem Heimweg vom Wirtshaus, nur ein paar Schritte von seinem Hof entfernt, einen tragischen Tod fand.

Benno Eisenburg schreibt dazu:

Beim Koasa auf der Gasse steht neben dem Hof ein altes Kleeblattkreuz aus Tuffstein. Die Überlieferung berichtet, auf dem

Heimweg ist ein Bauer vom Schlag getroffen worden und im Schnee erfroren.

Nachforschungen haben diese Überlieferung bestätigt. Josef Neumüller, geb. 30. Jan. 1758, verheiratet mit Maria Wohlschläger vom Hofbauer am See, war Bauer beim Koasa auf der Gasse. Am 17. Jan. 1797 ist sein Tod im Sterbebuch eingetragen. Demnach dürfte das Marterl vor dem Haus zum Andenken an den Hofbesitzer errichtet worden sein.

Im nahe gelegenen Berg erinnert ein Bildstock, von einem kleinen Dach geschützt, an ein denkwürdiges Ereignis, das sich im 17. Jahrhundert hier zugetragen hat, wahrscheinlich an ein Unglück, von dem aber heute keiner mehr etwas weiß.

Die Steinsäulen bei Ostin

Eine Martersäule mit tiefer Bildnische steht an der Hochwiese bei einem Parkplatz in Ostin in der Neureutstraße 16. Sie ist über 300 Jahre alt. Am Schaft befindet sich ein erhabenes Kreuz aus Stein, ähnlich wie bei einer anderen Tuffsteinsäule, der „Grünen Marter“ in Osterwarngau, zwischen Nüchternbrunn und Neustadel. Jene wurde 1705 zur Erinnerung an die Bauern, die bei der Mordweihnacht vor München ihr Leben lassen mussten, errichtet.

Die Tuffsteinsäule bei Ostin ist jedoch älter, sie stammt aus dem 17. Jahrhundert, könnte also an ein Ereignis in den Schreckenszeiten des Dreißigjährigen Krieges (vgl. S. 269) oder an ein sonstiges schlimmes Geschehen erinnern. Näheres, konnte nicht in Erfahrung gebracht werden.

Nur einige hundert Meter weiter, nahe dem Weiler Oed, steht auf der Flur eine Tuffsteinsäule mit Laternenaufsatz aus der 2. Hälfte des 17. Jahrhunderts.

Eine weitere Tuffsteinsäule nahe Ostin steht in der Flur am Niemandsbichl. Dieser barocke Bildstock aus dem Jahr 1712 wird von einem schmiedeeisernen Papstkreuz (Anmerkung 72) gekrönt. Der Grund für ihre Aufstellung ist verloren gegangen.

Der Bildstock in Festenbach

In einen Bildstock in Festenbach, an der Miesbacherstr. 87, der versetzt wurde, sind die Jahreszahl 1756 und die Buchstaben M und O eingemeißelt.

Die Bildtafel, die aus späterer Zeit stammt, zeigt einen stattlichen Bauernhof und ist mit einer Inschrift versehen (Anmerkung 50). Die Säule wird von einem etwas abgeänderten Papstkreuz (Anmerkung 72), hier ist der mittlere, nicht der unterste der drei Querbalken der längste, gekrönt. Woran oder an wen hier erinnert werden soll, konnte nicht in Erfahrung gebracht werden.

Die Tuffsteinsäulen von Dürnbach

In der Miesbacherstraße 11 ist eine alte, stark verwitterte Tuffsteinsäule aus dem 17. Jahrhunderts zu finden, die von 1678 stammt. Auch hier ist der Grund für die Errichtung nicht überliefert. Sie steht auch nicht mehr an ihrem ursprünglichen Platz, denn beim Gehsteigbau im 20. Jahrhundert wurde sie einige Meter versetzt und befindet sich heute auf Privatgrund bei Eisenburg, gegenüber beim „Soldat", dem Hof auf der anderen Straßenseite.

Benno Eisenburg schreibt dazu: *Die Bildausschnitte waren leer, es konnte keine Geschichte dazu gefunden werden.*

Tuffsteinsäule bei Ostin
Neureuthstraße 16, S. 291

Bildstock in Festenbach
Miesbacherstraße 87, S. 292

Bildstock in Dürnbach
Dorfstr, Ecke Graben, S. 294

Tuffsäule in Dürnbach
Miesbacherstr.11, S. 292

Fotos Heinz Schinzel

Von einheimischen Malern (Anmerkung 50) *wurden ein Hl. Michael, ein Hl. Ägidius und eine Muttergottes gemalt und eingesetzt. Heute, 2024, schon sehr verwittert. Bartholomä Zeiß, Soldat in den Türkenkriegen, eröffnete hier 1678 einen Kramerladen. Er ließ vielleicht diese Säule setzen.*

An der Dorfstraße, Ecke am Graben, weist ein Bildstock aus Tuffstein mindestens dreihundert Jahre zurück auf ein Ereignis im Jahr 1723 hin, das heute keiner mehr kennt. Das Bild in der Laterne zeigt die Muttergottes mit Jesuskind, beide gekrönt. Jahreszahl und Bild sind später erneuert worden. (Anmerkung 50)

Der Wunderheiler von Wall

In Wall, zwischen Gmund und dem Taubenberg gelegen, lebte einst ein alter Knecht namens Jackl, dem im ganzen Umkreis übernatürliche Kräfte zugesprochen wurden. Er galt als eine Art Wunderdoktor. Der bescheidene und freundliche Mann war in der Lage, so heißt es, jede Wunde zu heilen und selbst abgetrennte Glieder wieder anwachsen zu lassen.

Einmal hackte ein kleiner Sohn des Heinzenbauern am Holz bei Kaltenbrunn seinem jüngeren Bruder bei einem dummen Spiel, wie es Kinder so manchmal spielen, mit der Holzhacke einen Finger ab, den dieser nicht rechtzeitig vom Hackstock weggezogen hatte.

Die Mutter, auf das ohrenbetäubende Gebrüll des Verletzten sofort herbeigeeilt, legte den abgetrennten Finger auf die Wunde und verband sie mit sauberem Leinen. Der Vater nahm eines der blutbefleckten Stoffstücke, mit denen die Frau versucht hatte die Blutung zu stillen, und ritt damit so schnell er konnte zum Jackl nach Wall und bat ihn um Hilfe. Der band sich das blutbefleckte Stück mit einem wollenen Tuch um die Brust. Nach etwa einer halben Stunde schickte er den Bauern mit dem Spruch „Jetzt ist's trocken. Merk' dir die Zeit!“, nach Hause.

Als der Heinzenbauer dort ankam, lief ihm seine Familie schon freudestrahlend entgegen. Die Mutter erklärte, alles sei wieder gut. Um eine bestimmte Uhrzeit – es stellte sich heraus, dass es genau die von Jackl genannte war – hätte der Kleine gesagt, es täte ihm nicht mehr weh und zu spielen begonnen, als sei nichts geschehen.

Als die Eltern den Verband vom Finger des Buben lösten, war der wieder angewachsen, als sei er nie abgehackt gewesen.

Der Waakirchener Weiher und der Tegernsee

Der Weiher in Krottenthal bei Waakirchen soll der Sage nach unterirdisch mit dem Tegernsee in Verbindung stehen. Als Beweis dafür wurde sein Wasserspiegel angeführt, der sich genau wie der des Tegernsees verhalte: Sinkt dieser dort, so sinkt er in gleichem Maße am Waakircher Weiher, steigt er, so steigt er auch hier um die gleiche Höhe.

Die Pestsäule in Riedern

In Riedern, unmittelbar nach dem Bahnübergang an der Straße Kreuzstraße Richtung Waakirchen, zweigt ein kleiner Weg längs des Bahngleises ab.

Dort steht an der Einfahrt zu dem Biobauernhof eine Bildsäule aus dem 17. Jahrhundert. Sie ist mit einem Papstkreuz (Anmerkung 72) bekrönt. In einer der Bildnischen in der Laterne ist das Antlitz des leidenden, dornengekrönten Christus dargestellt, das aber aus späterer Zeit stammt. (Anmerkung 50)

Der Überlieferung nach handelt es sich hier um eine Pestsäule, wahrscheinlich aus der Zeit des Dreißigjährigen Kriegs.

Pestsäule in Riedern. Tuffsteinsäule in Waakirchen.
Fotos von Heinz Schinzel

Die Tuffsteinsäule in Waakirchen

Am westlichen Ortsrand von Waakirchen steht – auf Privatgrund innerhalb eines Zaunes beim Jägerhaus in der Frauenreiter Straße – eine sehr alte Tuffsteinsäule. Sie stammt aus der 2. Hälfte des 16. Jahrhunderts und war früher mit einem schmiedeeisernen, zweibalkigen Kreuz, einem Patriarchen- oder Erzbischofskreuz (Anmerkung 72) gekrönt. Das Kreuz ist heute zwar noch vorhanden, aber nicht mehr auf der Säule.

In einer der Bildnischen in der Laterne befand sich früher eine Abbildung des Hl. Florian. (Anmerkung 50)

Warum diese Säule einst gesetzt wurde, ob als Grenzstein oder als Martersäule, ist nicht überliefert.

Vom Maibaum und vom Maibaumstehlen in Waakirchen

Das Aufstellen eines Maibaumes ist ein alter Brauch, dessen Ursprünge wahrscheinlich noch in die vorchristliche Zeit zurückreichen. Er war ein Zeichen der Freude, die das Volk darüber empfand, dass der lange, harte Winter endlich vorbei und der ersehnte Frühling ins Land gezogen war. Neben den großen Maibäumen in den Dörfern gab es noch die kleinen, welche die jungen Burschen am 1. Mai ihrer Liebsten vor das Kammerfenster stellten.

Den Maibaum zu besorgen, ist auch heute noch das Vorrecht der Jugend. Die Burschen ziehen in die Wälder und suchen eine hohe, tadellos gewachsene Fichte aus. Nach dem Fällen schälen sie den Stamm bis fast zur Spitze ab. Nur ganz oben lassen sie einige Äste stehen, die dann aussehen wie ein kleines Christbäumchen.

Nun wird der Baum mit Kränzen, bunten Bändern und Girlanden geschmückt. In manchen Orten werden auf kleinen Holzbrettchen oder Stangen zu beiden Seiten des Stammes geschnitzte oder gemalte und ausgesägte Bilder aus dem täglichen Leben eines Dorfes angebracht: Der Bauer mit dem Pflug oder der Handwerker mit dem ihn kennzeichnenden Arbeitsgerät, beispielsweise der Schreiner mit dem Hobel, der Bäcker mit der Breze. Oft sind auch wichtige Gebäude des Ortes als kleine Modelle auf dem Maibaum vertreten, die Kirche, einige Großbauernhöfe, die Schule, das Feuerwehrhaus und natürlich die Gasthäuser.

Der aufgeputzte Baum wird am Morgen des 1. Mai unter großer Anteilnahme der Bevölkerung aufgestellt. Lautstarke „Hau-ruck"-Rufe spornen die Burschen an, die ihn mit Hilfe von Stangen und unter Aufbietung aller Kräfte in die Höhe hebeln. Wenn er endlich steht, ertönt ein begeistertes Geschrei, anschließend geht es ins Wirtshaus, wo nach getaner Arbeit gehörig gefeiert wird. Am späteren Nachmittag findet dann der Maitanz statt. Nicht immer aber geht das Aufstellen eines Maibaumes ohne Unfall ab. So kann man in einem alten Gerichtsprotokoll, das Hans Moser entdeckte, beispielsweise über einen Fall in Rottach am Tegernsee nachlesen:

Balthasar Öttl zu Rottach und Georg Schmitt zum Löxen alda, haben sich wegen des umbgehackten Maypaumbs, wellicher dem Öttl auf das Haußdach gefahlen und die Rinnen verletzt hat, entzwait, der Löx den Öttl einen Schölmen injurirt und mit dem glieenden Eisen yber den Khopff geschlagen, das er den Pader gebrauchen miessen; seindt verglichen worden, dass der Löx 3 und Öttl den 4ten Thail der Straff bezahlen solle...

Ein ebenso häufig geübter Brauch wie das Maibaumaufstellen ist das Maibaumstehlen. Wehe den Burschen, die ihren Maibaum vor dem Aufstellen nicht gehütet haben wie einen Augapfel! Sie können den 1. Mai nicht so fröhlich feiern. Für sie ist er ein Tag der Schmach und Schande, wenn es den jungen Männern eines anderen Ortes gelungen ist, den Maibaum in einer unbewachten Zeit zu stehlen. So wurde den Miesbachern im Jahre 1968 der Maibaum doch tatsächlich aus dem als besonders sicheren Aufbewahrungsort geglaubten Hof des Gefängnisses vom Amtsgericht entführt.

Paul Ernst Rattelmüller, der ehemalige Bezirksheimatpfleger von Oberbayern und einer der besten Kenner von Brauchtum und Sitte in Bayern, schreibt in seinem Buch „Baierisches Brauchtum im Jahreslauf“ über eine Besonderheit beim Maibaumstehlen in Waakirchen:

In Waakirchen, einem Dorf zwischen Tölz und Gmund, hat man zwei Maibäume aufgestellt, nämlich vor den beiden großen Wirtshäusern, und dort war es erlaubt, den stehenden Baum umzuschneiden und zu stehlen, und zwar zwischen dem 1. Mai und dem darauffolgenden Sonntag. War also der 1. Mai ein Samstag, dann haben die Waakirchener Burschen diesen Baum nur eine Nacht bewachen brauchen, war der 1. Mai aber ein Montag, dann haben sie die ganze Woche auf ihren Baum aufpassen müssen.

Manchmal kommt es zwischen den Bewachern eines Maibaumes und den Dieben zu einer handfesten Rauferei, aber das ist eigentlich ein Missbrauch des alten Brauches, denn wenn die Burschen eines Ortes ihren Baum ordnungsgemäß bewachen, darf ihnen eine Übermacht aus dem anderen Dorf diesen nicht mit Gewalt wegnehmen. Gelingt es jedoch den jungen Männern einen Maibaum aus einem der Nachbardörfer in einer unbewachten Zeit zu stehlen, so müssen die Bestohlenen, sobald sie erfahren haben, wo sich ihr Baum befindet, kommen und ihn abholen.

Unter Spottreden und Hohngelächter müssen sie ihn dann bei den erfolgreichen Dieben mit der von denen geforderten Biermenge wieder auslösen. Meist wird das flüssige Lösegeld aber von den Burschen beider beteiligter Parteien gemeinsam getrunken und alles löst sich in Wohlgefallen auf.

Das unheimliche Moorweiblein vom Lettenweiher

Rechts neben der Straße von Gmund nach Tölz lag früher das Lettenholz. Das moorige Waldgebiet galt von jeher als unheimlicher Ort, wegen der Irrlichter, die über den Wasserlöchern dort zu sehen waren, und auch wegen der Holz- oder Moorweiblein, die der Sage nach darin hausten. (Anmerkung 44)

Es ist sicher schon weit mehr als hundert Jahre her, da fuhr einmal der Kupferschmied Weber aus Tölz, der mit seiner Tochter auf dem Tegernseer Markt gewesen war, noch am Abend in seinen Heimatort zurück. Es war schon spät, die Dämmerung senkte sich schon über das Land und über die sumpfigen Stellen rechts und links vom Weg.

Als sie am damals noch bestehenden Lettenholz und am Lettenweiher vorüberkamen, fing plötzlich der Hund, den sie dabeihatten, jämmerlich zu winseln an und drückte sich ängstlich an seinen Herrn. Auch diesem wurde ganz unheimlich zumute und als er um sich schaute, um die Ursache zu ergründen, erblickte er im Lettenweiher eine seltsame Frauengestalt, die ganz von Nebel umwoben war. Sie stand bis zur Hüfte im Wasser und trug einen Strohhut auf dem Kopf und einen Rechen in der Hand, so, als käme sie eben vom Heuen auf einer sonnigen Wiese.

„Schnell weiter", drängte da der Kupferschmied erschrocken und sagte zu seiner Tochter, „schau ja nicht um!"

Rasch, mit unerklärlicher Angst im Herzen, verließen sie den unheimlichen Ort und waren froh, als sie endlich glücklich und ohne Schaden genommen zu haben, daheim angelangt waren.

Wie es heißt, war die gespenstische Erscheinung im Wasser ein Moorweiblein gewesen, die oft von der Wilden Jagd verfolgt wurden und daher, obwohl selbst harmlos, nach dem Glauben der Leute eine Gefahr darstellten.

Der verwegene Wilderer Hans „Lampl"

Ein ganz berüchtigter Wilderer, von dem man sogar meinte, dass er mit dem Teufel im Bunde sei, war der Lampl von Reichersbeuern. Den Spitznamen „Lampl" oder „Lampi" soll er schon von Kindheit an wegen seiner lockigen Haarpracht gehabt haben.

Verwegen bis zur Tollkühnheit und mit scheinbar übernatürlichen Kräften ausgestattet, gelang es ihm immer wieder, den Jägern zu entwischen, auch wenn sie ihn schon sicher zu haben glaubten.

Einmal war er auf dem Leonhardstein bei Kreuth von Verfolgern umringt und an die senkrecht abfallende Felswand zurückgedrängt worden. Doch auch in dieser ausweglosen Situation ergab er sich nicht, er drehte sich um und sprang in den Abgrund hinab.

Als die Jäger zutiefst betroffen, denn den Tod des Mannes hatten sie nicht gewollt, an den Rand traten und ein „O Herr, gib ihm die ewige Ruhe!" beteten, antwortete ihnen aus der Tiefe eine spöttische Stimme: „Na, den Gefallen tut Er ihm no net!"

Wohl eilten die gefoppten Jäger daraufhin so schnell sie konnten vom Berg herunter, zum Richter nach Tegernsee und mit diesem nach Reichersbeuern, aber dort konnten sie den Lampl nicht verhaften, denn er war bereits vor ihnen zurück gewesen.

Der neue Stutzen. Zeichnung von Karl Haider um 1879

Und so trafen sie ihn ohne geschwärztes Gesicht und wie er ganz unschuldig vor seinem Hof Mist auf einen Wagen lud, wie es eben ein redlicher und arbeitsamer Bauer so macht.

Zähneknirschend vor Wut mussten sie unverrichteter Dinge wieder abziehen, weil sie ihm nichts nachweisen konnten.

Wie noch erzählt wird, war der Lampl vom Leonhardstein aus nicht in die Tiefe hinab, sondern mit großem Geschick nur in den Wipfel einer riesigen Tanne gesprungen, hatte sich dort festgehalten, war dann daran hinuntergeklettert und auf dem schnellsten Weg, quer durch Wald und Gebirge nach Reichersbeuern zurückgelaufen, so dass er es geschafft hatte, vor der Obrigkeit zurück zu sein.

Johann Burger, so hieß der „Lampl" mit bürgerlichem Namen, verbrachte die letzte Zeit seines Lebens in Gmund, starb in den

90er Jahren des 19. Jahrhunderts und wurde auf dem alten Friedhof in Gmund begraben. So steht auf seinem Grab geschrieben:

Hier ruht seit den 90er Jahren
Johann Burger
bekannt als der Wild-
schütz Lampl von
Reichersbeuern

Der Lexenkasper

Einer der bekanntesten Wildschützen seiner Zeit war Caspar Haslinger, „Lexenkasper" genannt. Er wurde am 30. Juni 1858 in Gaißach geboren. Als junger Mann wurde er vom Jagdfieber gepackt und er wollte oder konnte nicht einsehen, dass das Wild nur für Adelige, Geldleute oder andere im Leben bevorzugte Menschen da sein sollte, und ging unverdrossen in verbotenen Revieren auf die Pirsch. Dabei gelang es ihm immer wieder den Revierjägern zu entwischen.

Einmal aber, am 1. Dezember 1883, als er gerade mit einem Freund am Tegernsee im Jagdgebiet von Herzog Karl Theodor wilderte, stellte ihn der Jagdgehilfe Hansei Scheidter und brannte ihm ohne langes Federlesens eine Ladung Schrot auf die Brust und ins Gesicht.

Der Lexenkasper nahm schleunigst Reißaus und zog sich in einen Schlupfwinkel zurück. Dort versteckte er sich lange Zeit, denn mit seinem von Schrotkugeln zernarbten Gesicht konnte er sich nicht gut blicken lassen, das wäre einem Schuldeingeständnis gleichgekommen.

Aber die Lenggrieser Gendarmen fanden ihn schließlich doch. Er wurde vor Gericht gestellt und im Jahre 1884 zu zwei Jahren Haft verurteilt. Kaum, dass der Wilderer wieder in Freiheit war, wurde kurz darauf der Gendarm Neuner während einer Nachtpatrouille erschossen. Der Mordverdacht fiel, unter anderen in Frage kommenden Personen, auch auf den Lexenkasper und er wurde erneut verhaftet. Es konnte ihm jedoch nichts nachgewiesen werden, und so kam er wieder auf freien Fuß.

Nun konnte der Lexenkasper aber nicht mehr in Bayern bleiben und musste nach Amerika auswandern, denn er war für vogelfrei (Anmerkung 142) erklärt worden.

Seine Nichte Elisabeth, die spätere Hoferbin, erzählte, dass sie sich noch gut daran erinnern könne, wie ihre Mutter, heimlich und in der Dunkelheit, dem Schwager oder einem von ihm gesandten Mittelsmann im nahen Waschhaus das Heiratsgut ausgehändigt habe. Dann habe der Lexenkaspar sich mit einer Kutsche auf den Weg nach Venedig gemacht, um sich dort einzuschiffen.

Das letzte Mal in seinem Leben soll ihn ein Bekannter in Innsbruck mit „Lexenkasper“ angesprochen haben.

„Casper Hirschmann" nannte er sich von nun an.

Wie es ihm in der Neuen Welt ergangen ist, darüber weiß man nicht viel. Er hat geheiratet und sich in der Fremde, trotz großem Heimweh, eine neue Existenz aufgebaut.

In dem Text auf seinem Sterbebild, das in seine alte Heimat gesandt wurde, sind Frau und Kinder erwähnt. Dort stehen auch seine Lebensdaten (Anmerkung 141):

Christliche Erinnerung
an Herrn
Casper Hirschmann
welcher, geboren zu Gaisbach bei Tölz, Oberbayern, am 30. Juni 1858, nach langem, schmerzlichem, mit Geduld ertragenem Leiden und Empfang der heil. Sterbesakramente zu Terre Haute Indiana, Nordamerika, am 19. Juli 1921 sanft im Herrn verschied.
Er ruhe in Frieden!

Fotografie vom „Lexenkasper“. (Privatbesitz)

Das Oberländerdenkmal in Waakirchen

Drei Orte in Oberbayern nehmen für sich in Anspruch, dass der legendäre Anführer des Bayernheeres, das Weihnachten 1705 so heldenhaft vor dem Sendlinger Tor Münchens für die Befreiung der Heimat von fremder Besatzung kämpfte, und von dem die Überlieferung behauptet, er sei Schmied gewesen, aus ihrer Gemeinde stamme: Kochel, Waakirchen und Holzolling.

Balthasar Mayer, geboren am 6. Januar 1644 in Waakirchen, soll dieser Anführer gewesen sein, so wird in Waakirchen erzählt. Das ist aber historisch nicht belegbar, denn Mayer war weder Schmied noch ist nachgewiesen, dass er an der Schlacht teilgenommen hat. In Kochel gibt es um die fragliche Zeit keinen Schmied, der Balthasar hieß. Nur Balthasar Riesenhuber von Holzolling (Anmerkung 73), ist möglicherweise der echte „Schmied von Kochel".

Manche Historiker halten den berühmten „Schmied von Kochel" überhaupt für eine Sagengestalt (Anmerkung 143), die erfunden wurde, um die fürchterliche Niederlage vor den Toren Münchens für die Verlierer etwas erträglicher zu machen.

Das Oberländerdenkmal – der Name Oberländer kommt von „Bayerisches Oberland", in dem der Aufstand der Bauern seinen Anfang nahm – in Waakirchen, stellt einen mächtigen Löwen dar – das Wappentier Bayerns –, der mit seinen vorderen Pranken die bayerische Fahne, die vor ihm liegt, hält. Der Löwe aus Messingguss sitzt auf einem monumentalen viereckigen Steinsockel. Er blickt nach Norden, in Richtung München, wo vor dem Sendlinger Tor die Schlacht stattgefunden hat.

Die Reliefs auf den vier Seiten des Sockels, von dem Bildhauer Anton Kaindl kunstvoll gestaltet, zeigen Szenen aus dem furchtbaren Gemetzel, das nur wenige der Oberländer überlebten (Anmerkung 144). Auch Waakirchen hatte 34 Männer als gefallen zu beklagen.

Der Löwe am Oberländerdenkmal in Waakirchen.
Foto von Heinz Schinzel

Das Denkmal wurde am 20. August 1905, fast 200 Jahre nach der sogenannten „Sendlinger Mordweihnacht“, in Anwesenheit von S.K.H. Prinz Ludwig von Bayern, von zahlreichen Honoratioren und Ehrengästen, sowie tausenden von begeisterten Zuschauern feierlich enthüllt.

Es steht symbolisch auch für die Gebirgsschützen, die hier jedes Jahr am 24. Dezember eine Gedenkfeier für die Gefallenen der Bauernschlacht abhalten.

Das schwarze Kreuz und das Haberermarterl

Mitten im Zellerwald steht an dem Weg, der von Dietramszell über Maria Elend weiter nach Kloster Reutberg führt, an einem kleinen Seitenweg ein schlichtes schwarzes Kreuz. Schon sehr lange wird diese Stelle im Wald von einem Kreuz markiert. Manche behaupten, es gehe bis auf die Pestzeit zurück.

Einst verwüstete ein verheerender Brand den Zellerwald. Am schwarzen Kreuz kam er endlich zum Stillstand. Das Kreuz, das gewissermaßen das Feuer aufgehalten hatte, wurde am Querbalken noch angesengt, blieb aber stehen. Vor etlichen Jahren wurde das ursprüngliche schwarze Kreuz durch ein neues, aber ebenso schlicht gehaltenes Kreuz ersetzt, weil es schon ganz morsch war.

Hier sollen sich im Jahre 1886 die Haberer getroffen haben, um ein Haberfeldtreiben in diesem Gebiet vorzubereiten, wie in „Holzkirchen, Markt zwischen München und Gebirg" zu lesen ist (Anmerkung 145). Das eigentliche Haberermarterl aber steht zwanzig Meter vom schwarzen Kreuz entfernt. Dort wurden früher die Haberer „eingeschworen". Auf dem Haberermarterl im Zellerwald ist dargestellt, wie ein neues Mitglied den Schwur ablegt. Dieses „Einschwören" soll im Jahre 1886 zum letzten Mal dort stattgefunden haben.

Das kopflose Gespenst im Schupfloch

Der Sigritz aus Reichersbeuern, der im 19. Jahrhundert lebte, soll, so heißt es, in „Grundstücksmauscheleien" verwickelt gewesen sein und Grenzsteine versetzt haben (Anmerkung 31). Wie viele andere Grenzfrevler, deren Untaten zu Lebzeiten nicht ans Tageslicht gekommen waren, musste er zur Strafe nach seinem Tod umgehen. Noch heute, so wird berichtet, treibt er im „Schupfloch" (heute Fuchsloch?), das zwischen Reichersbeuern und Waakirchen liegt, rechter Hand, wenn man von Waakirchen her kommt, sein Unwesen. Der Unheimliche geht mit dem Kopf unter dem Arm um. Statt des Kopfes hat er ein Brett voll Moos auf dem Hals.

Freikirchl beim Raßhof in Hirschstätt.
Foto von Heinz Schinzel

Das Freikirchl in Hirschstätt

Um das Jahr 1650, nicht lange nach Beendigung des Dreißigjährigen Krieges, wurde das achteckige Freikirchl bei Hirschstätt, nahe Schaftlach, errichtet und dem Hl. Silvester gewidmet. Den Namen hat es von dem Anwesen „zum Frei", das ganz in der Nähe steht, es gehört aber als Privatbesitz zum Raßhof.

Der Hl. Silvester war zurzeit von Konstantin dem Großen, Papst von 314-335. Der Legende nach, soll er dessen Mutter Helena zum Christentum bekehrt haben und später auch Konstantin selbst, indem er ihn davon überzeugte, dass nicht ein Bad im Blut von 3000 Kindern, sondern die christliche Taufe ihn heilen werde. Silvester war der erste christliche Papst, der nicht den Märtyrertod starb.

Aus welchem Anliegen die schöne Kapelle dort, außerhalb des Ortes, gebaut wurde, ob aus Dankbarkeit für die Beendigung des Krieges, als Pestkapelle oder wegen eines Gelübdes, ist nicht bekannt. Einmal jedes Jahr wird hierher vom Dorf aus der „Kreuzritt" durchgeführt. Anschließend findet bei der Kapelle ein Feldgottesdienst statt.

Die Tuffsteinsäule bei Hirschstätt

Nahe beim Freikirchl steht eine uralte Tuffsteinsäule, wie es heißt, aus der 2. Hälfte das 16. Jahrhunderts. Die darin befindliche Bildtafel zeigt wahrscheinlich den Hl. Florian, die Farbe ist aber schon ziemlich verblasst. Sie ist aber aus viel späterer Zeit (Anmerkung 50). Warum die Säule einst errichtet wurde, ist nicht überliefert worden. Möglicherweise handelt es sich um eine Grenz- oder eine Pestsäule.

Die Pestsäule von Großhartpenning

Eine Pestsäule aus dem 17. Jahrhundert mit 4 Bildnischen, in denen sich drei Steinreliefs befinden, steht in Großhartpenning, Moosstraße 4. Sie erinnert an die schrecklichen Pestjahre 1632-34, in denen der Schwarze Tod viele Menschen dahinraffte. Die Bilder zeigen in der Mitte den Hl. Georg, rechts den Hl. Josef, links die Muttergottes mit Kind, die vierte Nische ist leer. (Anmerkung 50)

Tuffsteinsäule Hirschstätt. Pestsäule Großhartpenning.
Fotos von Heinz Schinzel

Der Schaftlacher und der Pakt mit dem Teufel

In Schaftlach lebte zu Beginn des 19. Jahrhunderts ein Mann, der von Beruf Zundersammler war. Er suchte im Wald diese Pilze (Anmerkung 146), die zur damaligen Zeit – wie heute Streichhölzer – zum Feuermachen benutzt wurden. Er wurde daher überall nur der „Zundelmelcher“ genannt. Dieser, so erzählt die Sage, verschrieb einst seine Seele dem Teufel. Willibald Schmidt berichtet 1936 aus alten Quellen wie es dazu kam:

Im Wald stand plötzlich einmal ein Jäger in grüner Tracht neben ihm, und weil der Melcher ein großer Raufer war und gern über einen jeden Herr geworden wäre, versprach ihm der Grüne dabei seine Hilfe. Aber nach zwölf Jahren müsse der Melcher ihm gehö-

ren; auch dürfe er nicht in die Kirche gehen und auf Ostern nicht zum Beichten.

Der Melcher merkte jetzt, mit wem er es zu tun hatte, aber er konnte nicht nein sagen und verschrieb dem andern seine Seele. Er ging auch nicht mehr in die Kirche oder zum Beichten. Alle Jahr wallfahrtete er nach Altötting. Jedes Mal ging dabei der Schwarze an seiner Seite. Beim Raufen konnte seitdem keiner mehr dem Zundelmelcher an und er warf die stärksten Burschen. Wie nun die Zeit um war, sagte der Melcher: „Nächstens holt mich der Ander".

Denselben Tag, an dem er vor zwölf Jahren den Pakt mit dem Teufel unterschrieben hatte, ging er schon in aller Frühe in den Wald hinaus. Da begegneten ihm Dirnen vom Dorf, die mit dem Milchsechter auf dem Kopf von der Weide hereinkamen. Der Melcher war ganz giftig vor Verzweiflung und schlug ihnen mit dem Zundelstecken die Milchsechter vom Kopf.

Gegen den Abend kam er wieder ins Dorf und sprach bei einem Bauern um eine Pfeife Tabak zu. Im Haus war gerade der älteste Bub von den Soldaten auf Urlaub daheim. Zu dem sagte der Melcher: „Setz dich auf meinen Daumen, dann wirf ich dich, dass du zum Fenster hinaus und draußen über den Bretterhaufen fliegst!"

„Ist recht", sagte der Soldat, „ich will mich darauf setzen im Namen der Allerheiligsten Dreifaltigkeit."

Da hatte der Melcher keine Macht mehr über ihn.

Wie dann der Teufel sich meldete und anfing zu lärmen, schickten die Leute schnell auf Gmund um den Pater Columban, einen Tegernseer Herrn. Auch vor dem Pater blieb der Zundelmann bei seiner Rede: „Heute Nacht holt mich der Teufel. Da ist nichts mehr zu machen."

„Wo hast du den geschriebenen Pakt?" fragte der geistliche Herr. „Den hat mein Weib, die ist heut beim Müller in Reutberg im Bettel."

Der Pater schickte ein paar furchtlose Männer fort auf Reutberg und gab ihnen die Kreuzpartikel mit.

„Ihr braucht euch vor gar nichts zu fürchten, es kann euch nichts an!" rief er ihnen noch nach. Derweil sprengte der Pater

Weihwasser und betete in einem fort lateinisch. Wie die Männer durch den Wald auf Reutberg zu gingen, fing der Wind grausig an zu stürmen, die Bäume krachten und bogen sich, als wollten sie über ihnen zusammenbrechen. Sie kamen aber glücklich im Müllerhaus an und fanden auch die Zunderrosl. Sie nahmen ihr den Brief ab und brachten ihn schwitzend und schnaufend dem Pater.

Der benedizierte fleißig fort, und weil es schon recht spät geworden war, fragte er ganz leise den Meßner, wieviel es ist.

„Zwölfe Ganze!" schrie der Melcher, weil er es dennoch verstanden hatte. Aber die Stunde verging ohne Schaden und der Teufel verschwand. Den Gegenbrief mit der Unterschrift des Melcher ließ er zurück. Der jährliche Bittgang auf Altötting hat dem Zundelmelcher Leib und Seele gerettet.

Das Timotheus-Kreuz bei Einhaus

Beim Feldschuster, nahe Einhaus, in der Gemeinde Warngau, steht ein Steinkreuz in Kleeblattform aus dem 16. Jahrhundert, daneben ein kurzer Steinpflock, beide aus dem Jahr 1562. Damals wurden in Bayern erstmalig Landvermessungen durchgeführt und Karten dazu angefertigt. Philipp Apian, der Begründer der Bayerischen Kartographie, war zusammen mit seinem Bruder Timotheus daran als Vermesser und Kartograph beteiligt. Wie seit Jahrhunderten überliefert wird, ist an dieser Stelle Timotheus während der Arbeiten vom Pferd gestürzt und dabei ums Leben gekommen.

Günther Koch, Vermessungsdirektor a. D. (20 Jahre lang Leiter der Topographischen Kartographie von 1985-2005) schreibt dazu:

An dieser Stelle verunglückte Timotheus Apian am 10. September 1562 tödlich bei einem Sturz vom Pferd. Er starb im Dienst der ersten topographischen Landesaufnahme für eine genaue Landkarte von Bayern. Den Auftrag dazu hatte Herzog Albrecht V. Philipp Apian, einem Bruder von Timotheus, erteilt. Philipp würdigte einige Jahre später die Mitarbeit seines Bruders, indem er in seiner Bayerischen Landtafel Nummer 22 an der Unglücksstelle beim Weiler Ainhaus ein Kreuz mit einem kleinen „Beipflock" einzeichnete (Bild S. 314) *und in seiner lateinischen Landesbeschreibung „Declaratio tabulae sive descriptionis Bavariae a Phil. Apiano confectae et editae." schrieb: „Ainhaus villa; ibi frater Timotheus cum equo decidens, + 1562". Übersetzung: Hier beim Weiler Ainhaus starb mein Bruder Timotheus nach einem Sturz vom Pferd im Jahre 1562. Mit dieser Textstelle ist die Bezeichnung Timotheuskreuz für das Steinkreuz beim Weiler Feldschuster zuverlässig begründet.*

Timotheuskreuz beim Feldschuster.
Foto von Heinz Schinzel

Zur Bedeutung des daneben stehenden Steinmals äußerte sich Philipp Apian in seiner „Declaratio" nicht. Übereinstimmende Gesteinsart und Verwitterungsgrad berechtigen zur Annahme gleicher Datierung. Es kann ausgeschlossen werden, dass das Steinmal ein später gesetzter Grenzstein ist, weil an dieser Stelle weder eine Grundstücks- noch eine Verwaltungsgrenze je verlief.

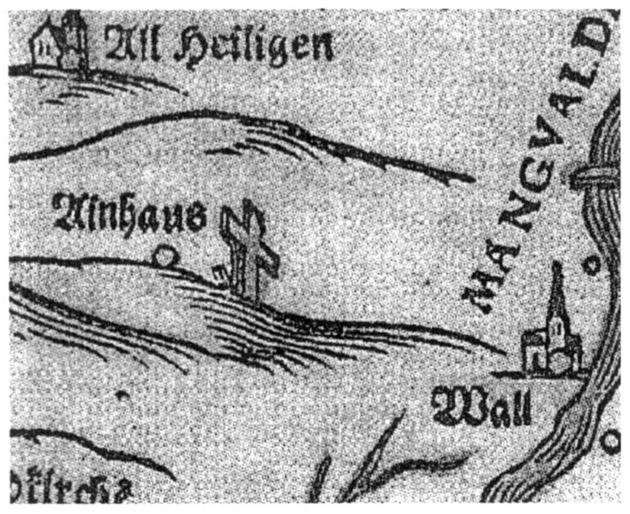

Apian: Bayerische Landtafel 22 aus dem Jahr 1568.
Ausschnitt mit Timotheuskreuz und Steinmal

Philipp Apian war Universitätsprofessor für Mathematik, Kosmographie und Astronomie, sowie Doktor der Medizin an den Universitäten in Ingolstadt und Tübingen. Er war einer der führenden Kartographen im 16. Jahrhundert. (Anmerkung 147)

Die Bildstöcke bei Warngau-Thalham

Ein Bildstock aus dem 16. oder 17. Jahrhundert, in dessen tiefer Bildnische eine Muttergottesfigur mit Kind steht, ist ebenfalls bei Warngau zu finden. Auf dem Säulenschaft ist noch ein erhabenes Kreuz zu erkennen. Ebenfalls in Thalham gibt es einen sehr kompakten Bildstock aus dem 16. Jahrhundert mit vier Bildnischen, in denen Bildtafeln (aus späterer Zeit) zu sehen sind.

Es ist nicht überliefert, warum die Bildstöcke errichtet wurden.

Der Hackensee bei Kleinhartpenning

Dieser See in der „Teufelsgrube“ bei Kleinhartpenning nahe Holzkirchen gilt wie der Längensee bei Sachsenkam oder der Urdelbach bei Schliersee als „Urdel- oder Hungersee“ (Anmerkung 104), das heißt als Künder guter oder schlechter Ernten.

„Wenn der Hackensee bei Holzkirch austrocknet, wie im Winter und Frühjahr 1856, dann, geht die Prophezeiung, wird das Getreide wohlfeiler. Früher verließ man sich förmlich auf dieses Wasser.“ schreibt J. Sepp 1876.

Der Hackenmann im Hackensee

Im Hackensee bei Hartpenning soll in früheren Zeiten ein unheimlicher Wassergeist sein Unwesen getrieben haben, der Hackenmann. Wie es heißt, zog er seine Opfer mit einem langen Haken ins Wasser und hielt sie dort fest, bis sie ertrunken waren (Anmerkung 148). Damals brachte man unfolgsame Kinder der Umgebung mit dem Spruch „wenn du net brav bist, schrei' ich dem Hackenmann“ in der Regel rasch dazu, ihre Widerspenstigkeit aufzugeben und sich schlagartig in kleine Engel zu verwandeln.

Die Geister am Helstein bei Hartpenning

Bei Hartpenning soll in früheren Zeiten eine besonders unheimliche Stelle gewesen sein, über die 1876 J. Sepp berichtet:

Bei Hartpenning liegt der Helstein, wo einst ein Kloster stand, aber versunken ist, nachdem zwei einen Schatz geteilt, die Sehende aber mit dem umgekehrten Metzen beim Abmessen des Geldes die Blinde hintergangen hat. Das jüngere Geschlecht weiß es nicht mehr recht, denn die Sage verschwindet mit der Eröffnung des Steinbruches, wodurch die Felsenpartie an einem Wässerlein allmälig verschwindet. Der Helstein schließt oder schloss eine große unheimliche Höhle ein, von welcher nach außen nur die Öffnung oder ein Gang sichtbar war. Da drinnen geisterte es, und selbst Männer, wie der Wirt, erklärten, sie getrauten sich nicht hinein. Es erschien immer eine Jungfrau (angeblich sogar zu Pferd?) mit dem Hunde, offenbar Hel, die Totengöttin (Anmerkung 149) *und der Ort mochte für einen Aufenthalt der Unterirdischen gelten.*

In dieser Sage hat sich offenbar ein Stück des germanischen Götterglaubens über Jahrhunderte hinweg erhalten.

Das Frauenbergl bei Sufferloh

Auf dem Frauenbergl bei Sufferloh steht eine Kapelle, die der Gottesmutter geweiht ist. Der Sage nach sollen die Bewohner der umliegenden Orte hier früher Flachs geopfert haben, der dann jeweils von drei geheimnisvollen Frauen abgeholt worden sei. Ob sich hier germanische Glaubensinhalte – von den Nornen (Schicksalsgöttinen) – über Jahrhunderte hinweg erhalten konnten oder ob der Name „Frauenbergl“ auf die Gottesmutter Maria zurückzuführen ist, bleibt dahingestellt.

Das Marterl bei Thannseidl

Ein Tuffsteinkreuz in barocker Form (Kleeblatt) am Kleinfeld bei Thannseidl kennzeichnet die Stelle, an der ein Bauer aus Großhartpenning im 18. Jahrhundert so schwer verunglückte, dass er zu Tode kam.

Die Bildtafeln in den Nischen der Laterne sind teilweise verschwunden oder verblasst, Sie wurden später (Anmerkung 50) erneuert. Darauf stand geschrieben:

An dieser Stelle verunglückte
Josef Gollhofer, gewesener Hütt
von Großhartpenning
am 16. Okt. 1779

Marterl bei Thannseidl. Foto von Heinz Schinzel

Die Sufferloher Bauern und der Kälberzehent

Das Dorf Sufferloh bei Holzkirchen war einst eine Freiung. Nach einem Erlass des Herzogs von Bayern zu Beginn des 15. Jahrhunderts, dem sog. Barbara-Benefizium, brauchten die Bewohner keinen Grundherrenzehent an den Abt von Tegernsee leisten wie alle Klosteruntertanen ringsum.

Auch durfte niemand auf dem Hoheitsgebiet des Ortes von einem Schergen gefangengenommen werden. Wenn es einem Verfolgten gelang, die Freiung zu erreichen oder wenigsten seinen Hut über die Einfriedung des Dorfes zu werfen, bevor die Häscher ihn schnappten, dann mussten diese ihn, wenn auch zähneknirschend, freigeben, so verlangte es das alte Recht.

Einst aber hielt sich ein Abt des Klosters Tegernsee nicht an die überkommenen Rechte der Sufferloher Bauern und zwang sie mit Gewalt, den Kälberzehent zu entrichten. Er forderte das erste Kalb eines jeden Bauern und das jedes Jahr, ohne Rücksicht auf das Barbara-Benefizium. Zur Strafe für diesen Rechtsbruch wurde er nach seinem Tod, so heißt es, in einer feurigen Kutsche entführt, wohin, das kann sich wohl jeder denken.

Die erzwungene Fahrt um den Misthaufen

Mit etwas weniger höllischen Mitteln wie in der vorherigen Geschichte wurde der Abt, der den Sufferloher Bauern den Kälberzehent aufgezwungen hatte, in einer anderen Version dieser Sage bestraft, die Willibald Schmidt 1936 so erzählt:

Eines Tages fuhr der Abt von Tegernsee mit seinem Klosterrichter nach Holzkirchen, wo sie von den Untertanen die Gilten und Zinsen einsammelten. Wie sie wieder heimwollten, war es schon finstere Nacht.

Da fuhren sie ins Stumbecker Feld hinein, wo ein großer Dunghaufen lag. Der Kutscher gab den Rossen die Peitsche und hieb drein, was er nur konnte; schnaufend flogen sie dahin, dass ihnen der Schaum vor den Mäulern stand und der Dampf von ihnen ging.

„Ich meine, wir könnten schon bald in Kreuth sein", fuderte und schimpfte der Prälat, und noch kamen sie nicht in Tegernsee an. Als endlich der Tag graute, hörten sie in Holzkirchen das Gebet läuten; und jetzt kannten sie sich erst aus, dass sie die ganze Nacht um den Misthaufen herumgefahren waren.

Bei dieser Sage wird auch der Glaube der Leute in früheren Zeiten deutlich, die es für gefährlich ansahen, nach dem Gebetläuten am Abend noch unterwegs zu sein, weil dann allerlei böse Mächte Gewalt über die Menschen bekämen und diese so lange ausüben könnten, bis das Gebetläuten am Morgen erklingen würde.

Karl der Große in Holzkirchen

Der Sage nach, soll sich Karl der Große um das Jahr 800 n. Chr. auf dem Kogel bei Holzkirchen in einer Wagenburg aufgehalten haben. Dies wird in mündlicher Überlieferung über Jahrhunderte hindurch behauptet. Der ungewöhnliche Name des nahe gelegenen Ortes Marschall, was „Marstall" bedeutet (Anmerkung 150), soll dies belegen.

Die Räuber von Marschall

In den ausgedehnten und unwegsamen Wäldern zwischen Dietramszell, Sachsenkam und Holzkirchen hielten sich in früheren Zeiten oft Räuber auf. Besonders berüchtigt war Mitte des 19. Jahrhunderts die Haberlbande, beheimatet in Marschall bei Holzkirchen, die besonders in den Jahren 1837-1842 im ganzen Oberland ihr Unwesen trieb. Damals wurde der Spruch bekannt:

Wen d' Arbat net gfreit,
wer an Deifi net scheit,
der geht zu de Haberl,
der Haberl braucht Leit!

Zu der Bande gehörte ihr Anführer Simon Nonnenmacher, sein Vater, der „Haberlbauer“ von Marschall, Simons Bruder Niklas und auch seine Schwestern Amelie, Regina und Therese. Ihnen hatten sich andere Verwandte und etliche zwielichtige Gestalten angeschlossen, die häufig schon von der Justiz gesucht wurden.

Warum eine ganze Familie, die einen Bauernhof, Vieh und Acker besaß und eigentlich gut davon hätte leben können, in diese Verbrecherszene abrutschte, ist nicht bekannt.

Die Räuber verübten ihre Überfälle sogar am helllichten Tag, meist an Sonn- und Feiertagen zur Zeit der Frühmesse, wenn die Bauern in der Kirche waren.

Die Bewohner der Gegend hatten mehr Angst vor den Banditen, die keine Skrupel kannten, einen Bauernhof anzuzünden, wenn sie glaubten von dessen Besitzer angezeigt oder verraten worden zu sein, als vor den Gendarmen. So blieben die Räuber lange unbehelligt. Ihre geraubten Schätze vergruben sie im Haberlhof in Marschall.

Aber nicht alle Schandtaten, die ihnen zugeschrieben wurden, hatten sie auch wirklich begangen. Andere Verbrecher schoben ihre eigenen Missetaten oft der Haberlbande in die Schuhe, wie etwa derjenige, der in der Kirche von Sachsenkam, wo einer Marienstatue eine kostbare Perlenkette gestohlen worden war, einen Zettel hinterließ, auf dem geschrieben war:

I bin der Haberl Simmerl
a Geld hab' i nimmer!
unsere Frau „Maria“ braucht koa Geld
aba i muaß leb'n auf dera Welt“

Dieser Diebstahl entsprach allerdings in keiner Weise der Art, wie die Haberbande vorging und ist wohl auch nicht von ihr begangen worden, ebenso wenig wie zahlreiche Opferstockaufbrüche, die ihr zugeschrieben wurden.

Mehrmals wurde der „Haberl Simmerl", wie er überall genannt wurde, verhaftet, doch es gelang ihm immer wieder die Flucht, sowohl aus dem Gefängnis in Miesbach wie auch aus dem von Reichenhall. Darum galt er als „Ausbrecherkönig". Am 25. November 1839 wurde bei Freising der Gendarmerie-Brigadier Schmid von Unbekannten durch einen Kopfschuss ermordet.

Die Tat wurde der Haberlbande zugeschrieben, worauf knapp zwei Wochen später, am 7. Dezember, Simon und Niklas Nonnenmacher und ein anderes Mitglied ihrer Bande, Lorenz Strengl, nahe Bayrisch Zell unter Mithilfe von dreißig Bauern festgenommen werden konnten.

Nach einem Lokaltermin in Tirol, im Juni des Jahres 1842, gelang dem Räuberhauptmann aber auf dem Rückweg abermals die Flucht. Als bei Zorneding die Pferde des Gefangenentransportwagens gewechselt werden mussten, bemächtigte er sich, in einem unbewachten Augenblick – trotz seiner mit Eisenketten gefesselten Hände – der Zügel und raste mit dem Gespann uneinholbar davon.

Später fand man im Parsdorfer Wald den Wagen und eines der Zugpferde, daneben einen scharfkantigen, blutigen Stein mit Hautfetzen daran. Mit dessen Hilfe hatte der Flüchtige sich seiner Fessel entledigt und war auf einem der beiden Pferde davongeritten.

Erst einen Monat später, am Nachmittag des 29. Juli 1842, konnte er nach einer großangelegten Verbrecherjagd auf ihn und seine Bande, bei der er sich als Letzter von allen noch auf freiem Fuß befand, bei Kloster Reutberg zwischen der Winkelfilzen und „am Dorn" trotz heftigster Gegenwehr von dem Gendarm Adam Frieser und seinen Kollegen festgenommen werden.

Zu einem Geständnis war der „Haberl Simmerl" lange nicht bereit.

Einige der Verbrechen konnten ihm jedoch durch Funde von Schmuck, Uhren, Münzen und dergleichen Beutestücken mehr, die im Anwesen der Haberlfamilie – etwa „drey Schuh" (ca. 90 cm)

Bauern im Gebirge.
Zeichnung aus „Gartenlaube" von 1870

tief vergraben – entdeckt worden waren und eindeutig verschiedenen Raubzügen zugeordnet werden konnten, nachgewiesen werden.

Zu welchen Strafen er und seine Mittäter verurteilt wurden, welche Missetaten ihnen noch im Einzelnen nachgewiesen werden konnten, ist nicht bekannt, denn das Urteil ist in den Polizei- und Gerichts-Akten nicht mehr auffindbar.

Der Schatz des Geizhalses von Holzkirchen

In Holzkirchen lebte einst ein Bauer, der war so geizig, dass er das Geld mehr liebte als seine eigene Seele. Jahr und Tag trug er die gleichen abgeschabten und geflickten Kleider, obwohl er so reich war, dass er sich jeden Tag einen neuen Anzug hätte kaufen können. Immer und überall redete er nur über Geld und jammerte darüber, wie teuer alles wäre.

Jeden Mittag, auch an hohen Festtagen, gab es für alle Hausbewohner nur eine dünne Wassersuppe und altes Brot oder Kartoffeln zu essen. Kam ein fremder Wandersmann auf den Hof, um ein wenig auszuruhen und sich mit einer Brotzeit für seinen weiteren Weg zu stärken – das war damals, als es noch wenige Wirtshäuser gab, durchaus üblich –, so geriet der Bauer ganz außer sich und keifte:

„Was willst du hier? Hab ja kaum selber was zu beißen! Da kann ich nicht auch noch mit dir teilen! Geh' woanders hin!"

Die Frau des Geizhalses und seine wenigen Dienstleute hatten ein schweres Leben, viel Arbeit und wenig zu essen. Ihre Kleider mussten sie tragen bis sie so verschlissen waren, dass sie ihnen fast vom Leib fielen.

Im Winter, wenn es bitterkalt war, flüchteten sie oft zu den Tieren in den Stall, um sich dort ein wenig aufzuwärmen, weil der Bauer die Stube nicht heizte, um Brennholz zu sparen.

Jeden Abend schloss sich der Alte allein in seinem Zimmer ein, machte alle Vorhänge fest zu und verstopfte das Schlüsselloch an der Türe mit einem Wachspfropfen, dass ihn nur ja niemand heimlich von draußen beobachten konnte. Dann rieb er sich voller Vorfreude die mageren Hände und holte aus einem Versteck unter den Brettern des Fußbodens eine schwere Eisentruhe hervor.

Mit einem Schlüssel, den er immer bei sich trug, niemals aus der Hand gab und wie seinen Augapfel hütete, öffnete er diese. Sie war schon fast bis oben hin mit Geldstücken aller Art gefüllt, Gold- und Silbertaler, aber auch Münzen aus Kupfer oder Nickel waren darin. Mit gierigen Händen wühlte er eine Weile darin herum, ließ die Geldstücke durch seine Finger gleiten und kicherte dabei vergnügt. Dann holte er seinen Schatz Stück für Stück aus dem Kasten, wobei er immer zärtliche Worte murmelte wie:

„Wo sind denn meine kleinen goldenen Lieblinge? Kommt heraus, dass ich sehe, ob ihr noch alle da seid!“

Er stapelte das Geld auf den Tisch, legte dazu, was er an diesem Tag gespart hatte und trug die neu dazugekommene Summe in ein kleines Büchlein ein. Dann räumte er seinen Schatz wieder in die Eisentruhe, öffnete das Geheimversteck unter den Brettern des Fußbodens und verstaute sie sorgfältig darin.

Niemand im Haus, nicht einmal seine eigene Frau, wusste, wo der Geizhals seinen Schatz verborgen hatte, denn er vertraute niemandem. Erst wenn er sein Geld gezählt und sich vergewissert hatte, dass alles noch da war und dass es ständig mehr wurde, war er ruhig genug, sich schlafen zu legen.

Doch auch für ihn schlug einmal die Stunde, wo Gevatter Tod ihn mitgehen hieß, und er konnte aus dieser Welt genauso wenig mitnehmen, wie alle anderen Menschen auch.

Nach seinem Ableben aber war es in dem Haus nicht mehr geheuer. Täglich um Mitternacht konnte man aus dem Zimmer des Verstorbenen unheimliche Geräusche vernehmen, obwohl sich niemand der Bewohner darin befand. Man hörte Schritte, das Knarren von Brettern und andere seltsame und unerklärliche Laute. Bald wagte niemand mehr im Haus diesen Raum zu betreten.

Die Frau des Geizkragens aber lebte so arm und kümmerlich weiter, wie zu Lebzeiten ihres Mannes, denn sie wusste nicht, wo dieser das Geld versteckt hatte und konnte es trotz allen Suchens auch nicht finden. Eines Abends, als es draußen regnete und stürmte, klopfte ein ganz durchnässter Handwerksbursche, der auf Wanderschaft war, an die Türe des Bauernhauses und bat um ein Nachtlager. Aus alter Gewohnheit, wie es ihr Mann ihr immer befohlen hatte, wollte die Bäuerin ihn fortschicken. Er aber sagte:

„Liebe Frau, ich bin den ganzen Tag gelaufen und so müde, dass mich meine Beine kaum mehr tragen. Wo soll ich denn hin bei diesem Wetter? Habt Erbarmen und lasst mich wenigstens auf dem Fußboden schlafen."

Da tat ihr der Fremde leid. „Ich habe kein anderes Bett frei als das meines verstorbenen Mannes", erklärte sie. „Wenn du dich nicht fürchtest, kannst du darin schlafen. Aber ich muss dir sagen, dass es in dem Zimmer spukt!"

Der Handwerksbursche, der froh war, endlich ins Trockene zu kommen, und der außerdem nicht an Gespenster glaubte, ließ sich dadurch nicht abschrecken. „Ich bin so müde, dass mich wahrscheinlich nicht einmal Geister aufwecken können", meinte er, „warum sollte ich mich also fürchten?"

Da führte ihn die Bäuerin zu dem genannten Raum, wünschte ihm eine gute Nacht und ging dann selbst in ihrem Zimmer zu Bett. Der Bursche war so erschöpft, dass er, sowie er sich niedergelegt hatte, sogleich in einen bleiernen Schlaf versank.

Um Mitternacht jedoch ließen ihn plötzlich seltsame, ungewöhnliche Geräusche aus seinem tiefen Schlummer aufwachen. Er blieb ruhig liegen und rührte sich nicht, teils, weil er noch etwas vom Schlaf befangen war, teils, weil er sich möglicherweise in Gefahr begab. Er atmete gleichmäßig wie ein Schlafender weiter, blickte aber verstohlen zwischen den nur einen Spalt geöffneten Augenlidern hindurch.

Da bemerkte er zu seinem höchsten Erstaunen eine Reihe kleiner, völlig gleich gekleideter Männlein, die nacheinander hereintraten. Jedes trug unter dem Arm Holzspäne. Sie versammelten sich an einem Platz in der Mitte und warteten dort, bis auch der letzte hereingekommen war.

Neugierig beobachtete der Bursche, der sich vor den Wichten nicht im Geringsten fürchtete, was weiter geschah. Da sah er, dass die Zwerge die Holzspäne, die sie mitgebracht hatten, sorgfältig um eine bestimmte Stelle des Zimmers schichteten, so dass das Gebilde, das dabei entstand, zum Schluss die Form eines Quadrates hatte. Schlag 1 Uhr beendeten sie ihr Werk und waren dann mit einem Mal samt den Spänen verschwunden, so als wären sie niemals dagewesen.

„Habe ich denn das alles nur geträumt?" fragte sich der Handwerksbursche verwundert und strich sich mit der Hand über die Augen. Aber es war nichts mehr zu sehen. Da legte er sich kopfschüttelnd wieder hin und schlief weiter. Er vergaß jedoch nicht, was sich zugetragen hatte.

Am nächsten Morgen fragte ihn die Bäuerin ganz ängstlich, ob er denn in dem Spukzimmer gut geschlafen habe oder ob etwas Außergewöhnliches geschehen sei. Da erzählte er ihr von den Zwergen, den Holzspänen und dem seltsamen Quadrat.

„Aber vielleicht habe ich alles auch nur geträumt, obwohl es mir ganz wirklich erschien", meinte er abschließend.

„Sollte am Ende gar der Schatz meines Mannes dort versteckt sein?", kam es der Frau ganz plötzlich in den Sinn und sie bat den Burschen, ihr doch die Stelle zu zeigen, an der die Zwerge das Quadrat gebildet hatten, was dieser auch gutmütig tat. Dann verabschiedete er sich, bedankte sich für das Nachtlager und machte sich, nachdem ihm die Bäuerin als Wegzehrung noch alles mitgegeben hatte, was sie an Essbarem im Hause hatte, wieder auf die Wanderschaft.

Die Frau aber konnte es kaum erwarten, bis er gegangen war. Dann lief sie schnell in das Zimmer ihres verstorbenen Mannes hinauf, hob an der bezeichneten Stelle die Bodenbretter und fand zu ihrer größten Freude die Schatztruhe darunter.

Nun waren Not und Knauserei vorüber, und sie konnte endlich ein besseres Dasein führen. Auch ihren Dienstboten ging es von da an gut. Sie bekamen ordentliche Kleider, reichlich zu essen und einen anständigen Lohn.

Von der Stunde an aber war der Geisterspuk im Haus des Geizhalses verschwunden. Der Alte hatte wohl endlich Ruhe in seinem Grab gefunden.

Die Wilde Jagd in Holzkirchen

In einer jener unheimlichen Sturmnächte, in denen die Wilde Jagd mit zerstörender Gewalt über das Land tobt schaute ein Bauer aus Holzkirchen vom Fenster seines Hauses aus dem Teufelsspuk zu. Vom vermeintlich sicheren Hort aus und wie um zu beweisen, dass er sich nicht fürchtete, schrie er in die Nacht hinaus:

„He, Teufel, jag' mir meinen Teil auch mit!"

Da schien ihm mitten im wildesten Orkan ein höllisches Gelächter zu antworten, so schrecklich, dass dem Bauern mit einem Mal die Angst eiskalt über den Rücken kroch. Er schlug rasch das Fenster zu und war froh, im Warmen und Hellen zu sein.

Am nächsten Morgen aber, als sich der Orkan gelegt hatte, fand der Bauer ein totes Waldweiblein vor seiner Türe. Von dieser Stunde an war er nicht mehr ganz richtig. Eine tiefe Schwermut hatte ihn ergriffen, denn er fühlte sich schuldig. Nie mehr kam ein Lachen über seine Lippen, und kaum ein Jahr später starb er. Wie es heißt, musste er fort mit der Wilden Jagd, weil sie wegen seiner unbesonnenen Rede Gewalt über ihn erlangt hatte.

Die Pestkapelle in Holzkirchen

Wie viele andere Pestkapellen oder Pestsäulen wurde auch die Kapelle zu „Unser Lieben Frauen" in Holzkirchen in den schrecklichen Zeiten des Dreißigjährigen Krieges und den damit oft auch einhergehenden Seuchen, wie dem „Schwarzen Tod" oder der Cho-

Pestkapelle „Unser Lieben Frauen“ in Holzkirchen“.
Foto von Heinz Schinzel

lera, errichtet. Die Pestkapelle in Holzkirchen entstand 1639. Hier suchten die Einwohner von Holzkirchen Hilfe, Tost und Zuflucht bei der Gottesmutter, wenn die Welt ringsum im Chaos versank.

Heute ist die Kapelle im Alten Friedhof in die umgebende Friedhofsmauer eingebettet.

Der unterirdische Gang von Holzkirchen und die Kapelle im Holz

In Holzkirchen gibt es einen unterirdischen Gang, der nicht aus dem Mittelalter stammt, sondern erst in jüngster Zeit angelegt wurde. Er ist verbunden mit einer großartigen unterirdischen Anlage, die in weitem Umkreis wohl einzigartig dasteht. Über ihre Entstehung schreibt Werner Jennerwein-Pötzl:

Georg Rabl, ein liebenswerter Sonderling

Er wurde am 17. August 1908 in Osterwarngau als Sohn eines Schneidermeisters und einer Hebamme geboren. Im Jahre 1915 zog die Familie in ein Eigenheim nach Holzkirchen, und Georg Rabl begann eine Schneiderlehre, welche er auch abschloss. Aber bereits kurze Zeit später trat er in die Dienste der Post, wo er über 40 Dienstjahre leistete. Er war ein Postbote wie aus dem Bilderbuch. Seine freundliche, gewissenhafte und hilfsbereite Art war in Holzkirchen sprichwörtlich.

Im Jahre 1929, also mit 21 Jahren, begann er mit der Errichtung einer Kapelle am Flinspach, welche er nach 8-jähriger Bauzeit vollendete.

Mitte der 30iger Jahre begann er mit seinem eigentlichen Lebenswerk: In 50-jähriger Tätigkeit unterkellerte er diese Kapelle auf einer Grundfläche von circa 30 Quadratmetern in drei Stockwerken und schuf dort ein Labyrinth von Gängen, welche alle gefliest sind. In die Altarräume und Nischen stellte er Lebensgroße Steinfiguren von Heiligen. Zudem schuf er errichtete er einen Glockenturm mit Glocke unter der Erde.

Zeitgleich begann er das Einfamilienhaus in der Roggersdorfer Straße ebenfalls dreistöckig zu unterkellern und schuf auch dort Altarräume mit der entsprechenden Ausstattung.

Die Vollendung seines letzten Bauabschnittes, eines Verbindungsganges zwischen seinem Wohnhaus und der ca. 2 km entfernten Kapelle, blieb ihm verwehrt. Bei Kanalarbeiten stieß man auf diesen Gang, und seine Arbeiten wurden eingestellt, wobei die Behörden sehr sensibel vorgingen.

In einem Zeitraum von nahezu 50 Jahren arbeitete er Tag für Tag von Nachmittag bis Mitternacht ohne technische Hilfsmittel. Den gesamten Aushub brachte er in Kübeln nach oben und das verwendete Baumaterial auf die gleiche Weise nach unten.

Was aber waren seine Motive für diese wohl einmalige Leistung?

Sicherlich seine tiefe Gläubigkeit, aber auch seine Lebensangst! Er glaubte an die Weissagungen des Mühlhiasl und war sehr spiritistisch veranlagt. Er war der Ansicht, den Tag des Jüngsten Gerichts auf diese Weise überstehen zu können. Nach seinem Tod am 8. Mai 1988, der Markt Holzkirchen wurde Erbe seines Nachlasses, wurden ca. 10 Zentner Lebensmittel und 800 Flaschen Wasser aus den Kellern geborgen, weiter Schriften darüber, wie er sich das Jüngste Gericht und ein Überleben desselben vorgestellt hatte.

Eine große Trauergemeinde folgte seinem Sarg, niemand fand Spott an seinem Tun, wohl aber Kopfschütteln. Aber jedermann hat Achtung und Respekt vor dieser für uns nicht nachvollziehbaren Leistung.

Der Markt Holzkirchen hat die Baulichkeiten verschlossen und ist jedem Versuch, das Lebenswerk Georg Rabls der Lächerlichkeit preiszugeben, stets entgegengetreten und wird das Erbe bewahren.

Der Spuk im Bauwirtshaus von Holzkirchen

Schon seit vielen Jahrhunderten wird behauptet, dass im Bauwirtshaus von Holzkirchen ein Schatz verborgen sei. Unter dem uralten Gebäude wurden auch unterirdische Gänge vermutet.

Stich von Michael Wening um 1700 (Ausschnitt)

Und von jeher soll es ein Spukhaus gewesen sein. In den Dreißigerjahren des 19. Jahrhunderts sollen die Geister die Bewohner besonders arg drangsaliert haben. Wie es heißt, waren immer wieder Krachen und Gepolter oder Geräusche wie das Rollen einer Kugel beim Kegeln zu vernehmen, ohne dass eine Ursache oder eine Erklärung dafür gefunden werden konnte. Frau Theres Abenthum, die Wirtin, behauptete sogar, drei hochgewachsene Gestalten um Mitternacht in ihrem Zimmer gesehen zu haben, die urplötzlich aus dem Nichts aufgetaucht seien und ebenso urplötzlich und ohne ein Wort gesprochen zu haben, wieder im Nichts verschwunden seien.

Aber damit nicht genug, die alte Mutter wurde von einer weißgekleideten Frau mit einer Krone auf dem Kopf erschreckt, die mit einem Mal neben ihrem Bett saß und sie anstarrte.

Der Wirt erzählte gar von einem Franziskanerpater Gregor, der im Keller des Hauses auf einer Truhe den Teufel habe sitzen sehen, als er auf Bitten der Hausbewohner unerklärlichem Gepolter auf den Grund gehen wollte.

Als der Spuk zu schlimm wurde, baten die Wirtsleute beim Erzbischöflichen Ordinariat um Hilfe, wie gemunkelt wurde aber mehr, um den Schatz in den Kellergewölben zu finden, als aus

Sorge um eine ruhelose Arme Seele. Wie es heißt, wurde aber nichts daraus, weil die Berichte der Wirtsleute als „übertriebene Einbildungskraft der Frauenspersonen“ abgetan wurden und die Geschichte von dem Franziskaner nicht mehr nachgeprüft werden konnte, weil dieser inzwischen verstorben war.

Das Votivbild in der Roggersdorfer Kirche

In der kleinen Margarethenkirche von Roggersdorf, einem Tuffsteinbau aus der Spätgotik, wo sich auch noch eine St. Leonhardfigur aus dem 14. Jahrhundert befindet, hängt ein Votivbild, das der Kirchenmaler Josef Griebl aus Feldkirchen 1872 im Auftrag der Hortbäuerin Maria Kunzenberger gemalt hat.

Die Bäuerin stiftete die Votivtafel, weil sie es im Jahre 1855 gelobt hatte, als sie bei einem Überfall auf ihren Hof durch eine Räuberbande – entweder der Haberlbande aus Marschall (vgl. S. 319) oder ihren ebenso verrufenen Nachfolgern – fast zu Tode gekommen und in höchster Gefahr nur durch ihr Gebet gerettet worden war. Die Szene, wie die Frau in den Keller gesperrt und bedroht wird, ist auf dem Bild dargestellt.

Der Teufelsgraben bei Holzkirchen

„Teufelsgraben“ oder „Teufelsgrube“ heißt ein tiefer Einschnitt in die Landschaft, der sich vom Kloster Reutberg am Kirchsee im Süden, zwischen Dietramszell und Kleinhartpenning am Hackensee vorbei bis nördlich von Holzkirchen zum Rand des Hofoldinger Forstes zieht. Über die Entstehung dieses Grabens, der kein Wasser führt (Anmerkung 151), erzählt man sich folgende Sage:

Es ist schon einige hundert Jahre her, da geriet ein Müller, der in diesem Gebiet seine Mühle betrieb -vielleicht die Pelletsmühl am Kirchseebach, aber das weiß niemand mehr so genau- in große Not. Eine lange anhaltende Trockenheit hatte einen solchen Wassermangel bewirkt, dass sein Mühlrad nicht mehr lief, und er alle Aufträge der Bauern ringsum, ihr Korn zu Mehl zu vermahlen, ablehnen musste. Er verdiente nichts mehr und wusste bald nicht mehr ein noch aus. Da half kein Beten und kein Fluchen, es regnete einfach nicht, und deshalb gab es auch kein Wasser.

„Wenn Du mir nicht hilfst, oh Gott", rief er da eines Tages voller Zorn, „so muss mir eben der Teufel helfen!"

Kaum hatte er diese frevlerischen Worte ausgesprochen, da stand der Gehörnte auch schon vor ihm, zog artig seinen Jägerhut, verbeugte sich spöttisch und fragte:

„Zu Diensten, Müller, was willst du von mir?"

Obwohl der Mann sehr erschrocken war, fasste er sich doch rasch und klagte dem Teufel sein Leid: „Seit Monaten kann ich kein Korn mehr mahlen, weil der Bach, der das Mühlrad betreiben soll, ausgetrocknet ist. Ich habe keine Arbeit mehr. Wenn das so weitergeht, verliere ich noch Haus und Hof! Was soll ich nur tun?"

„Dir kann geholfen werden, nichts leichter als das!", lachte da der Böse. „Ich werde dir einen Graben machen und das Wasser der Isar an deiner Mühle vorbei in die Mangfall leiten. Dann hast du Wasser mehr als genug, ob es nun regnet oder nicht, und du wirst so viel zu tun bekommen, dass du bald ein reicher Mann sein wirst!"

Dem Müller gefiel dieser Vorschlag sehr gut und er fragte staunend: „Das könntest du wirklich bewerkstelligen?"

„Selbstverständlich", erwiderte der Teufel und stieß ein meckerndes Gelächter aus. „Für mich ist das keine Schwierigkeit! Wenn dir damit geholfen ist, tue ich es gerne. Natürlich wäre da vorher noch eine Kleinigkeit zu erledigen", fügte er ganz beiläufig hinzu, als handle es sich dabei nur um eine nebensächliche Formalität, „als Lohn für meine Arbeit musst du mir deine Seele verschreiben!"

Und er zog hurtig einen Vertrag für den Handel aus der Tasche.

„Halt, halt, so schnell geht das nicht!“, wehrte der Müller erschrocken ab. „Ich habe die Sache ja noch gar nicht richtig bedacht!“

„Dann eben nicht“, tat der Teufel beleidigt und steckte den Kontrakt wieder ein, „wenn du nicht willst, dann hättest du mich gar nicht erst zu rufen brauchen und mir den weiten Weg hierher ersparen können. Ein zweites Mal biete ich dir meine Hilfe nicht mehr an. Dann bleib' eben dein Leben lang ein armer Tropf, du verdienst es nicht anders!“

„So habe ich das nicht gemeint“, lenkte der Müller ein und überlegte krampfhaft, wie er einerseits zu dem versprochenen Graben kommen, andererseits aber seine Seele behalten könnte.

Dann sagte er: „Ich gehe nur auf diesen Handel ein, wenn der Graben von der Isar bis zur Mangfall schon morgen früh vor dem ersten Hahnenschrei fertig ist!“

„Das kann er gar nicht schaffen“, dachte er bei sich, „wenn er nur bis zu meiner Mühle gräbt, dass das Wasser mein Mühlrad treibt, reicht es mir. Bis zur Mangfall muss der Graben ja gar nicht gehen.“

„Top, es gilt!“, rief der Böse und grinste schadenfroh, denn er wusste wohl um die Gedanken des Müllers. „Hier unterschreibe!“

Mit zitternder Hand, denn es war ihm nun doch sehr ängstlich zumute, setzte dieser seinen Namen unter das verhängnisvolle Dokument.

„Nun hast du ausgesorgt, morgen früh vor dem ersten Hahnenschrei fließt das Wasser aus der Isar an deinem Haus vorbei, und deine Mühle klappert und mahlt wieder emsig!“, versprach der Teufel und rieb sich abermals vergnügt die Hände. „Leg' dich nur ruhig schlafen! Wer es mit mir hält, dem geht es hier auf Erden gut, hi, hi, hi, hi!“

Wieder lachte er meckernd und verschwand.

Dem Müller aber war so bang ums Herz, dass er nicht schlafen konnte. Die Sorge, dass der Teufel das Unmögliche vielleicht doch möglich machen und die geforderte Arbeit in einer Nacht schaffen könnte, ließ ihn nicht los. Immer quälender wurden diese Gedanken, bis er es nicht mehr länger aushielt, mitten in der Nacht von seinem Bett aufsprang und zum Fenster hinausblickte.

Da traf ihn vor Schrecken fast der Schlag.

Er sah Tausende und Abertausende von Höllengeistern, die mit unzähligen Händen in Windeseile einen tiefen Graben aushoben. Dieser führte bereits an seinem Haus vorüber und reichte schon so weit, dass er das Ende gar nicht mehr sehen konnte, wenngleich der Mond die gespenstische Szene hell beleuchtete. Obwohl bis zum Anbruch des Morgens noch einige Stunden Zeit waren, bestand kein Zweifel, dass das Werk in Kürze vollendet sein würde.

„Ich habe meine Seele verloren, verkauft wegen einiger Jahre des Reichtums! Ich bin für ewig verdammt!" kam es ihm mit Entsetzen zum Bewusstsein. Kalter Angstschweiß brach ihm aus allen Poren, und er war einige Augenblicke wie gelähmt.

Dann aber schrie er voller Verzweiflung: „Das wollte ich nicht! Ich habe doch gemeint, dass der Teufel es nicht schafft! Lieber Gott, hilf mir, verlass mich nicht! Ich will nicht in die Hölle! Auf alles will ich verzichten, wenn ich nur meine Seele behalten darf! Hilf mir, lieber Gott, hilf mir! Was soll ich nur tun!"

Da, in seiner höchsten Not, kam ihm die Erleuchtung. Er wusste, es war keine Minute mehr zu verlieren. So rasch ihn seine Beine trugen, rannte er aus seinem Haus heraus und zum Hühnerstall hinüber. Dort schlug er mit einem Stock so kräftig an die Hühnerleiter und machte einen derartigen Lärm, dass der Hahn, vorzeitig aus dem Schlaf gerissen, zu krähen anhob. Im gleichen Augenblick war der Teufelsspuk ringsum verschwunden. Es war aber auch höchste Zeit gewesen, denn der Graben war inzwischen schon bis hinter Holzkirchen fertig gewesen und es hatte nur noch ein kurzes Stück bis hin zur Mangfall gefehlt.

Mit wankenden Knien kehrte der Müller in sein Haus zurück, fiel dort vor dem Kreuz im Herrgottswinkel nieder und betete voller Dankbarkeit wie er noch nie in seinem Leben gebetet hatte. Wohl blieb er sein Leben lang ein armer Mann, aber er hatte seine Seele für die Ewigkeit gerettet. Seit dieser unheimlichen Nacht, so heißt es, zieht sich der unvollendete Graben ohne Wasser vom Kirchsee bis zum Rand des Hofoldinger Forstes und er heißt bis auf den heutigen Tag nur „Teufelsgraben."

Der Kirchsee. Aquarell v. J. Dorner, 19. Jh.

Der Herzog und der Teufelsgraben

Etwas anders wird die Entstehungsgeschichte vom Teufelsgraben um 1848 von Alexander Schöppner überliefert (Anm. 152):

Ein Herzog von Bayern entzweite sich mit einem Bischof von Freising wegen des Isarzolls. Da gedachte er dem Bischof einen

Possen zu spielen, wenn er mittels eines Grabens die Isar in ein neues Rinnsal (Anm. 153) *leitete, so dass sie Freising nicht mehr berührte. Das Werk war aber so schwierig, dass es nicht ausgeführt wurde. Die Leute erzählen auch, ein Riese oder der Teufel selbst habe den Graben gezogen, woher auch der Name geworden sei.*

Der schlaue Mesner von Otterfing

Eine dritte Version der Entstehungssage vom Teufelsgraben wird von Eduard Moser im Jahr 1925 (Otterfing, ein oberbayerisches Bauerndorf im Holzlande) so erzählt:

Mit den bayerischen Herzögen, die in München viele Kirchen bauten und Klöster stifteten, wetteiferten vor vielen hundert Jahren die Bürger und Bürgerinnen der Landeshauptstadt an Frömmigkeit und gottesfürchtigem Lebenswandel. Der Teufel sah darum mit gar scheelen Augen auf die Isarstadt, über deren christliche Bewohner er keine Gewalt zu erlangen vermochte. Er sann und sann, wie er es anstellen könnte, dass die gottergebene Bevölkerung Münchens unzufrieden werde, gegen den dreieinigen Gott murrte, in Sünden und Laster verfiele und so seine Höllenbeute werde.

Wie er so darüber nachdachte, kam er auf den Gedanken, dass er sein Ziel wohl am ehesten erreichen werde, wenn er den Münchnern das Wasser abgrübe. Dann, so dachte der Teufel, würden die Münchner vom regierenden Herzog bis zum letzten Armen Durst leiden müssen, die Hausfrauen würden weder waschen noch kochen und die Bierbrauer kein Bier mehr sieden können; so würden die Münchner bald unzufrieden werden, wider Gott murren und fluchen und sich dadurch in des Höllenfürsten Gewalt begeben.

Also fasste der Gottseibeiuns den Plan, die Isar in ein neues Bett zu leiten und in den Innstrom münden zu lassen. Gedacht, getan. Schon in der nächsten Nacht bot der Höllenfürst seinen ganzen Tross, alle bösen Geister und Hölleninsassen zu dem Werke auf.

Die Zeit war für sein Vorhaben günstig; es war heißer Sommer und so konnte der Teufel hoffen, die Sonnenglut werde sein Bundesgenosse sein.

Kaum hatte der Glockenschlag von den Kirchtürmen den Beginn der Geisterstunde angekündigt, da rückte mit Sausen und Brausen die Höllenschar an, schwefliger Gestank erfüllte die Luft und allsogleich ging ein Pickeln, Graben und Schaufeln an, als ob es um die Wette ginge und das ganze Werk in einer Nacht fertig werden sollte.

In seinem Hause in Otterfing schlief der Mesner der dortigen Kirche – ihr müsst wissen, Otterfing war schon im 13. Jahrhundert eine Pfarrei – am offenen Fenster. Es war eine schwüle Julinacht. Schwarze Gewitterwolken standen am Himmel, nur da und dort blinkte ein Stern und nur dann und wann trat die Sichel des abnehmenden Mondes aus dem dichten Wolkenvorhang und erhellte für kurze Zeit das schaurige Dunkel.

Der Mesner von Otterfing hatte eine schlaflose Nacht; unruhig wälzte er sich in seinem Bett von einer Seite auf die andere. Eine Beklemmung lag auf seiner Brust wie von einem Alpdrücken. Er stand auf, um sich durch einen Gang ins Freie davon zu befreien.

Als er das Haus verließ, drang das Geräusch der emsig schaffenden Höllenschar an sein Ohr. Das machte ihn neugierig, und er ging dem Lärm nach. Als er an die Stelle kam und das Schanzen, Wühlen und Werfen sah, dass die Erde nur so flog, nahm er sich ein Herz und fragte den Nächststehenden: Was macht ihr da?

Der Böse antwortete: Und wenn ich die Isar ableiten will, was geht es dich an?

Man möchte meinen, entgegnete der Mesner, du wolltest heute noch damit fertig werden!

Gilt es eine Wette um den Preis deiner Seele, versetzte darauf der Gottseibeiuns, bevor noch die Frühglocke läutet, bin ich mit dem Graben fertig?

Es gilt, antwortete der Kirchendiener, wenn auch für mich nichts dabei herausschaut.

Nach diesen Worten wandte sich der Mesner um und ging heimwärts. Bald kam ihm aber doch ein Grausen vor dem unheimlichen Unbekannten an und es reute ihn schon, dass er leichtsinnig um den Preis seiner Seele gewettet hatte. Er ging schneller und schneller gleich auf die Kirche zu und läutete lange vor der Zeit die Gebetglocke.

Sogleich wurden im Dorfe die Hähne wach und weckten mit ihrem Krähen die schlafenden Bewohner. Voll Zorn, dass er sich in der Zeit verrechnet hatte, oder überlistet worden war, gab der Teufel sein Werk auf und verschwand mit seiner Höllenschar auf dem gleichen Wege ebenso schnell und unsichtbar, wie er gekommen. Der Graben blieb unvollendet. Aber von dem Höllenfürsten hat er seinen Namen behalten bis auf den heutigen Tag.

Wie der Mesner von Föching den Teufel überlistete

Der Sagenforscher J. Sepp erzählte die Sage um 1876 ganz ähnlich, wobei hier der Mesner von Föching (Anmerkung 154), anstatt des Mesners von Otterfing die Hauptrolle spielt:

Der Teufel hat einmal die Isar abgraben und durch dieses Tiefenthal – magna vallis, Mangfall hieß es der Römer – nach dem Chiemsee hinleiten wollen. Da er aber in voller Arbeit war, kam der Meßner vom benachbarten Föching dazu, und fragte voll Verwunderung: „Was machst du da?“

„Und wenn ich die Isar hier durchleite“, versetzte der Gottseibeiuns, „was geht das dich an? Gilt es eine Wette um den Preis deiner Seele, ich werde damit fertig, bevor du die Frühglocke läutest!“

„Es gilt!“ sagte der Meßner, ging aber sogleich heim, und läutete vor der Zeit Ave Maria. Da warf der Teufel seine Schaufel weg, und gab voll Verdruss, sich verrechnet zu haben, die Arbeit auf: darum ist der Graben unvollendet.

Wie die Kapelle beim Kühlechner entstand

An der Straße beim Kühlechnerhof steht eine kleine Kapelle, die ihre Entstehung, der Überlieferung nach, einem Gelübde verdankt, das zwei Fellacher Bauernsöhne während des Russlandfeldzuges von Napoleon im Jahre 1812 abgelegt hatten. Damals hatten ein Sohn vom Mair und auch einer vom Leitner gezwungenermaßen mit den Franzosen nach Russland gehen müssen.

Wohl hatten sie die Kämpfe dort und die nahezu übermenschlichen Strapazen, die dieser Winterfeldzug den Soldaten abverlangte, lebendig überstanden, der Rückmarsch aber ging fast über ihre Kräfte, und sie fürchteten, ausgehungert und ausgemergelt, wie sie waren, den langen Weg zu Fuß nicht zu schaffen.

Da gelobten sie, wenn sie glücklich wieder heimkämen, an der Stelle, von der aus sie ihr Heimatdorf Fellach zum ersten Mal sehen könnten, eine Kapelle zu errichten. Die Gebete der beiden wurden erhört und waren unter den wenigen, die den mörderischen Strapazen nicht zum Opfer fielen und lebendig zurückkehrten. Zum Dank dafür und in Erfüllung ihres Versprechens erbauten sie die kleine Kapelle hinter dem Kühlechnerhof.

Die Kapelle unter den Linden bei Föching

Eine kleine, von hohen Linden schützend umstandene Kapelle auf einem Hügel gegenüber der Föchinger Kirche verdankt ihre Entstehung dem Gelübde von Simon Raisgruber aus dem Jahre 1746. Damals war der Mann, auf dem Heimweg von Höhenkirchen durch den Wald, sehr schwer gestürzt und fast gestorben. In höchster Not hatte er gelobt, ein Kreuz mit dem Bildnis des sterbenden Heilandes zu stiften, wenn er mit dem Leben davonkäme. Da fand er auf wundersame Weise neue Kraft und konnte den Heimweg trotz seiner Verletzungen schaffen.

Als er jedoch sein Versprechen einlösen wollte, stieß er auf Widerstand. Er durfte das Kreuz nicht an dem Platz errichten, wo er wunderbare Hilfe erfahren hatte, weil die Bauern von Höhenkirchen es ablehnten, einen Weg durch ihre Felder zu genehmigen. Auch der Propst von Weyarn und der Pfleger von Valley gestatteten sein Vorhaben nicht. Da schlug ihm der Expositus von Föching, an den er sich daraufhin gewandt hatte, vor, das Kreuz auf dem Grund von Georg Hueber, „dem Kyrmayr" aufzustellen, auf dem *„schon vorher vor undenklichen Jahren ein Feldkreuz gestanden"* habe. (Anmerkung 155) Weil auch der Bauer Georg Hueber mit dieser Lösung einverstanden war, errichtete Simon Raishofer an der genannten Stelle eine kleine Kapelle zum Schutz für das darin enthaltene Kruzifix. Er pflanzte dort drei Linden, die in den 250 Jahren, die seither vergangen sind, zu stattlichen Bäumen herangewachsen sind. Das schlichte Kreuz erfreute sich bei der Bevölkerung bald großer Beliebtheit, und viele Beter suchten hier Trost oder Erhörung in ihren Nöten und Anliegen.

Markt Holzkirchen in den 1870er Jahren. Ausschnitt aus Postkarte

Die wundertätige Marienstatue von Föching

In früheren Jahrhunderten kamen zahlreiche Wallfahrer zu der kleinen Kirche in Föching, um dort vor einer wundertätigen Marienstatue, die aus der Zeit um 1400-1430 stammen sollte, um Hilfe in ihren Anliegen zu beten. Dazu war es gekommen, weil Elisabeth Jäger, die 1565 im Lehnerhaus in Föching geboren worden war, im Alter aber in München lebte, eine wunderbare Heilung erfahren hatte.

J. Brunhuber, von 1907-1911 Lehrer in Föching, berichtete darüber:

Eines Tages, anno 1646, als die 81jährige Frau wieder einmal an heftigen Schmerzen im Arm litt, brachte ihr ein Handwerker eine alte Marienstatue, die er einige Zeit vorher in einer abgebrochenen Kirchenmauer über Kloster Ettal gefunden hatte. Die Frau begann nun, die Madonna schön zu bekleiden und dabei verschwanden alle ihre Schmerzen, der Arm war geheilt.

Die Kunde von dieser Heilung verbreitete sich in der Stadt, schließlich erteilte das Ordinariat Freising die Erlaubnis, das Bild der öffentlichen Verehrung auszusetzen. Elisabeth Jäger vermachte daraufhin das Gnadenbild ihrer Heimatkirche Föching. Vorher aber brachte man die Statue in die Residenz zur Churfürstin (Anmerkung 156), *die sie wertvoll bekleiden ließ.*

In einem prächtigen Wagen und unter Begleitung einer großen Menge Volkes wurde die wundertätige Muttergottesstatue am 15. August 1646, am Fest Mariä Himmelfahrt, in die Kirche von Föching gebracht.

Bald war der Ansturm der Wallfahrer zur Föchinger Muttergottes so groß geworden, dass ihm die kleine Kirche nicht mehr gewachsen war. Daher wurde 1664 die heutige, größere Kirche errichtet. Früher gaben zahlreiche Votivtafeln Auskunft über die hier erfahrenen Gebetserhörungen.

Heute sind leider nur noch wenige vorhanden, darunter eine, die Balthasar Neumayr aus Holzham bei Otterfing im Jahre 1722 gestiftet hatte, weil er, dank der gütigen Hilfe Mariens, samt seiner Schweineherde von feindlichen Soldaten nicht entdeckt worden und deshalb ungeschoren davongekommen war.

Der Pfingsthansel von Otterfing

In Otterfing, wie in vielen anderen Gegenden Oberbayerns auch, wurde *„einer anrüchigen Person"* der Pfingst-Hansel auf das Hausdach gesetzt, *„das geht für das Maisäen hin"* (Anmerkung 157). Noch heute ist der Brauch des „Pfingstlümmel auf das Dach setzen" in etwas abgewandelter Form lebendig:

Der Pfingstlümmel ist eine lebensgroße Strohpuppe, die von Burschen angefertigt und in der Nacht von Pfingstsamstag auf Pfingstsonntag demjenigen auf das Hausdach gesetzt wurde, der sich aus irgendeinem Grund bei der Burschenschaft unbeliebt gemacht hatte. Wenn etwa ein Mädchen die ortsansässigen jungen Männer besonders hochmütig behandelte und sich für alle zu gut dünkte, dann konnte es am Pfingsttag ein böses Erwachen geben:

„Wenn am Pfingstsonntag ein ausgestopfter Pfingstlümmel den Dachfirst ihres Hauses reitet, dann ist wohl manche Maid erbittert und erbost und grollt in ihrem Innern den bösen Buben, die mit diesem schlimmen Zeichen auf dem Dache lauter und beredter gesprochen haben, als die bösesten Zungen des Dorfes es je vermocht hätten." So schrieb Josef Steinbacher 1914.

Noch heute treiben die Burschen in der Pfingstsamstagsnacht allerhand Schabernack. So kann es geschehen, dass jemand, der mit den alten Bräuchen nicht vertraut ist und im Laufe des Jahres die Burschen aus irgendeinem Grund geärgert hat, zu seiner größten Verwunderung und Empörung am Pfingstsonntag seine Garagentüre ausgehängt und auf dem Dach der Garage liegend vorfindet.

Und nicht selten erfährt der wütende Mann erst auf der Polizeiwache von dem alten Burschenrecht und kann sich den Vorfall erklären. Mit viel Erfindungsgeist denkt sich die Jugend auch heute noch allerlei Streiche für den Pfingsttag aus, die fast immer – das muss man ihr zugutehalten – harmloser und lustiger Natur sind, und nur in den seltensten Fällen bösartig oder gefährlich, was dann aber mit einem alten Brauch nichts mehr zu tun hat.

Eine unheimliche Begegnung in der Hienlohe bei Otterfing

An der Straße zwischen Arget und Otterfing liegt ein Wald, der von den Leuten „Hienla“ (Hienlohe, Anmerkung 158) genannt wird. Mitte des vorigen Jahrhunderts ging die Frau des Lehrers von Arget zur Adventszeit gerne morgens in die Roratemessen nach Holzkirchen, obwohl der Weg sehr weit war. Als Abkürzung nahm sie immer den Waldpfad durchs „Hienla“. Den fast zweistündigen Weg musste sie hinzu bei völliger Dunkelheit zurücklegen, nach der Frühmesse war es dann wenigstens schon dämmrig.

An einem Morgen, als sie auf dem Heimweg wieder durch das genannte Waldstück ging, vernahm sie mit einem Mal schwere Schritte hinter sich, obwohl vorher weit und breit kein Mensch zu sehen gewesen war. Furchtsam schaute sie sich um. Da blieb ihr vor Schrecken fast das Herz stehen, denn unmittelbar hinter ihr, keine Armlänge mehr entfernt, befand sich ein riesenhafter Mann, der bei weitem größer war als jeder Mensch, dem sie bisher begegnet war.

Sie wollte um Hilfe schreien, aber sie brachte keinen Laut heraus, denn ihre Zunge war wie gelähmt. Auch war es ihr unmöglich wegzulaufen, weil ihre Beine schwer wie Blei waren und sie am Boden festgenagelt schienen. Jeder Schritt kostete sie große Mühe, und sie ging wie in einem Alptraum weiter.

Der unheimliche Riese blieb beharrlich an ihrer Seite, bedrohte sie aber nicht und fügte ihr kein Leid zu. Er sprach kein einziges

Wort und schritt nur stumm neben ihr her. Als sie endlich am Waldrand angelangt waren, war die Frau vor Angst in Schweiß gebadet. In dem Augenblick aber, in dem sie auf die Wiese hinaustrat, war ihr unerwünschter Begleiter plötzlich verschwunden, so als hätte ihn der Erdboden verschluckt.

Nun endlich war der Bann gebrochen, und sie konnte wieder laufen. Wie von Furien gehetzt rannte sie ins Pfarrhaus und erzählte dem Geistlichen ihr schreckliches Erlebnis. Der konnte ihr auch nicht sagen, wer der unheimliche Riese gewesen war, riet ihr aber eindringlich, künftig auf der Straße und nicht mehr durch den Wald zu gehen.

Bäume. Johann Jakob Dorner um 1830-40

Anmerkungen und Kommentare

1) Über die Herkunft des Namens Wendelstein schrieb Ludwig Lechner in „Das Leitzachtal, ein Heimatbuch“: *Der Name Wendelstein ist noch immer nicht genügend geklärt. Benefiziat Dachauer erinnert an die Wenden, Dr. Sepp an den Hirtenheiligen Wendelin, Dresely an den End- oder Wendepunkt des Gebirges, manche glauben mit dem Worte Wand eine Erklärung gefunden zu haben, wieder andere erzählen eine recht geschraubte Sage vom „wandelnden“ Bergmännlein, vom Sonnwendstein etc. Ich glaube, dass Quitzmann und Schmeller der Wahrheit am nächsten kommen, wenn sie an die Schneckenhausgestalt des Berges anknüpfen, wie auch eine Schneckenstiege Wendeltreppe heißt.*

2) Ähnliche Sagen mit leichten Änderungen – manchmal wird von schwarzen, halbschwarzen oder weißen Schwestern gesprochen – gibt es von vielen Orten; vgl. Panzer I 34 Gögelefräulein bei Weilheim; Panzer I 47 Schlossberg Wolfratshausen, Schatzberg bei Dießen, Die singenden Jungfrauen von Reichersbeurern; und in diesem Buch „Die singenden Jungfrauen von Reichersdorf" S. 126 oder „Die Geister am Helstein bei Hartpenning“ S. 315. Schweizer schreibt S. 100: *Die drei geheimnisvollen weiblichen Wesen haben schon in der Antike eine Parallele in den drei Parzen oder Moiren, von denen die erste den Lebensfaden spinnt, die zweite ihn auszieht und die dritte ihn abschneidet. Zwei dieser Schicksalsvertreterinnen haben also ein erfreuliches, helles Gesicht für den betroffenen Menschen, die dritte aber ein düsteres und trauriges. Von diesem Standpunkt aus sucht man zu verstehen, warum eines der Fräulein immer schwarz oder halbschwarz geschildert wird.*
Manche vermuten auch, dass sich hier die Erinnerung an die germanische Mythologie im Volk erhalten hat und dass die drei jungfräulichen Nornen gemeint sind, in der nordischen Mythologie die Göttinnen der Zeit und des Schicksals: Urdh (Vergangenheit), Verdhandi (Gegenwart), Skuld (Zukunft). Sie weilen am heiligen Brunnen der Urdh, der ältesten der drei Jungfrauen, unter dem Baum Yggdrasil und bestimmen das Schicksal von Menschen und Göttern. Vgl. auch die Symbolik „Drei heilige Madl“ = Barbara, Katharina, Margaretha (im Volk als Barbara mit dem Turm, Katharina mit dem Radl, Margaretha mit dem Wurm = Lindwurm bekannt).

3) Schutzengelsonntag ist in der katholischen Kirche der 1. Sonntag im September, an dem der göttlichen Boten und Beschützer jedes Menschen gedacht wird. Auch der Vorabendsamstag gilt als Feiertag.

4) Vgl. „Der geheimnisvolle Strudel im Spitzingsee“ S. 197; „Unterirdische Verbindung zwischen Tegernsee und Schliersee“ S. 241 oder die Sage vom Walchensee, der laut J. Sepp S. 344/345 mit dem Meer in Verbindung stehen soll.

5) Dazu Werner S. 288: *Zu dieser Zeit kannten nur Jäger, Sennerinnen und Hüterbuben den Gipfel. Doch schon seit 1780 erklommen ihn Reiseschriftsteller und Gelehrte wie Lorenz Westenrieder, Franz von Paula Schrank und Aloys Baader aus wissenschaftlichem Interesse.* Die erste Hl. Messe wurde am 22. Juli 1878 mit etwa 300 Gläubigen von Pfarrer Schauer von Elbach auf dem Berg gefeiert.

6) Um 1800 kamen noch Scharen von Wallfahrern auf den Gipfel. Manche behaupten, dass die Kirche zur Erinnerung an ein Wendelinheiligtum, das früher an dem Platz stand, erbaut wurde (Lechner S. 140).

7) Die Straße, die zum Sudelfeld hinaufführt heißt „Tatzelwurm“. Vgl. Panzer I. 32: Der Lindwurm bei Murnau, eine Sage die sehr ähnlich ist.

8) Geradezu Zauberkräfte wurden Wilderern zugeschrieben, besonders denen, die, nach dem Glauben mancher, mit dem Teufel im Bund waren. Werner dazu S. 94: *Er könne sich seinen Verfolgern entziehen, indem er sich in einen Baumstumpf oder Strauch verwandle; schneidet der Verfolger auf diesem Baumstumpf seinen Tabak oder reißt er von diesem Strauch einen Zweig ab, erhält er eine tiefe Narbe oder verliert gar einen Finger. Während des Schlafes stelle der Wilderer seinen Stiefel auf und lehne daran seinen Stock – dieser wecke ihn bei drohender Gefahre auf und zeige auch noch die Richtung an, aus der diese komme. Der Wilderer habe auch eine besondere Gabe, angeschossenes Wild alleine aufzuspüren.* Willibald Schmidt dazu: *Um sich kugelfest und unsichtbar zu machen, nehmen die Wildschützen das Fingerglied eines vor der Geburt gestorbenen unschuldigen Kindes als Amulett oder sie beten dreimal das Vaterunser Wort für Wort von hinten nach vorn.* Auch sog. „Gamskugeln“ dienten dem gewünschten Zweck. Bergheimat, Jhrg. 1937 Nr. 6 S. 24 dazu: *In der Münchner Gamswildschau erregte nun außer dem weißen Gamsbock noch ein anderer Ausstellungsgegenstand die besondere Aufmerksamkeit der Besucher. Es ist eine etwa pfirsichgroße, braunpolierte Kugel, eine „Gamskugel“ oder ein sogenannter deutscher Bezoarstein. Kugeln dieser merkwürdigen Art sind steinharte Gebilde, die, aus unverdauten Futterresten und Haaren zusammengeballt, sich gelegentlich im Magen der Gämsen, aber auch der Steinböcke und Pferde vorfinden. Selbstredend sind diese Gamskugeln ein willkommener Gegenstand des Aberglaubens. Die Kugel-*

form legt nahe genug, dass Teilchen vom Bezoarstein, unter das Kugelblei gemischt, zielsichere Kugeln ergeben mussten, oder aber, anders benutzt, den Mann kugelfest machten. Der fremdartige Ausdruck Bezoar wird von dem persischen padsahr abgeleitet, was soviel wie Gegengift bedeutet. Früher galt als Möglichkeit, kugelfest zu werden, das Blut einer Gämse zu trinken oder das Einwachsenlassen einer konsekrierten Hostie in die Handfläche. Viele Wilderer, aber auch Jäger, wandten letztere Methode an und glaubten, dass dadurch Kugeln, auf sie abgefeuert, fehlgeleitet würden. Sie meinten, dadurch absolut treffsicher zu werden und unverwundbar zu sein. Wer eine weiße Gämse erlegt, so heißt es, der muss im Ablauf eines Jahres ebenfalls sterben. Bestärkt wurde dieser Aberglaube auch dadurch, weil der österreichische Kronprinz Rudolf in seinem Todesjahr eine geschossen hatte, wie auch später Franz Ferdinand von Österreich, der in Sarajewo am 28.06.1914 ermordet wurde. Vgl. dazu auch S. 115: „Der reumütige Jäger und die Fahne von Holzolling“ und S. 286 „Der Wilde Jager von Gmund“.

9) Mich. Thalmeier aus Bayrischzell (Lechner S. 169) erzählte die Sage so: *Vor vielen Jahren lebte in Elbach ein Pfarrer. Nach dessen Tod fand seine Seele keine Ruhe. Sein Geist wurde in die Bloak am Seeberg verbannt. Von dort aus konnte er die Elbacher Kirche sehen. Nachts 12 Uhr fuhr er öfters mit feurigen Rossen über die Bloak herab, zahlreiche Felstrümmer herabrollend, und sauste durch die Luft nach Elbach. Nachdem er fünfmal um die Kirche herumgefahren war, kehrte er wieder auf den Seeberg zurück. Die Bloak schaut aus wie eine Monstranz.*

10) Die genannte Stelle liegt zwischen der heutigen Sillbachbrücke, nahe „beim schweren Gatter“ und dem Parkplatz unterhalb des Ziplhofes.

11) Ähnliche Entstehungssagen werden von vielen Kirchen, beispielsweise von Dietramszell oder von Holzhausen (Ldkr. Wolfratshausen), erzählt: Vgl. auch „Wie die Blutkirche von Elbach entstand“ hier S. 66

12) Wilde Jagd = Wütendes Heer: Meyer I Bd. 17 v. 1897*: Wütendes Heer (wilde Jagd, örtlich auch Wudesheer, Wuotisheer, Wutheer, Wütenheer, wildes Gjaig oder kurzweg wilder Jäger) nach der deutschen Sage ein von Wodan (Wuotan) angeführtes Heer (daher der Name) oder großes Gefolge von Gespenstern, welches mit schrecklichem Tosen durch die Lüfte fährt und oft gehört, selten gesehen wird. Diese Sage, welche in hohes Altertum hinaufreicht, beruht auf der Vorstellung, dass die Seelen der Verstorbenen in der bewegten Luft einher ziehen. Noch jetzt verknüpft die Tradition die wilde Jagd mit dem nächtlichen Sturmestosen besonders in waldreicher Gegend. ...statt der gespenstischen*

Tiere, welche das Gefolge der wilden Jagd bilden, erscheint mitunter auch Kriegsvolk mit Trommeln und Trompeten auf feurigen Rossen und mit flammenden Waffen unter Führung Wodans, des obersten Lenkers des Krieges, oder seiner Stellvertreter, wie Kaiser Karls im Odenwald, und das Volk knüpft daran den Glauben, dass dies nur geschehe, wenn ein Krieg bevorstehe.
Leoprechting 1855 über die Wilde Jagd: *Das wilde Gejag fährt in der Adventzeit alle Nacht aus, sonderlich aber in den zwölf Nächten vom Weihnachtsabend bis heil. Drei König, inner deren Zeit wütet es am ärgsten. Es gibt sonderbare Orte, wo es länger verweilt, und wo man es deutlich vernehmen kann. Dies sind aber immer enterische Plätze, verwunschene Hölzer, dem Teufel verschriebene Gräben und Schluchten, Wegscheiden die kreuzweis gehen, weitgedehnte einsame Möser und Filzen und dergleichen mehr. Mit dem wilden Gjäg ziehen auch eine große Anzahl von Hunden und von Nachtvögeln, deren Gebell und Gekrächz schauerlich zu vernehmen.* Nach Schweizer S. 121 werden Hunde, die ledig herumlaufen, mitgenommen und man weiß von keinem, der wieder gekommen sei. Sagen von der Wilden Jagd gibt es im ganzen deutschsprachigen Raum, vgl. hier „Die Wilde Jagd bei Osterhofen“ S. 38; „Die Wilde Jagd bei Elbach“ S. 68; „Die Wilde Jagd und der Oberhaslinger“ S. 97; „Die Wilde Jagd bei Leiten und Loidering“ S. 100; „Die Wilde Jagd am Seehamer See“ S. 107; Die Wilde Jagd auf dem Roßstein“ S. 220: „Die Wilde Jagd in „Holzkirchen“ S. 323.

13) „Chittenreinishofa“ hieß im Jahre 1085 der Kloohof (Lechner S. 158). König Maximilian II. Joseph, der diesen uralten Bauernhof besuchte, war mit seiner Gemahlin oft in den Bergen unterwegs. Er wurde am 28. 11. 1811 als Sohn von König Ludwig I. in München geboren, heiratete am 12. 10. 1842 in München Marie Friederike von Preußen, mit der er eine glückliche Ehe führte. Sie hatten zwei Söhne, Ludwig II. und Otto. Seine Regierungszeit war bis zu seinem Tod von 1848-1864.
Rall S. 340: *Wegen seiner Herzensgüte und Bescheidenheit, seines guten Familienlebens, seiner Vertrautheit mit Bayerns Landschaften, seiner Förderung der Volkskunst, des Volksliedes, der Volkstracht und des Volksbrauchs war Max II. ...ein beliebter und sehr guter König.*
Seine Grabstätte ist in der Theatinerkirche in München.

14) Über die genaue Lage dieses Sees schreibt J. Brunhuber 1928 in „Chronik des oberen Leitzachtales“ S. 720: *Die Wirtsalm im Jenbachtal wurde 1804 noch Einsiedelalpe genannt. 1582 wird sie die Alpen auf*

König Max II Joseph

dem Jehnpach genannt, 8 Tagwerk groß, den Steingrabern gehörig. 1623 grenzte diese Einsiedelalpe im Osten an den „Tegels"-See, heute der sagenhafte und zugewachsene „Racker" See... 1815 war der Rackersee im Jenbachtal noch 150 Schritt lang und 40 breit. (Staats Bibl. Klöckeliana) Im Aiblinger Pfarrarchiv ist eine Nachricht von 1823: „Zwischen der Alpe des Mayrs und Wirts befand sich der Rackersee, der vor 150 Jahren (also um 1680) abbrach und das ganze Jenbachtal überschwemmte."

15) Andere versunkene Orte, etwa Roglau im Chiemsee, Damasia am Ammersee

16) Forschungen in den letzten Jahren bei der Suche nach neuem Trinkwasser für Fischbauchau bestätigen die Überlieferungen durch die Legende. In einem Artikel der SZ von 30.12.1994 von Dietrich Mittler steht: *Schreiben die einen dem Wasser der „Siebenquellen" überirdische Heilkraft zu, die sie gleich literweise zu Tale tragen, so lockt die anderen die geologische Sensation. Dauschek (der Grundwasseringenieur) hat nichts Geringeres als einen unterirdischen See im Gebirgsstock des Breitensteins entdeckt, der vom Bucherberg bis zum Wendelsteingebiet reicht... Eine alte Votivtafel in der Wallfahrtskapelle, auf die sich lange Zeit niemand einen Reim machen konnte, zeigt eben diesen See. Der Dorflehrer Brunhuber, der Anfang dieses Jahrhunderts heimatliche Sagen sammelte, nahm sogar an, dass um das Jahr 1760 die Wassermassen teilweise flutartig ausgelaufen waren...* Keimprüfungen des Wassers ergaben, dass es von besonders reiner und guter Qualität ist.

17) Brunhuber schreibt in seiner Chronik S. 57 über das Haus „beim Schuller": *Das 1910 abgebrochene Anwesen stand nordöstlich des St. Martinskirchenturmes, wo jetzt ein Kaufhaus steht. In dem Anwesen ist im 16. Jahrhundert sicher Schule gehalten worden...* Er vermerkt nach Aufzählung der einzelnen Besitzer im Lauf der Jahrhunderte auch den 1918 erfolgten Bau für den Darlehenskassenverein Fischbachau.

18) Geistermessen werden auch von vielen anderen Orten berichtet, vor allem aus dem Berchtesgadener Land und Salzburg, etwa St. Zeno in Salzburg, St. Bartholomä am Königssee, Maria Kunterweg in Ramsau oder St. Peter und Paul bei Reichenhall. Geschichten von Geistermessen werden beispielsweise aber auch von der Friedhofskirche in Dießen, von St. Georgen bei Dießen, von Schloss Mühlfeld am Ammersee, St. Salvator bei Prien, der Kirche von Fischbachau, der Kapelle in Bruck am Seehamer See, von Gelting und vielen anderen oberbayerischen Orten erzählt, jedoch ebenso aus Nürnberg, Würzburg oder vom Ochsenkopf, um nur einige Orte außerhalb von Oberbayern zu nennen.

19) Hier handelt es sich nicht um eine Sage mit geschichtlichem Hintergrund, sondern wohl um dichterische Freiheit des Verfassers. L. Lechner vermerkte 1912 über den Christoph Hafner oder den Franz Hafner, die als Väter in Frage kämen: *Christoph starb, 84 Jahre alt, am 13. Sept. 1700... Das Anwesen übernahm der 1658 geborene Franz Hafner... Seine Kinder starben alle vor ihm, keines aber 1705. Franz Hafner hatte sich am 24. Okt.1690 zu Fischbachau verehelicht, demnach können auch*

keine Söhne von ihm an der Sendlingerschlacht teilgenommen haben. Die diesbezügliche Gedenktafel am Wirtshaus zu Marbach hat daher keine Berechtigung.

20) 1766 beim Sterzlbauern zu Parsberg bei Miesbach, 1800 beim Bauern zu Gschwendt, 1815 in Elbach, 1827 zu Steingraben oder 1862 in Ried, um nur einige zu nennen

21) *...die zur Behauptung seiner (Napoleons) imperialen Hegemoniepolitik in Europa geführten Kriege 1807/08-1812* (Meyers Enzyklopädisches Lexikon Bd. 16)

22) Vgl. „Die Schweden in Streitmoos und Lauffeld S. 269 und das darin beschriebene Streitmoos bei Holz.

23) Eine sehr begründete Angst, beim Öffnen von Pestgräbern muss auch heute noch mit äußerster Vorsicht u. unter Einhaltung von strengen Schutzmaßnahmen vorgegangen werden, vgl. S. 120.

24) Vgl. ähnliche Entstehungssagen, beispielsweise bei der Kirche von Bayrischzell S. 36, von Dietramszell im Landkreis Bad Tölz-Wolfratshausen oder von Holzhausen im Landkreis Wolfratshausen, um nur einige zu nennen.

25) Bischof Arebo von Freising (764-784) in seiner Beschreibung Bayerns: *In seinen schönen Höhenzügen und Bergen leben Hirsche, Elche, das Wiesent, der Auerochse, Gämse und Steinbock.*

26) Das Motiv vom dummen Teufel, der von den Menschen überlistet wird, ist ein Lieblingsmotiv der märchenhaften Volkssage, vgl. „Der Teufel und die Kirchenschwänzer" S. 87 oder die Sagen vom Teufelsgraben von Holzkirchen in allen Versionen; „Der Schmied von Rumpelbach" aus dem Chiemgau oder „Vom Teufel, der nicht zählen konnte" aus Berchtesgaden.

27) Die Huberalm am Ostabhang des Schwarzenberges gehörte dem Huber von Elbach. *Hier in der Huberalm soll einmal ein altes Schloss gestanden haben.* (Brunnhuber S. 719)

28) Skapuliersonntag ist Fest der Hl. Jungfrau vom Karmel am 16. Juli, wenn dieser auf einen Sonntag fällt.

29) Vgl. S. 33, Anmerkung 8 und S. 74, 77 u. a.

30) Max Roeder schreibt 1958: *Immer wieder spukt ein weißes Pferd durch die alten Überlieferungen und Sagen zwischen Isar und Inn,*

überall will man den Schimmel gesehen haben... Wenn man diese Berichte vom wilden Schimmel... aufmerksam verfolgt, dann stößt man auf das merkwürdigste Sagengut, das es überhaupt gibt. Das Pferd ist ein Symbol alten heidnischen Glaubens und alle Sagen von Pferden stehen teilweise mit der Überlieferung vom ‚wilden Gejaid' im Zusammenhang.

31) Verbrechen des Grenzpfahl- oder Grenzsteinversetzens waren in früheren Zeiten nur schwer nachweisbar. Es entsprach dem damaligen Gerechtigkeitsempfinden, dass solche Missetäter wenigstens in der Ewigkeit dafür zur Rechenschaft gezogen wurden, wenn es die irdische Gerichtsbarkeit nicht konnte. Daher sind Sagen von Grenzsteinversetzern im ganzen deutschsprachigen Raum und weit darüber hinaus bekannt. Dazu Dr. Bruno Schweizer 1952: Schon im Muspilli, dem altbairischen Gedichte in Stabreimen, das um 870 niedergeschrieben wurde und den Weltuntergang behandelt, kommen die ergreifenden Worte vor:
...Denne daz preita wasal allaz verprinnet
(Dann verbrennt die ganze weite Welt)
enti vuir enti luft iz allaz arfuipit
(und Feuer und Sturm fegt alles hinweg)
war ist denne diu marha, dar man dar eo mit sinen magon piehe?
(wo ist dann der Grenzpfahl, um den einer dereinst mit seinen Verwandten stritt?)
diu marha ist farprunnan; diu sela stet pidwungan.
(der Grenzpfahl ist verbrannt; die Seele aber steht geängstigt da.)
... Deshalb glaubt das Volk, dass einer, der den Grenzpfahl versetzt oder verrückt („übermarcht") hat, so lange umgehen muss, bis man ihn erlöst und das kann nur geschehen, wenn das Verbrechen der Grenzsteinveränderung wieder gut gemacht wird.

32) Ob es sich hier um eine Geschichte aus Wörnsmühl oder aber aus der näheren Umgebung des Ortes handelt, ist nicht bekannt.

33) Andere Wilderer, die zeitmäßig in Frage kämen, sind Johann Kirchberger, der am 26. Juli 1836 in der Mesner Ötz (bei Elbach) oder Sebastian Auer, der am 28. Okt. 1846 im Krottental, südlich der Aiplspitze, erschossenen wurde (vgl. Brunhuber S. 737).

34) Die Einöde zum „Harraßer" wird schon 1240 unter dem Namen Harrouze (Flachsröste) erwähnt.

35) Geschicklichkeitsspiel. Josef Hatzl erklärt S. 61: *Stöckaplatteln ist ein Spiel, bei dem schwere Scheiben – heute aus Metall – von den Spielern zu einem Stock geworfen werden, ähnlich dem Eisstockschießen oder dem Hammerwerfen.*

36) Nordöstlich von Niklasreuth, etwa 300 m vom Heißkistler entfernt, liegt die Ruine der Burg Altenwaldeck, deren Entstehung ins 12. Jh. zurückgeht. Sie gehörte erst den Waldeckern, dann den Herren von Seiboldsdorf und wurde 1568 aufgegeben. Seither verfiel sie. Der Burgstall wurde 1603 an den Wirt Lang von Au verkauft. 1721 wurde ein großer Teil der Steine zum Bau für die Kirche von Au verwendet. Noch heute sind überwachsene Mauerreste, vor allem an den Steilabfällen im Westen, deutlich erkennbar.

37) Gestiftet schon 1647, der ursprüngliche Holzbau wurde später in Stein erneuert u. 1748 umgestaltet. Sie wurde „Taxakapelle" genannt, weil das Gemälde von Mariä Heimsuchung darin mit Taxen (Tannenzweigen) umrahmt wurde.

38) Wahrscheinlich wurde eine erste Kapelle schon im 8. oder 9. Jh. erbaut.

39) Lechner S.115: *Von der dortselbst gezeigten halbkugelförmigen Glocke geht die Sage, dass schon St. Marinus damit die Gläubigen zusammenrief. Der Umstand aber, dass die Glocke gegossen ist, Eisenguss aber vor dem 15.Jahrhundert mit Sicherheit nicht nachgewiesen ist, weist die Entstehung der Glocke in eine spätere Zeit.*

40) Früher häufig geübter Brauch, einen Brunnen zu weihen.

41) Ist heute aus Sicherheitsgründen abgedeckt.

42) Ähnliche Sagen gibt es von Thankirchen bei Dietramszell und Aindorf bei Amerang im Chiemgau.

43) Josef Hatzl S. 97: *Die Grenzlinie soll sich von der Galgenleite über Markstein zu den Riedgasteiger Höfen und weiter zur Jedlinger Mühle gezogen haben. Von Markstein heißt es, dass „in diesem Haus die Grenze genau durch die Mitte des Herdes gegangen sein".*

44) Holzweiblein, Holzfräulein, Moosweiblein usw. sind wesentlicher Bestandteil des Sagenreichtums und verkörpern in manchen Gegenden gleichsam die Seele der Waldbäume. Schweizer S. 34:
Man bringt ihnen Opfergaben und man kennt genaue Einzelheiten ihrer Erscheinungen, Sprüche, Tänze, mannigfaches Brauchtum und reichgegliederter Volksglauben hängt mit ihnen zusammen. Sie sind Feen und Holden gleich und sie bringen Glück und Segen, sind mithin wohl als Geister des Wachstums und der Fruchtbarkeit anzusehen. Aber andererseits werden sie auch mit den Armen Seelen identifiziert.

Früher verstand man unter Holzweiblein vor allem Eule und Käuzchen. Damit ein Holz-, Moor- oder Waldweiblein, das von der Wilden Jagd gehetzt wurde, ausruhen konnte, war es früher üblich, dass Holzknechte nach dem Fällen eines Baumes drei Kreuze in den verbleibenden Baumstumpf schnitten. Dadurch schufen sie, nach damaliger Überzeugung, den Gejagten eine Freistätte, zu der sie sich flüchten und sich damit retten konnten. Andererseits beschützten diese Geister die Holzknechte vor Unfällen bei ihrer schweren Arbeit.

45) Anderen Berichten zufolge (Lechner S. 169 Nr. 4) wurde er vom Seilberg zum Stadler nach Wöllkam getragen und war so zerschunden, dass er erst nach ein paar Tagen wieder heimgehen konnte.

46) Es steht im Wald oberhalb der Höfe Schlachtham 5, Schlachtham 6.

47) Früher wurde ein Mord oder ein Totschlag nicht zwangsläufig mit der Todesstrafe geahndet, vielmehr musste jemand, der solch eine Blutschuld auf sich geladen hatte, eine hohe Geldsumme an die Hinterbliebenen seines Opfers zahlen und an der Stelle des Verbrechens ein Sühnekreuz aus Stein errichten. Hochgestellte und reiche Leute, die solch ein Verbrechen begangen hatten, kamen aber nicht mit einem Sühnekreuz davon. Sie mussten auf Kreuzzüge gehen oder aber Kirchen oder Klöster stiften. Darum verlangte Papst Alexander IV. von Herzog Ludwig II, genannt der Strenge, nach dem Mord an seiner Gattin Maria von Brabant und deren Hofdame, den er aus blinder Eifersucht und Jähzorn begangen hatte, als Sühne für seine Bluttaten die Errichtung eines Klosters. Es war für Ludwig nicht einfach, das Sühnekloster nach den Bedingungen des Papstes zu errichten, der eine „Kartause" gefordert hatte. Damals gab es noch keine Kartäuser in Bayern. Nach erneuter Rücksprache mit dem Heiligen Vater gestattete dieser auch eine Übernahme des Klosters durch die Zisterzienser. 1263 ließen sich schließlich die Mönche zuerst in Holzhausen in der Nähe des Marktes „Prugg" auf des „Fürsten Feld" nieder. 1270 wurde der Bau des Klostergebäudes und der Kirche in Backstein begonnen und 1290 vollendet. 1717, nach Abbruch der alten Bauten, wurde die heute bestehende barocke Anlage errichtet. Sühnekreuze stehen auch beispielsweise bei Greifenberg nahe Landsberg, bei Raisting, bei Einöd, bei Wimmern und bei Jechling nahe Teisendorf, bei Neusillersdorf, bei Straß zwischen Teisendorf u. Freilassing, in Kay bei Tittmoning oder bei Sumpering im Bayrischen Wald, um nur einige zu nennen. Auf einem Felsen über der Berchtesgadener Ache bei Marktschellenberg steht ein quadratischer Turm mit hohem Zeltdach aus dem 13. Jahrhundert, der Paßturm. Hier gibt es noch ein Sühnekreuz aus dem Jahr 1382. Warum es damals errichtet werden musste, weiß heute niemand mehr zu sagen. Es muss aber hier einmal eine Bluttat geschehen sein, die der Schuldige durch das Aufstellen des Steinkreuzes sühnen sollte. Solche Sühnekreuze durften nicht versetzt werden, auch wenn sie mitten in einem Feld oder an sonst einem ungünstigen Platz waren, weil nach dem Glauben der Leute sich der Tote dann rächen würde. Aus diesem Grund wurden viele Sühnekreuze, die besonders störend im Weg standen oder in unseren Tagen den Betrieb der landwirtschaftlichen Maschinen beeinträchtigten, an der Stelle, wo sie sich befanden, in der Erde vergraben.

P. u. R. Werner S. 18: *Eine andere Deutung wäre die, dass Angehörige oder Nachkommen eines Totschlägers, welcher ein* Sühnekreuz setzen musste, dieses heimlich vergruben – um so die *Erinnerung an die Untat, welche einer aus ihrer Sippe verübt hatte, auszulöschen.*

Lourdesgrotte an der Fehleiten. Foto von Heinz Schinzel

48) Zahlreiche Lourdesgrotten oder -kapellen wurden seit den Marienerscheinungen in Südwestfrankreich ab dem 11.02.1858, welche die damals vierzehnjährige Bernadette Soubirous erleben durfte, und nach de-

nen an der dortigen Grotte mit dem heilenden Wasser zahlreiche Gläubige, auf ihr Gebet hin, Wunderheilungen erfahren haben, in vielen Ländern errichtet.

49) Vgl. Maria Eich in Planegg bei München

50) Erich Moos, Polizist in Miesbach, dokumentierte in den 80er Jahren des 20. Jh. Bildstöcke, Sühnekreuze, Marterl und Pestsäulen im ganzen Landkreis, 146 an der Zahl. Er erneuerte selbst und mit Hilfe von anderen Malern die darin meist in den vorhergehenden Jahrhunderten verloren gegangenen bildlichen Darstellungen oder Schriften, durch neue Heiligenbilder. Diese sind häufig wegen der verwendeten Farben schon sehr verblasst.

51) Bildstock etwa 100 m vor der Abzweigung nach Imbuchs

52) Pfarrei Kirchdorf-Haunpold/Bruckmühl

53) Über die im 11. Jh. gegründete Burg schreibt Weithmann S. 269: *Auffallend kleinräumiger, grabenumzogener Burgstall auf Bergsporn des Irschenberges mit abgesteilten Hängen und umlaufendem Hanggraben über Mittenkirchen bei Vagen, 1000 m südostlich Kirche Vagen im „Hochholz". Ob dies der Standort der historisch überlieferten Neuburg ist, ist nicht sicher.*

54) L. Lechner S. 126: ... *die aus romanischer oder gotischer Zeit stammende Wasserburg bei Großseeham. Auf der sog. Insel ist ein viereckiger Wall deutlich erkennbar. Auf der Nordseite steht eine Rastbank, der Westwall ist noch von einem Graben begleitet. Der Graben der Südseite ist mit Wasser gefüllt und stellt die Verbindung zwischen Seehamersee und Kotsee her. Südlich dieses Wassergrabens ist wieder ein Wall.*

55) Alter Name vom Irschenberg

56) Vgl.: „Die unterirdischen Gänge und die Kreuzgruft bei Reichersdorf" S. 121

57) Plan Nr. 2472 Gemeinde Irschenberg

58) Josef Hatzl dazu: *Tatsächlich rührt sich dort im Wasser etwas, denn ständig hebt und senkt sich der Sand auf dem Grund des Gewässers... Die Erklärung, warum sich im „Teifirührdi" das Wasser bewegt, liegt in den sogenannten Artesischen Quellen, die aus den wasserreichen Hügeln der Umgebung im „Teifirührdi" ihren Auslauf finden und den Sand auf dem Boden des Wasserloches in Bewegung bringen. Der ständige*

Druckunterschied lässt den feinen Sand immer wieder an verschiedenen Stellen zu blasenförmigen Gebilden aufsteigen und wieder verschwinden.

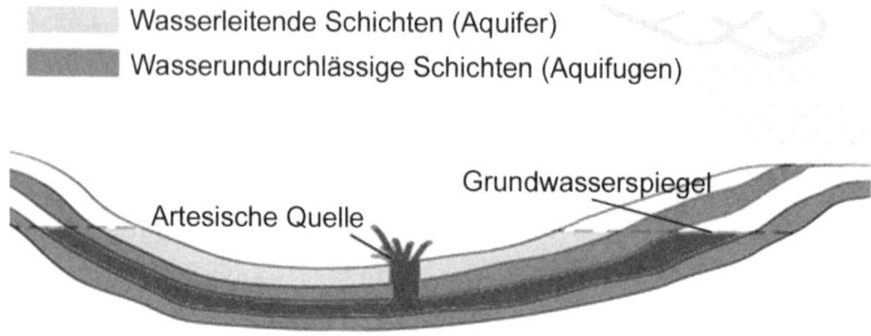

Artesische Quelle zu Anmerkung 58 (J. Hatzl)

59) In Chronik IV steht von J. Hatzl dazu: *Am 10. Dezember 1825 erschoss der Jäger Johann Spielberg den Taglöhner Martin Fellner aus Weyarn. Wohl um der gerichtlichen Untersuchung zu entgehen, versenkte er den Leichnam im Kotsee bei Seeham. Die Leiche Martin Fellners wurde am 23. April 1826 entdeckt.*
Der Kotsee war ein Ausläufer auf der Südseite des Seehamer See, der früher Ostersee (vgl. Sage vom Burgstallmanndl) *hieß. Mit der Aufstauung zum Speichersee hat der Seehamer See den Kotsee überflutet, damit ist der Kotsee von der Karte verschwunden.*
Ergänzungen aus Chronik IV: *Der am 12. Juni 1785 in Aurolzmünster (heute Oberösterreich, damals zu Bayern gehörig) geborene Johann Spielberger war Revierjäger des Grafen Arco und lebte zeitweise auf Schloss Wattersdorf. Nach seiner Hochzeit mit Barbara Ableiter im Jahr 1823 war er neben seiner Tätigkeit als Jäger auch auf dem Hof seiner Frau, dem Pöltlgütl, tätig. Er starb am 10. September 1863 – wie es heißt an Alterschwäche – und wurde in Holzolling begraben.*

60) Die Erinnerungssäule steht beim letzten Haus in der Gasse „Am Anger“ in Neukirchen.

61) Holzkirchner Merkur v. 16./17. Juni 1963: *Die beiden Getöteten waren gute Freunde. Veicht war am 10. Januar, Moser am 8. Januar 1875 geboren. Sie dienten zusammen ihre Militärzeit ab und zugleich bei einem Regiment. Immer sah man sie beisammen, und so, wie sie im Leben*

stets vereint und eines Sinnes waren, wurden sie unter ungeheurer Beteiligung von Leidtragenden aus nah und fern zur letzten Ruhe getragen.

62) Holzkirchner Merkur v. 16./17. Juni 1963: *„Für den Wirt hab' ich das Messer schon gewetzt", soll Aigner einmal geäußert haben. Die Tat war also von Rachemotiven bestimmt.*

63) Der Name Bruck rührt wohl von der Brücke her, die früher den Ort mit Kleinseeham verband, da der See damals noch bis hierher, möglicherweise sogar noch bis Wattersdorf u. Seiding reichte. Andere Pestsäulen oder Bildstöcke in der Umgebung sind: Um 1600 Pestsäule beim Pfisterer nahe bei Reichersdorf mit Darstellung des Martyriums des Hl. Sebastian; bei Pfaffing; Tuffsteinsäule bei Stürzlham.

64) Vgl. „Das Burgstallmanndl vom Seehamer See" S. 108.

65) Lechner S. 111 über St. Loy: *St. Loy ist heute vergessen, die hl. Barbara wird aber immer noch gläubig verehrt und ein altes Wallfahrtsbüchlein erzählt heute* (um 1912) *noch, dass 1532 Propst Jörg Rotschmidt von Weyarn sich sein Sterbelager in der Kirche vor dem St. Barbara-Altar hat machen lassen und daselbst verstorben ist.*

66) Die Leonhardifahrt in Reichersdorf ist seit 1684 urkundlich nachweisbar. Leonhardi-Ritte oder -Fahrten werden in vielen Orten Bayerns abgehalten, in der näheren Umgebung beispielsweise in Kreuth siehe S. 209, in Fischhausen am Schliersee oder auf den Kalvarienberg bei Tölz. P. E. Rattelmüller S. 45 zu Pferdeumritte: *...gibt es noch immer Leonhardifahrten oder -ritte, die tatsächlich im Sommer stattfinden, in dem erwähnten Staucharting, bei Sauerlach oder in St. Leonhard bei Schönegg-Dietramszell.* Felix Dahn 1860 in der Bavaria Landes- und Volkskunde: *Da kommen denn die Bauern schon am Vorabend zur Vesper, jeder mit 2 Rossen, reiten dreimal um die Kirche, binden die Rosse im Walde an, beten einen Rosenkranz und ziehen nach einem nochmaligen Umritt nach Hause. ...am Festtage selbst kommen die Leute schon in aller Frühe viele Meilen weit auf Leiterwagen gefahren, die mit Kränzen, Fahnen, Bändern, Bogen und Gewinden von Laub und Tannen aufs festlichste geschmückt sind; auch die vorgespannten vier Pferde prangen im besten Geschirr, Mähnen und Schweif mit Bändern durchflochten, und ihre Lenker haben Hut und Geißel mit Strauß und Schleife geschmückt... alle diese Gespanne umfahren nun hintereinander in raschem Trab die Kapelle, ...Nach der letzten Messe um 12 Uhr fahren die ehrsamen Bauern mit Weib und Kind nach Hause; das lustige junge Volk beginnt nun aber erst die zweite weltliche Hälfte des Festes zu feiern; denn bei dem einsamen Kirchlein stehen für diesen Tag*

flüchtig erbaute Krambuden, Bierhütten, Kochherde, Tanzboden und hier wird nun fröhlich wie am 'Kirta' gelebt...

67) Aufgeschrieben von Panzer, nach mündlicher Überlieferung durch Vogt.68) dazu Lüers S. 28: *...zu der Überzeugung gekommen, dass der Hexenglaube einer der urältesten Bestandteile unseres Volksglaubens überhaupt ist, dessen Ursprung sich wohl kaum jemals zeitlich genau wird festlegen lassen, da seine Herkunft über die Zeit greifbarer Überlieferung unseres Volkes hinausgeht.*
Hexen wurde nachgesagt, dass sie Unglück über Mensch und Tier, über Haus und Hof bringen konnten, wenn die Menschen sich nicht durch bestimmten Abwehrzauber – wie etwa Trudenfuß, geweihte Gegenstände oder Bannmittel – geschützt hatten. Wenn einer sein Ross im Stall völlig verschwitzt und schäumend vorfand, ohne dass er es geritten hatte, wenn ein Pferd über Nacht in Schweif und Mähne Tausende von Zöpfchen eingeflochten hatte oder sich plötzlich wie verrückt benahm, so war sicher eine Hexe daran schuld. Ebenso bei plötzlichem Viehsterben. So eine Teufelsbündlerin konnte viel Schaden anrichten.
Leoprechting S. 29: *So besteht eine ihrer Hauptkünste im Milchentziehen fremder Kühe. Hiezu gibt es unzählige Mittel. Denn nicht nur, dass sie des Nachts in einen Stall, der leichtsinniger Weise christlicher Bannsegen entbehrt, eindringen können, wo sie es dann leicht haben, an den wirklichen Eutern des Kuhviehs zu melken die ganze Nacht hindurch, sondern sie vermögen sich auch solche Zauber zu verschaffen, vermöge welcher sie aus Grassäcken, Milchtüchern, Zaunstecken im Namen des Eigentümers Milch melken als wie an den Eutern der Kühe derselben. Will man nun solche Kühe morgens melken, geben dieselben natürlich keinen Tropfen Milch...* S. 39 zu Trudenfuß: *Dies ist eines der geheimnisvollsten Zeichen aus dem tiefsten Altertum voll wunderbarer Kraft gegen jedwede Art von Zauberei. Er besteht meist aus zwei wie in a) ineinander gefügten Dreiecken, doch kann man ihn, besonders in älteren Zeiten, auch wie b) abgebildet finden.*

a)

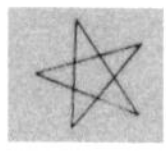

b)

Er wird zwar aus allen möglichen Stoffen gebildet, oder nur auf solche hingemalt, doch am gewöhnlichsten und liebsten macht man ihn aus rothem Wachs, und zwar aus dem an Maria Kerzenweih geweihten rothen Wachsstocke der Frauen. ...Schon der Name dieses Zeichens deutet darauf hin, wozu es am kräftigsten gebraucht wird. Gegen die Truden. Man findet daher den Trudenfuß an Häusern, Stallungen und besonders an Bettstatten. 1855 beschreibt Karl v. Leoprechting, woran man nach dem Glauben der Leute eine Hexe erkennen könne: *Die Hexe erkennt man schon von weitem am Gang und das Gesicht trügt selten, hat sie aber gar noch rote Gluderaugen, dann weiß man sicher, wie viel Uhr es mit ihr geschlagen hat. So kennt man auch die Trud beim ersten Blick, denn deren Augenbrauen gehen in verkehrter Richtung statt den Schläfen der Nasenwurzel zu, und je borstiger sie sich steifen, je ärger sind sie zu scheuen.*

Heute bezeichnen sich vermehrt Frauen als Hexen der sog. Weißen Magie und betreiben Kräuterkunde oder – wie sie behaupten – heilende Rituale. Sie bekennen sich zur „Weißen Magie" weil sie Mensch und Tier nicht schaden wollen, ganz im Gegensatz zur „Schwarzen Magie", die aber auch vielerorts eine Renaissance erlebt, wie viele Plätze, an denen auch heute noch (!) Satansrituale und Schwarze Messen mit Opferung von Tieren gefeiert werden, zeigen.

68) Vgl. S. 265 „Die Durlhexe bei Gmund".

69) Hier handelt es sich wohl um den Burgstall im Ortgraben an der Schlierach, wo einst die Burg der Pienzenauer stand. Lechner schreibt S. 127: *Das Kernwerk ist leider durch die Felssprengungen im Ortgraben abgestürzt, nur mehr die Südostecke ist erhalten, Mauerspuren sind kaum mehr erkennbar. Dieses Hauptwerk ist durch 3fachen Wall mit Graben rechtwinkelig an der Süd- und Ostseite geschützt. 1046 ist Ratols von Pienzenau genannt. Haziga soll sich gerne in Pienzenau aufgehalten haben. Christian von Pienzeau hauste 1390 auf seiner Stammburg. Bei der Erbteilung 1431 scheint die Burg verlassen worden zu sein. 1598 standen noch Reste von der Burg.*

70) In Esterndorf gab es von 1102-1350 ein Dienstmannengeschlecht.

71) Hexentanzplätze, immer abgelegen und einsam, gab es auch an vielen anderen Orten, in der näheren Umgebung, beispielsweise auf der Brecherspitze oder bei Hohenschäftlarn.

72) Ein Kreuz mit drei Querbalken wird als Papstkreuz bezeichnet, ein Kreuz mit zwei Querbalken als Patriarchen- oder Erzbischofkreuz. Die drei Querbalken sind Symbole für die Aufgaben des Papstes: Priesteramt, Lehramt, Hirtenamt. Das Papstkreuz ziert häufig Bauten der Jesuiten oder Dominikaner, die sich einzig dem Papst gegenüber verpflichtet sehen. Eine Tuffsteinsäule mit Papstkreuz steht am Parkplatz des Landgasthofes Neukirchen.

Das doppelbalkige Kreuz ist entstanden aus dem Querbalken des Kreuzes Christi und der darüber angebrachten Tafel mit dem Kreuztitel „Jesus von Nazareth, König der Juden", abgekürzt INRI= Jesus Nazareus Rex Judaeorum.

Patriarchen- oder Erzbischofkreuz. Foto Schinzel

Darum ist der obere Kreuzbalken des doppelbalkigen Kreuzes meist kürzer als der untere. Es wird oft benützt, um Orte zu kennzeichnen, an denen ein Kreuzpartikel des Kreuzes Christ aufbewahrt wird. Das Patriarchenkreuz symbolisiert einerseits die kirchliche erzbischöfliche und Metropolitangewalt, andererseits ist es ein altes Zeichen der Ostkirche, vor allem in Ungarn und Litauen.

73) Lechner über Balthasar Riesenhuber S. 135: *Eines Mannes müssen wir noch gedenken, des Schmiedes von Kochel, des Balthasar Riesenberger, dessen Geburtsort Holzolling ist. Die Sage weiß vom „Schmied von Kochel" zu berichten über seine ungeheure Stärke, von seinem trotzigen Mute. Als Letzter sei er niedergesunken auf den Schnee des Sendlinger Friedhofes. Kochel und Waakirchen haben ihm bereits zu Unrecht eherne Denkmale errichtet, denn auf den geschichtlichen Schmiedbalthes darf unter allen Pfarreien des bayerischen Oberlandes die Pfar-*

rei Neukirchen den ersten Anspruch erheben. Balthasar Riesenberger entstammt einem alteingesessenen Holzollinger Schmiedgeschlechte. Schon 1630 ist ein Mattheiß Riesenperger Schmied in Holzolling. Der Held ist nach 1661 auf der Schmiede zu Holzolling geboren worden und heiratete 1695 auf die Schmiede in Bach. Riesenberger ist der einzige Schmied namens Balthasar, der in der Sendlinger Schlacht fiel.

74) Vgl. zu Sendlinger Mordweihnacht auch „Die Marbacher“ S. 56, „Die Gotzinger Trommel“ S. 157, „Das Gnadenbild der Schmerzhaften Muttergottes in Miesbach“ S. 169; „Die Steinsäulen bei Ostin“ S. 291; „Das Oberländerdenkmal in Waakirchen“ S. 305.

75) Lechner S. 125: *Vor 1174 werden genannt Giselold, Bernhard, Siboto, Volchart und Judith von Westerhaim, welche Personen Graf Berchtold von Andechs dem Grafen Siboto von Neuburg übergab.*

76) Der Burgstall der mittelalterlichen Anlage über der Mangfall, westlich von Feldkirchen bei Westerham, befindet sich im sog. Lehenholz, etwa 500 m südlich des Burgschlosses Altenburg,

77) Schon um 630 Stammburg der Faganen (einheimisches Grafengeschlecht, wurde bei der Einteilung des Landes in Gaue von Karl der Große absichtlich übergangen, als Verwalter wurde 804 ein Drouant als Gaugraf eingesetzt.

78) Am 22. September 652

79) Titel der Schrift: „Siegreiche Unschuld des grossen regenspurgischen Bischofs, etc. hochheiligen Erzpatrons Emmerami etc. von P. Anselmo Goudin etc. ord. St.Benedicti professn etc. Regensbeurg 1711“

80) Heimeran = anderer Name für Emmeram

81) Beispielsweise in Manching bei Ingolstadt

82) Steinkreuz Mitterdarching, Bahnhofstr.15., völlig überwuchert und kaum mehr erkennbar, siehe Foto von Heinz Schinzel im Frühjahr 2024 auf S. 364 unten.

83) Über Funde an der Fentbachschanze schreiben Hampe/Herl S. 100: *Im Jahr 1877 wurden bei Schürfungen an verschiedenen Stellen des Nordwalls und im anschließenden Innenraum der Anlage ein Mühlstein, ein Eisengerät, ein weiteres, in Hakenform gebogenes Eisen mit Widerhaken, Holzkohle, verbrannter Lehm und Scherben verschiedener Gefäße gefunden werden... Ein Teil dieser Scherben gehört zu der, in der*

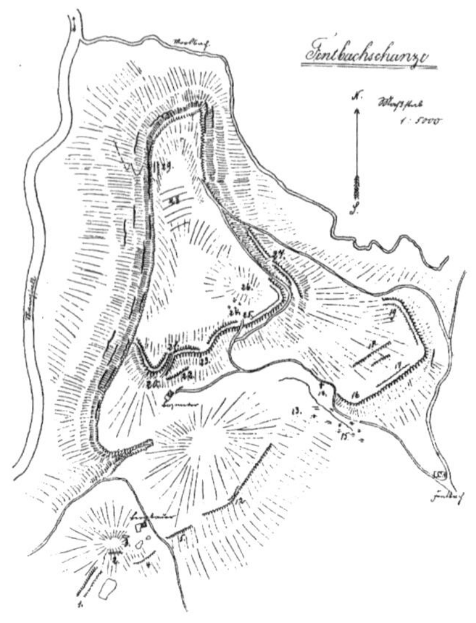

Fentbachschanze

Steinkreuz Mitterdarching, kaum erkennbar. Foto H. Schinzel

mittleren und späten Latènezeit (480-15 v. Chr.) geläufigen Graphittonware mit wulstartig verdickten Rändern und Kammstrichverzierung...

84) Wohl dichterische Freiheit, Mitte des 12. Jh. wurden noch keine Gewehre mit Bleikugeln bei der Jagd verwendet.

85) Das Stammschloss von Sigiboth v. Falkenstein war am Fuß des Petersberges bei Flintsbach am Inn.

86) Vgl. „Die unterirdischen Gänge u. die Kreuzgruft bei Reichersdorf" S. 121.

87) Hampe/Herl S. 97: *Seinen Namen soll der Taubenberg von den Nadelbäumen haben, den Fichten und Tannen, die man im Gegensatz zu den fruchttragenden Laubbäumen (auch Bucheckern, Eicheln usw. wurden gesammelt) als „taub" bezeichnete, nicht von den Taubeeren, die es hier so reichlich wie die Schwammerl gab, einstmals.*

88) Der Wallfahrtsort hieß früher Niedernbrunn, weil die heilkräftige Quelle *„unterhalb von weiteren Quellaustritten am Taubenberg liegt. Aus der Benennung entwickelte sich durch mundartliche Verschleifung und phonetischer Niederschrift der heutige Name"*. Wikipedia

89) Michael Schöttl, der letzte Einsiedler, der hier lebte, starb 1961.

90) Das Wasser vom Taubenberg gilt ohnehin als besonders gutes und reines Wasser. Die Stadt München bezieht seit 1883 vom Taubenberg ihr Trinkwasser.

91) Die Kapelle von Nüchternbrunn ist im Sommer jeweils am Sonntagnachmittag geöffnet, wenn dort ein Rosenkranzgebet stattfindet. Zweimal im Jahr findet hier eine Hl. Messe statt, Ende Juni und am 15. September, am Tag der „Schmerzen Mariens".

92) Vgl. „Balthasar Riesenberger, der echte Schmied v. Kochel" S. 130.

93) Schulunterlagen Gotzing und „Der Landkreis Miesbach" d. LA f. Denkmalschutz. Veröffentlicht in „Unser Gmoablattl" 3/95 Beitrag von Leonhard Wöhr

94) Panzer erklärt den Begriff „Hanerlos" so: *Nachtrag: Die Hanerlos ist dasjenige Opferschwein bei dem Ernteschmaus, welches den für 's Dreschermahl erforderlichen Suppenhahn entweder ersetzen oder zugleich mit diesem aufgetischt werden muss.*

95) Docken = Puppen

96) Der Brauch reicht möglicherweise schon bis in heidnische Zeiten zurück. Der Schimmel war in der germanischen Mythologie dem Wodan

heilig. Der Sagenforscher J. Sepp meinte 1892 dazu: *Der Blaßel ist Sleipnir, Wodans Grauschimmel, welcher mit beginnendem Frühjahr umreitet und allenthalben Segen verbreitet.*

97) Vgl. „Haberfeldtreiben in Fischbachau“ S. 62.

98) Wahrscheinlich Neuburg b. Vagen gemeint, vgl. auch Anmerkung 2

99) Vgl. „Balthasar Riesenberger, der echte Schmied v. Kochel“ S. 130

100) Pfarrkirche von Miesbach. Zeichnung von 1856

101) Andere Rockensteine sind in Starnberg, bei Weiden oder am Vierwaldstätter See bekannt.

102) J. Sepp bringt 1876 sein Bedauern darüber zum Ausdruck, dass sich diese Gemälde nicht mehr an ihrem angestammten Platz in Agatharied befinden, sondern *durch die Hand des Herrn Pfarrers Freytag in Miesbach im Besitz des kgl. Advokaten, seines Bruders in München.*

103) Andere Kirchen, an die sich diese Sage von den Jakobspilgern knüpft, sind Unterschondorf, Peiting, Stift Stams, St. Jakobs Pfarrkiche Innsbruck u. v. a.

104) Vgl. „Der Hackensee bei Kleinhartpenning“ S. 315, auch ein „Hungersee“ ist „Der Längensee bei Sachsenkam“; vgl. mit Schicksalsbrunnen bei Lenggries oder mit Hungerbrunnen bei Kochel. Andere Hungerseen, -bäche oder -brunnen sind beispielsweise der Riegsee bei Murnau, der Hungerbach bei Huglfing oder der Hungerbach bei Oberalting, um nur einige zu nennen. Vergleiche auch den vom Brunnenbauer und Hellseher Alois Irlmaier gebauten „bellenden Brunnen von Asten“, der auch ein Wetterprophet sein soll (vgl. mein Buch: Sagen und Legenden um Chiemgau und Rupertiwinkel, Neuauflage 2016 S. 341).

105) J. v. Hefner, 1838

106) Filialkirche von Schliersee

107) Früher glaubte man, dass Hexen den gefürchteten Hagel auf bestimmte Plätze herabwünschen könnten, bestimmte Glocken aber die Macht hätten, diese davor zu bewahren. J. N. Sepp 1876 nach Lütolf 221 f: *Wider Glocken sind Hexen ohnmächtig. Findet man Haare von Menschen oder Tieren in Hagelschlossen, so ist dies ein Zeichen, dass Hexen dabei im Spiele waren. Eine große Haarlocke in einem Häfelein, welches Haar an einem Samstag nach der Vesper gestrählt worden, mit einem Stecken umgerührt in Tausendteufelsnamen, dann umgestoßen, liefert gefährliche Schlossen.*

108) Georg Jennerwein, geboren in Haid Nr.12 Holzkirchen am 19. April 1849 als uneheliches Kind von Maria Jennerwein, Haidpailitochter beim Vorderösterer, starb im Alter von nur 28 Jahren, hinterrücks erschossen

109) Vgl. „Das Wetterloch am Wendelstein“ S. 23.

110) Vgl. „Der Hexentanzplatz bei Esterndorf“ S. 130.

111) Wohl in Ableitung von dem Verbum „waizen“, das so viel wie „nach dem Tod umgehen müssen“ (von dem altnord. Wort „viti“ = Höllenstrafe herkommend) bedeutet; hier soll damit die Unheimlichkeit dieses Ortes ausgedrückt werden.

112) Die sog. „Hohe Jagd“ war ein Privileg der Herzöge und Kurfürsten, die „Niedere Jagd“ stand dem Kloster zu. Bei „Gnadenjagden“ gestattete der Kürfürst auch dem Adel oder der Geistlichkeit gegen eine besondere Gebühr die „Hohe Jagd“. Die Bauern durften früher ihre Felder nicht

einzäunen, um sie vor Verbiss durch das Wild zu schützen, damit das Jagdvergnügen des Landesherrn nicht beeinträchtigt wurde. *Damit die Hunde nicht jagen konnten, mussten sie stets mit einem schuhlangen angehängten Prügel herumlaufen, ja in Tirol musste 1567 allen Hunden in Innsbruck und Ambras ein Vorderfuß abgeschlagen werden, damit sie außer Stand seien, dem Wilde nachzulaufen.* (Chronik des oberen Leitzachtales, Brunhuber 1928, Seite 731)

113) Der Hof „beim Daibler“ besteht nachweisbar seit mindestens 1350.

114) Die gleiche Sage wird auch vom Mühlgraben bei Königsdorf erzählt (Nagler S. 73-75)

115) Vgl. „*gleichwie ferner Glockenklang zuweilen aus dem Kirchsee tönt, darin Altsachsenkam versunken*“ (Sepp S. 401) u. vgl. „Die versunkene Stadt im Auracher Moos“ S. 49

116) Eine andere Sage von der Glück bringenden Schlange wird von Schiestl ohne genaue Ortsangabe erzählt: *Die kleine Maridl hat viel mehr erlebt und viel mehr gesehen als die andern Kinder im Dorf. In den Wolken sah sie Reiter und Drachen, und wenn sie abends im Wald drüben ein Lichtlein sah, so meinte sie, das Jesuskind müsse bald herüberkommen und lieb zu ihr sein. Mit den Tieren in Haus und Hof, in Flur und Wald war sie gut Freund. Die jungen Rehe im Forst ließen sich von ihr streicheln und füttern und die kleinen Waldvögelein flogen auf ihre Schultern und Händchen. Das Maridl war halt ein Sonntagskind, und die sind immer was Besonderes. Am meisten befreundet war sie aber mit einer grünen Schlange, die hatte ein goldenes Krönlein auf dem Kopf. Das war eine Schlangenkönigin oder Krönlnatter, wie man in Tirol sagt. Wenn das Kind am Bächlein spielte, so kam das Tier aus dem Gebüsch heraus und oft hatte Maridl eine Schale Milch mitgebracht, welche der Beißwurm gierig schlürfte. Eines Sonntags im Mai - da war sie mit dem Brüderlein draußen am Bach. Da kam die Schlange herbei, legte ihr goldenes Krönlein auf ein weißes Tuch, sah das Kind listig züngelnd an und ringelte sich wieder davon. Hocherfreut brachten die Kinder das Krönlein heim zu den Eltern. Diese legten es in die Sparkasse* (Behältnis im Haus für Geld und Wertsachen, oft auch Sparstrumpf) *und das Geld ist nie mehr ausgegangen.*

117) dazu Sepp S. 537: *Im Franziskanerkloster zu Tölz befindet sich ein kolossales Holzgemälde mit zwei neun Fuß hohen Standbildern. Es sind die beiden Stifter des Klosters Tegernsee, wie die Inschrift sagt. Adalbertus et Otkarius fundatores. renov.1667 et 1782. Der eine trägt als Abt den Bischofstab, der andere eine romanische Kirche mit zwei Tür-*

men, doch hat die wiederholte Renovierung das aus Tegensee herstammende Bild um allen Kunstwert gebracht.

118) Noe zitierte 1865 auf S. 278 aus einer Gebrauchsanweisung des „heiligen Quirinus-Oeles“, die beim Buchbinder Steinbacher damals um 1 Kreuzer erhältlich war: *Dieses wunderbare Oel fließt nicht weit von dem See jenseits des am Ufer stehenden St. Quirin-Brunnkirchleins (in dessen Mitte der unter dem Wagen, wo der Leib des heiligen Martyrers im Jahre 752 von Rom übersetzt worden, zu Nachts entsprungene, nicht minder heilsame Wasserbrunn noch zu sehen ist) aus der Erde aus einer kleinen Wasserquelle hervor. Die erste Auffindung geschah um das Jahr 1430 unter dem frommen und gottseligen Abt Kaspar. Es ergoss sich nämlich dieses Oel bei der Urquelle durch ein kleines Gräblein mit dem herabfießenden Wasser in den See, floss in einer geraden und glänzenden Straße gemeldetem Kirchlein als gleichsam ihrem Urheber dem heiligen Quirino zu: absonderlich da die über 300 Jahr gemachten Kuren die Kräfte eines pur natürlichen Petrolei weit übersteigen. Über die Urquelle wurde ein Behältnis gebaut, wo es noch beständig fließt und andächtig gesammelt wird.* Noe vermerkt weiter: *Nach den Erfahrungen und Versuchen, die man in neuerer Zeit mit Petroleum bei verschiedenen Verwundungen mit Erfolg gemacht hat, kann es nicht zweifelhaft sein, dass auch das Oel des heiligen Quirinus kein ganz zu verachtendes Heilmittel ist.*

119) Es war eine früher häufig geübte Gepflogenheit, dass den Wallfahrern aus der zu einem Kelch umgearbeiteten Hirnschale eines Heiligen bei der Hl. Messe der Wein gereicht wurde, etwa in Wolfratshausen, wo die Hirnschale des Nantovinus zu diesem Zweck diente.

120) Beißwürmer soll es überall in den Alpen gegeben haben: „*Bergstutzen oder Beißwurm heißt im Volksmunde eine Art Schlange, welche auf Höhen in Salzburg, Unterösterreich und im Traun- und Ennstale gesehen worden sein soll. Man misst ihr eine Länge von 10 bis 12 Zoll zu, mit der Dicke eines kleinen Armes, stumpfen Schweif und zwei oder vier Füße. Ein grell zischendes Pfeifen verscheucht die Gebirgsbewohner, welche wähnen, sie schösse mit Blitzesschnelle auf sie hin, und ihr Biss, nach anderen ihr giftiger Hauch oder bloßer Blick, brächte augenblicklichen Tod. Im Jahre 1848 war für die Überbringung eines solchen Exemplares ein Preis von 10 Dukaten bestimmt, erfolglos.* (Grenzbote 1864 S.326) Anderen Berichten zufolge (Bergheimat 1926 Nr.15 S.44) soll im Jahre 1779 ein Bauer aus Unken auf dem Weg zur Schwarzbachklamm von zwei Beißwürmern angegriffen worden sein und den Tod gefunden haben. Um 1804 berichtete ein Wundarzt von Ebensee (Öster-

reich), er hieß Wattmann, dass im Jahre 1781 ein Bauer beim Rettelstein am Gmunder See einen „Daatzlwurm“ geschossen habe. Wie es hieß, habe er das Skelett 5 Jahre lang aufgehoben, dann aber weggeworfen und nur eine Rippe behalten, die er später dem Arzt zeigte. Sie soll sieben Zoll lang gewesen sein.

121) Zur Entstehung des Namens „Ringsee“ schrieb Noe im Jahr 1865: *Der obere Theil des Sees heißt Ringsee. Er hat diesen Namen nicht etwa, wie manche meinen, von einer angeblich runden Form. Das Wort heißt in der alten Sprache soviel wie in der neuen sein Compositum gering, klein. Der untere Theil heißt im Gegensatz dazu der Weitsee.*

122) Vgl. „Die Sufferloher Bauern u. d. Kälberzehent“ S. 317.

123) Wasserscheide zwischen weißer Valepp und Rottach

124) Möglicherweise das Erdbeben vom 1.11.1755 gemeint, bei dem halb Lissabon im Meer unterging und – wie es heißt – 30000 Menschen den Tod fanden. Damals sollen die Auswirkungen auch in den Alpen noch spürbar gewesen sein, besonders am Walchensee, am Achensee und im Isarwinkel. Sepp S. 345: *Am Tage und zur selben Stunde kurz vor 10 Uhr stürzte am Windpäßl oder Laingrub die ganze Südwand ein, die darum noch beim Volk den Namen Lissabona führt... Der Achensee sank plötzlich um vier Fuß und der Abfluß durch die Walchen zur Isar stockte. Auch im Isarwinkel verspürte man den Stoß, ein Handwerksbursch wurde beim Lautenbacher zu Tölz ein paar Schritte vom Zaun weggeschleudert. Der geistliche Herr predigte auf der Kanzel davon.*

125) Vgl. „Der Kaibelplärra vom Ringsee“ S. 236.

126) Vgl. „Die unglückliche Nonne im Tegernsee“ S. 264.

127) Die Notkirche St. Antonius war in den Nachkriegsjahren für zehn Jahre für die Gläubigen, die in den nördlichen Bereichen von Bad Wiessee wohnten, ihre Hauptkirche. Sie war sowohl außen wie auch innen verputzt, hatte ein Tonnengewölbe und bot etwa 150 Besuchern Platz. Der Altarraum war durch einen Rundbogen vom übrigen Kirchenschiff abgegrenzt. Wände und Decken waren mit Fresken aus dem Leben des Hl. Antonius bemalt. Nachdem schräg gegenüber eine neue Antoniuskirche in Bad Wiessee errichtet worden war, wurde die Notkirche nicht mehr gebraucht und verfiel langsam. Wegen Baufälligkeit wurde sie entweiht und 2014 abgerissen. Die Fresken konnten leider nicht mehr gerettet werden, nur der Altar.

Kaltenbrunn am Tegernsee. gez. u. gest. von C. Lebschée. Malerische Topographie des Königreichs Bayern 1818

128) An der Straße zwischen Ostin und Hausham

129) Max Roeder bemerkte 1958 in einem Zeitungsartikel (Isar-Loisachbote) zu dieser Sage: *Tatsächlich lieferten die Gmunder im Jahre 1645 dem zuständigen Pflegegericht Wolfratshausen Ursula Löbl, eine angebliche Hexe, aus. Sie wurde an der Gmunder Brücke auf einen Stein gesetzt, wie es der Brauch verlangte, ehe man sie den Wolfratshausenern übergab. Allerdings hatte der Pflegerichter wenig für das Anliegen der Gmunder übrig: Ursula Löbl wurde nicht verbrannt, sondern ins Elend gestoßen (das heißt: des Landes verwiesen). Vielleicht glaubten die Gmunder, in der Gestalt der Ursula Löbl das Rockadirndl gefangen zu haben.*

130) Vgl. „Die Streitwiese bei Elbach" S. 64.

131) *Schwedentrunk ist eine im Dreißigjährigen Krieg zuerst von den schwedischen Soldaten angewandte Foltermethode, bei welcher dem Gemarterten Jauche oder anderer flüssiger Unrat gewaltsam eingeflößt wurde und sein Körper anschließend zwischen zwei Brettern gepresst wurde.* (Meyers Enzyklopädisches Lexikon)

132) Benno Eisenburg schreibt: *Durch den örtlichen Arzt veranlasst, sollte er im Alter von 25 Jahren zu einer Untersuchung nach München gebracht werden. Es kam nicht mehr dazu; am 29. Juni 1876 verstarb Thomas Hasler überraschend. Seine Leiche wurde nach München gebracht, dort wurde auch sein Skelett im Pathologischen Institut der Universität München aufbewahrt. Seit dem Vortrag in Holz* (von Prof. Nerlich) *2011 gab es Überlegungen, das Skelett in Tegernsee auszustellen. Dies ist durch die Vermittlung von Prof. Nerlich auch gelungen. Das Skelett von Thomas Hasler war 2013 in einer Sonderausstellung im Museum Tegernseer Tal zu sehen. Durch neueste Untersuchungsmöglichkeiten hat man den Grund des Riesenwuchses herausgefunden.* Knochenwucherungen sollen derart auf sein Gehirn gedrückt haben, dass es letztendlich zu dessen Versagen führte. Das war im 19. Jh. Ursache seines Todes. Wäre er nicht gestorben, wäre Thomas wohl noch größer geworden, weil seine Wachstumsfugen noch offen waren. Heute hätte man ihm wahrscheinlich helfen können, damals hatte er keine Chance.

133) Hier handelt es sich um eine Sage, die in ähnlicher Form auch in Altötting, in Ingolstadt und im Allgäu erzählt wird

134) Genauer Standpunkt der Weilerkapelle, Schwoagerweg 6.

Innenansicht Weilerkapelle. Foto von Heinz Schinzel

135) Markus Wasmeier ist einer der besten Alpin-Skifahrer Deutschlands und hat zwei olympische Goldmedaillen, eine olympische Bron-

zemedaille, einen Weltmeistertitel und zahlreiche Skirennen gewonnen. Er hat das Freilichtmuseum in Neuhaus bei Schliersee gegründet und leitet es. Wikipedia: *Wasmeier ist Ehrenbürger seiner Heimatgemeinde Schliersee und von Bansko (Bulgarien). Ehrenamtlich engagiert sich Markus Wasmeier als Botschafter der Stiftung Kindergesundheit. Außerdem ist er der erste Waldbotschafter Bayerns.*

136) Eine andere Schimmelkapelle in der Nähe befindet sich auf dem Georgibichl bei Ascholding.

137) Vgl. „Wie die Kirche von Agatharied entstand“ S. 174.

138) Auch auf einem Ölbild in der Kirche von Bergham bei Holzkirchen ist die heilige Kümmernis am Kreuz hängend abgebildet, wie sie dem vor ihr knienden Geiger ihren goldenen Schuh zuwirft. Andere Kümmernisdarstellungen in der näheren Umgebung befinden sich in Sachsenkam, Wolfratshausen, Speckberg bei Dietramszell, Wiesen bei Königsdorf u. Wilparting.

139): Gemälde der Jägerschlacht von dem Maler Stallhofer aus Agatharied, siehe S. 374

140) Johann Baptist Mayr wurde 1786 in dem kleinen Weiler Berg im Tal der Rottach geboren und hatte noch drei Brüder. Ab 1815 war er als verbeamteter Revierjäger in Gmund eingesetzt. Er starb am 16. 2. 1834 an den schweren Verletzungen, die er bei der „Jägerschlacht in Grund“ erlitten hatte. Er hinterließ eine Frau, aber keine Kinder.

141) Ein ähnlicher Fall, dass ein Wilderer nach Amerika auswandern musste, hatte sich 1876, einige Jahre zuvor, ereignet. Brunhuber S. 738: *Es wanderte aber plötzlich ein Bauernsohn aus einer 2 Stunden entfernten Gemeinde nach Amerika aus. Dort offenbarte er sein Geheimnis einem deutschen Landsmanne und aus Angst, dieser könne ihn verraten, erschlug er den deutschen Mitwisser. Amerikanische Gerichte sühnten die zwei Morde mit der Todesstrafe.*

142) Meyers-Konversations-Lexikon von 1897: *Vogelfrei (lat. Exlex) derjenige, welcher des Rechtsschutzes gänzlich beraubt und aus dem allgemeinen Frieden gesetzt ist, wie dies früher bei der Oberacht (siehe Acht) der Fall war, oder diesbezüglich dessen alle aufgefordert werden, ihn lebendig oder tot zu ergreifen.*

143) Wikipedia: *Der Schmied von Kochel ist eine sagenhafte Gestalt aus der bayerischen Geschichte, die vor allem in Oberbayern als Volks-*

Jägerschlacht in Grund. Foto von Heinz Schinzel

held angesehen wird. Nach der Legende soll er Soldat im Großen Türkenkrieg gewesen sein. Nur mit einer Stange bewaffnet, soll er das Stadttor von Belgrad eingerammt haben. Eine vom Kurfürsten angebotene Belohnung für seine Heldentaten habe der Schmied abgelehnt. Während der Besetzung Bayerns durch kaiserliche Truppen des Habsburgers Joseph I. im Spanischen Erbfolgekrieg soll er einer der Anführer des Bauernaufstandes gewesen sein, der in der Sendlinger Mord-

weihnacht (1705) gipfelte. Literarisch wird der Schmied von Kochel zu dieser Zeit als über 70-jähriger Mann von großer Statur und Kraft beschrieben. Für den Aufstand soll er sich eine über einen Zentner schwere, mit Nägeln gespickte Keule gefertigt haben. Am Abend des Massakers bei der alten Sendlinger Pfarrkirche kämpfte der Schmied in den Reihen der Aufständischen gegen die Besatzer und soll als letzter Mann gefallen sein.

Relief am Oberländerdenkmal: Schmied von Kochel. Foto H. Schinzel

144) Das Gesamtkonzept des Denkmals und die beteiligten Künstler beschreibt die Gemeinde Waakirchen: *Der Löwe ist in Kupfer getrieben von dem Kupferplastiker Hygin Kiene in München, gebürtig in Holzkirchen. Die Reliefs sind entworfen und modelliert von dem Bildhauer Anton Kaindl in München und in Galvanoplastik ausgeführt von der Galvanoplastischen Kunstanstalt Geislingen. Den architektonischen Aufbau hat der Kgl. Konservator am Nationalmuseum in München, Angermeier, entworfen und geleitet. Er ist ausgeführt von den Steinmetzen Johann Kirchmaier in Bad Tölz und Joseph Wackerberger in Tegernsee.*

145) Andere Haberfeldtreiben bei Holzkirchen: 1826 in Thalham, 1834 in Weyarn, 1857 Kreuzstraße, 1863 in Weyarn und in Valley, 1886 beim Trischberger, 1887 bei Osterwarngau, 1890 in Piesenkam, 1893 in Valley, 1894 in Steingau, 1895 in Schaftlach, 1907 in Oberwarngau.

146) Der Zunderschwamm, der vom Aussterben bedroht ist, wurde im Jahr 1995 zum Pilz des Jahres erklärt.

IMAGO
Nobilis, & Clarissimi quondam Viri, Dn.
PHILIPPI APIANI, MEDICINÆ DOCTO-ris, & Mathematum in inclyta Tubingensi Academia Pro-fessoris: ibidem pie mortui, Anno Christi 1589. 15. Nouembr.

Allusio ad Nomina.
Sicut EQVI multis, mihi sic ADAMATA Mathesis:
Plurima congessi sedula sicut APIS.

147) Apian ist ein Humanistenname, Apian hieß eigentlich Philipp Bennewitz oder Bienewitz. Günther Koch, schreibt in seiner Veröffentlichung 2005 S. 52ff: *Philipp wurde 1531 zu Ingolstadt geboren, wo sein Vater an der Universität lehrte. Bereits mit 11 Jahren lernte er bei seinem Vater Mathematik, zusammen mit dem späteren bayerischen Herzog Albrecht V. Philipp studierte in Straßburg, Paris und Burges. Er folgte 1552 im Alter von 21 Jahren seinem Vater als Professor für Astronomie und Mathematik an der Universität Ingolstadt nach... „Schier sieben Summer" reiste Philipp Apian ab 1554 mit seinem Bruder Timotheus und einem Zeichner zu Pferd und zu Fuß durch ganz Bayern. Er verdichtete mit einfachen Messinstrumenten das Punktfeld der Ortskoordinaten*

und markierte sie als kleine Ringe in seinen Skizzen.... Er stattete seine Karte von Bayern mit allen Merkmalen der modernen Kartographie aus: Er entwarf ein geographisches Netz, bezifferte es nach der Weltkarte seines Vaters aus dem Jahr 1520, umrahmte die Karte mit entsprechenden ausmessbaren Koordinatenleisten, richtete sie nach Norden aus, schmückte die graphisch eingemessenen Punkte mit unterschiedlichen Vignetten und Signaturen für Reichsstadt, Kloster, Stadt, Markt, Schloss aus. Philipp Apian war ein hoch angesehener Wissenschaftler seiner Zeit, gleichermaßen genialer Theoretiker und Praktiker, ein charakterfester Verfechter seiner freien religiösen Überzeugung. Er stellte sein Gewissen und seine geistige Unabhängigkeit über die persönlichen Vorteile. Seine topographische Landesaufnahme gilt als Pionierleistung in Europa. Die daraus entstandene Große Karte von Bayern im Maßstab rd. 1:45 000 aus dem Jahr 1563 und die druckfähigen 24 Bayerischen Landtafeln im Maßstab rd. 144 000 aus dem Jahr 1568 erfüllen alle grundlegenden Kriterien moderner topographischer Karten. Unter den historischen Karten von Bayern bleiben ihre gestalterische Schönheit und ihre wissenschaftliche Exaktheit unübertroffen. Mit diesem Lebenswerk gilt Philipp Apian in Bayern unangefochten als Pionier der Landesvermessung und Begründer der Kartographie... In seinen letzten Lebensjahren arbeitete er unermüdlich an seiner lateinischen Landesbeschreibung zu den 24 Bayerischen Landtafeln „Declaratio tabulae sive descriptionis Bavariae“. Kurz vor deren Vollendung starb Philipp Apian am 14. November 1589 in Tübingen. Seine Grabplatte in der Stiftskirche St. Georg in Tübingen ist erhalten.

148) Eine ähnliche Sage vom Hackenmann gibt es von Diessen am Ammersee (Schweizer S. 138).

149) Hel (altnord.) ist in der germanischen Mythologie eines der Totenreiche unter den Wurzeln der Weltesche Yggdrasil. Hel ist auch die Göttin des Totenreiches.

150) Wikipedia: Marstall (von althochdeutsch marahstal, zusammengesetzt aus marah Pferd (Mähre) und stal (Stall) war ursprünglich eine Bezeichnung für einen Pferdestall.

151) Sepp Mohr (S. 64) über das trockene Quertal, das von Tölz zum Mangfallknie verläuft: *Es handelt sich um ein Urstromtal, als am Ende einer Eiszeit der Isarlauf gleich unterhalb Tölz mit dem Moränenschutt des Karwendelgebirges verstopft war und die Isar eine Zeitlang zur Mangfall abgeflossen ist. Später hat sie sich ihren alten und jetzigen Lauf wieder freigeschwemmt.*

152) Nach Lexikon von Bayern, III, 479

153) Das Wort hat im Lauf der Zeit einen Bedeutungswandel erfahren, „mit Rinnsal" ist hier das Flussbett gemeint.

154) Vgl. Altb. Sagen d. Heimatblätter, S. 42/43 nach Willi Rett.

155) In einem Salbuch aus dem Jahre 1480 (R. A. Tegernsee 10) wird „auf dem Algew (= Gemeinschaftsweide) bei der Capell" als Flurname angegeben, es muss also damals schon eine Kapelle dort gewesen sein.

156) Churfürstin Anna Maria v. Österreich war Gemahlin von Churfürst Maximilian I. von Bayern. Wie es heißt, wurde der silbergestickte Mantel für die Marienfigur aus dem Brautkleid der Churfürstin angefertigt.

157) Vgl. „Das Miesbacher Maisäen" S. 163.

158) Hien = althochdeutsch Riese. Hienlohe ist „Wald der Riesen".

zu S. 197: Moritat über den Wildschützen Jennerwein

Ein stolzer Schütz in seinen schönsten Jahren,
er wurde weggeputzt von dieser Erd,
Man fand ihn erst am neunten Tage
bei Tegernsee am Peißenberg.

Auf den Bergen ist die Freiheit,
auf den Bergen ist es schön,
doch auf so eine schlechte Weise
musste Jennerwein zugrunde gehn!

Auf hartem Stein hat er sein Blut vergossen,
und auf dem Bauche liegend fand man ihn,
von hinten war er angeschossen,
zersplittert war sein Unterkinn.

Und es war schrecklich anzusehen;
als ihm das Hemd man zog dann aus,
da dachte jeder bei sich selber:
Jäger, bleib mit 'm Selbstmord z' Haus!

Du feiger Jäger, es ist eine Schande,
du erwirbst dir wohl kein Ehrenkreuz;
er fiel mit dir nicht im offnen Kampfe,
wie es der Schuss von hint' beweist.

Man bracht‘ ihn dann noch auf den Wagen,
bei finstrer Nacht ging es noch fort,
begleitet von seinen Kameraden,
nach Schliersee, seinem Lieblingsort.

Von der Höh ging's langsam runter,
denn der Weg war schlecht und weit;
ein Jäger hat es gleich erfunden,
dass er sich hat selbst entleibt.

Und als man ihn dort in den Sarg wollt legen,
und als man g‘sagt hat: Ist jetzt alles gut?
O nein! sprach einer von den Herren, o nein!
Auf seiner Brust, da klebt ja frisches Blut!

In Schliersee ruht er, wie ein jeder,
bis an den großen jüngsten Tag,
dann zeigt uns Jennerwein den Jäger,
der ihn von hint' erschossen hat.

Zum Schlusse Dank noch den Vet'ranen,
da ihr den Trauermarsch so schön gespielt,
ihr Jäger, tut Euch nun ermahnen,
dass keiner mehr von hinten zielt.

Am jüngsten Tag da putzt ein jeder
ja sein Gewissen und sein Gewehr.
und dann marschier‘n viel Förster und auch Jäger
aufs hohe Gamsgebirg, zum Luzifer.

Verfasser unbekannt, das Lied entstand etwa um 1900, existiert in verschiedenen, leicht voneinander abweichenden Variationen.

Literatur

Abkürzungen für verwendete Quellen:

Aberle, Andreas = Aberle
Es war ein Schütz… Rosenheimer Verlag 1972

Altbayerische Sagen: = Altb. Sagen
Verlag d. Jugendblätter München

Brunhuber, Josef: = Brunhuber
Chronik des oberen Leitzachtales v. 1928 u.
Föchinger Aufzeichnungen 1910

Bergheimat: = Bergheimat
Beilage z. Berchtesgadener Anzeiger 1921-1942

Brückl, Pauline: = Brückl
Chronik der Gemeinde Sachsenkam.
Hrsg. Pauline Brückl 1989, Lehrerhaus 8055 Goldach

Brustgi, Franz Georg: = Brustgi
Aus der weißblauen Sagentruhe. Südd. Verlag München

Chronik Band IV = Chronik IV
Wasser und Natur zwischen Mangfall u. Leitzach
hrsg. vom AK Geschichte der Gemeinde Weyarn, 2007

Codex Germanicus 4285 aus Tegernsee v.1492 = Codex 1492

Dehio Georg, Gall Ernst: = Dehio/Gall
Handbuch der Deutschen
Kunstdenkmäler, Oberbayern
Deutsch. Kunstverl. München Berlin

Ebertshäuser, Heidi: = Ebertshäuser
Das bairische Jahr. Hugendubel München 1979

Eisenburg, Benno = Eisenburg
Beiträge in Gemeindebote Gmund. Eigenes Archiv

Hampe, Hanne-Lore u. Herl, Olga: = Hampe/Herl
Holzkirchen, Markt zwischen München und dem Gebirg
Hrsg. u. Herst.: Tschiesche GmbH Holzkirchen/Föching

Hatzl, Josef: = Hatzl
Sage
Wasser und Natur zwischen Mangfall und Leitzach,
(= Chronik Band IV), S. 93-99

Hatzl Josef u. Johann Kislinger: = Hatzl/Kislinger
Von Marterl zu Marterl.
Steinerne Zeugen der Vergangenheit.
Arbeitskreis Marterl der Gemeinde Weyarn
siehe auch Abb. S. 408 in diesem Buch

Hefner, J. v.: = Hefner
Tegernsee u. Umgebung. München 1833

Höfler, Max: = Höfler
Volksmedizin u. Aberglaube in Oberbayerns
Gegenwart und Vergangenheit. München 1888.
Zum Sagenschatz des Isarwinkels.
Zeitschr. d. Vereins f. Volkskunde
18. Jahrg. 1908 4.2. Berlin

Hofmiller, Josef: = Hofmiller
Altbayerische Sagen. Verlag A. Coppenrath, Altötting

Holland, Hyazinth: = Holland
Sagen aus Altbayern.
In Zeitschrift für deutsche
Mythologie u. Sittenkundel 1853, 447-453

Hubensteiner, Benno: = Hubensteiner
Bayerische Geschichte. Süddeutscher Verlag 1977

Illustrierte Sagen des Königreichs Bayern = Sagen
München 1908

Kirchenführer Pfarrei Gmund = Kirchenführer
PEDA-Kunstführer Nr. 188, 2002

Koch, Günther: = Koch
Das Timotheuskreuz aus dem Jahr 1562.
Ein kleines Denkmal zur ersten Landesvermessung Bayerns
in: DVW Bayern Mitteilungen 1. 2006, Seite 49-61

Krempelhuber, Max Carl.v.: = Krempelhuber
Der Tegernsee u. seine Umgebung
Georg Franz Verlag München 1854

Lampl, Dr. Sixtus: = Lampl
Birkenstein

Lechner, Ludwig: = Lechner
Das Leitzachtal, ein Heimatbuch.
Hrsg. Leitzachtalverein 1913/1927

Leoprechting, Karl v.: = Leoprechting
Bauernbrauch und Volksglaube in Oberbayern
unver. Textneudruck d. Originalausgabe v. 1855.
Südd. Verlag, München, 1975

Liste der Baudenkmäler = Liste
Bayerisches Landesamt für Denkmalpflege

Lüers, Friedrich: = Lüers
Bayerische Stammeskunde.
Eugen Diederichs Verlag Jena 1933

Maier, Dr. Gerhard: = Maier
Miesbachs Geschichte.
Von den Anfängen bis zur Stadterhebung 1918

Meyer, Werner: = Meyer
Burgen in Oberbayern. Verlag Weidlich, Würzburg, 1986

Meyers Enzyklopädische Lexikon 1971-1980 = Meyers

Mohr, Sepp: = Mohr
Tegernseer Sagen. Fuchs-Druck Hausham, 1985

Moos, Erich: = Moos
Marterln im Landkreis Miesbach. Selbstverlag 1983

Moser, Eduard: = Moser
Ein oberbayrisches Bauerndorf im Holzlande. 1925

Münchner Merkur: = Merkur
Lokales, versch. Regionen

Nagler, Manfred: = Nagler
Sagen u. Geschichten des Landkreises.
Zusammenstellung

Noe, Heinrich: = Noe
Baierisches Seebuch
München 1865, Verl. d. J. Lindauer'schen Buchh.

Panzer, Friedrich: = Panzer
Bayerische Sagen und Bräuche. Bd. I u. II 1848-1855
Neuauflage 1956, Otto Schwartz & Co, Göttingen

Rall, Hans u. Marga = Rall
Die Wittelsbacher in Lebensbildern
Verlag Styria Graz Wien, Köln 1986

Raff, Helene: = Raff
So lang der Alte Peter. München 1950

Rattelmüller, Paul Ernst: = Rattelmüller
Bairisches Brauchtum im Jahreslauf
Süddeutscher Verlag München 1985

Ratzel, Dr. Ferdinand: = Ratzel
Der Wendelstein. Zeitschrift des
deutsch. u. österr. Alpenvereins, 1886

Richardi, Hans-Günther: = Richardi
Vorwort zu Sagen und Legenden von München
von Gisela Schinzel-Penth

Roeder, Max: = Roeder
Sagen der Heimat in Isar-Loisachbote, Jhrg. 1958
ab 28. Jan. versch. Nr.
(nach Ang. Archiv Dietramszell)

Roth, Eugen: = Roth
Damals in Oberbayern
Hirmer Verlag München 1970

Scheffler, G. u. Rattelmüller, P. E: = Scheffler/ Rattelmüller
Volkstracht und Landschaft in Altbayern
Staatl. Graphische Sammlung München

Sepp, Prof. Dr. J. N.: = Sepp
Altbayerischer Sagenschatz.
Verl. E. Stahl München 1876

Sepp, Prof. Dr. J. N.: = Sepp 1898
Merkwürdiges an der Bahn von
Wolfratshausen nach Kochel
München 1898, Verlagsanstalt Poeßl

Schmidt, Willibald: = Schmidt
Sagen aus dem Isarwinkel.
Verlag J. Dewitz Bad Tölz,1936

Schöppner, Alexander: = Schöppner
Sagenbuch der bayerischen Lande.
Bd. I-II, München 1852-53

Schweizer, Dr. Bruno: = Schweizer
Volkssagen a. d. Ammersee-Gebiet
Heimatverl. Dr. Schweizer Dießen 1950

Seidl, Florian: = Seidl
Altbayerische Bergsagen. München

Sieghardt August, Widmann Werner: = Sieghardt
Bayerisches Hochland.
Glock u. Lutz Nürnberg 1964

Stein: = Stein
Spaziergänge in und um Schliersee. Augsburg,1874

Stemplinger, Eduard: = Stemplinger
Wir Altbayern. Dr. H. Buchner Verl. München 1946

Steub, Ludwig: = Steub
Aus dem bayerischen Hochlande. München 1859

Stieler, Karl: = Stieler
Aus deutschen Bergen:
Wanderungen im Bayerischen Gebirge
Ein Rundgang um den Tegernsee. 1873 erschienen u.
Seiner Majestät König Ludwig II v. Bayern gewidmet

Strauss, Heidemarie u. Peter: = Strauss
Heilige Quellen. Hugendubel Verlag München 1987

Vignau, Ilka von: = Vignau
Tegernsee, Schliersee, Leitzachtal.
Prestelverlag München, 1980

Weithmann, Dr. Michael: = Weithmann
Inventar der Burgen Oberbayerns
Hrsg. v. Bezirk Oberbayern 1994
Fachberatung Heimatpflege

Werner, Paul und Richilde: = Werner
Vom Marterl bis zum Gipfelkreuz.
Flurdenkmale in Oberbayern.
Plenk-Verlag Berchtesgaden 1991

Wikipedia/Wikidata: = Wikipedia

Wir Kinder und München: = Wir Kinder
Almanach zur 800-Jahrfeier. Südd. Verlag München 1958

Wolfratshauser Wochenblatt: = W.Wochenbl.
zugl. Isar-u. Loisachbote, versch. Jahrg.
.
Wolfratshauser Tagblatt = W. Tagblatt

Zweite, Armin: = Zweite
Hrsg. Münchner Landschaftsmalerei 1800-1850
Städtische Galerie im Lenbachhaus, München

Quellenangaben zu den einzelnen Sagen

Wie der Wendelstein zu seinem Namen kam: Lechner S. 172, Anmerkung S. 140; Roeder

Der Schatz im Wendelstein: Lechner S. 174; zu Anmerkung Panzer I Nr. 34, 47, 77

Der Bauernknecht und die Hexe vom Wendelstein: Schöppner III. Nr. 1257, Anmerkung Lechner S. 173; ähnlich: Steinberger: Bayr. Sagenkranz. J. Lindauersche Buchh., Schöpping 1897

Der unheimliche Tänzer auf der Mitter-Alm: Lechner S. 177

Das Wetterloch am Wendelstein: Lechner S. 188 nach Marg. Bauer, Bayrischzell. Anmerkung Sepp S. 344-345; Bild Zweite

Wie die Kapelle auf dem Wendelstein entstand: Lechner S. 140, 195, Anmerkung Werner S. 288

Der Einsiedler auf dem Wendelstein: Elisabeth Gschwendtner aus Gschwendt; Lechner S. 195

Der Tatzelwurm auf dem Sudelfeld: Noe S. 283; Roeder

Der verhängnisvolle Schneefall im Sommer: Lechner S. 188 nach Martin Bauer Bayrischzell

Das Gespenst auf der Almhütte Kloaschau: Lechner S. 181 Nr. 48

Der unselige Jäger am Soinsee: Lechner S. 183 Nr. 52 nach Fr. Schenk, Miesbach

Das Wilderer-Kreuz bei Bayrischzell: Werner Nr. 5.5

Der ruhelose Pfarrer im Seeberg: Lechner S. 69 nach Maria Markreiter, Wörnsmühl; Anmerkung Lechner S. 169 Nr. 5

Der Geist bei der „Schanz“ an der Grenze: Lechner S. 87 Nr. 61

Der Kirchenbau in Bayrischzell: Lechner S. 177 Nr. 32 nach Amalie Bauer, Bayrischzell

Das seltsame „Krapfenlicht" in Bayrischzell: Lechner S. 180 Nr. 41

Der Spitzname der Bayrischzeller: Stemplinger S. 144

Die Wilde Jagd bei Osterhofen: Lechner S. 168 Nr.2

Der Schatz im Mühltal bei Dorf: Lechner S. 174 Nr. 21 nach Ursula Acher, Dorf; Roeder

Wie die Wallfahrtskapelle bei Geitau entstand: Lechner S. 158 u. 187; Roeder

König Max II. im Kloohof bei Geitau: Stemplinger S. 99; Meyers Enzyklopädisches Lexikon Bd. 15; Rall S. 356-358

Der gespenstische Schimmel am Kittenrain: Lechner S. 170 Nr. 70; Roeder; Anmerkung Lechner S. 158

Der Geist bei der Riederwiese in Geitau: Lechner S. 181 Nr. 47 nach Kajetan Leitner, Bayrischzell

Der unselige Ritter am Rackasee: J. Sepp, Altbayr. Sagenschatz; Anmerkung Brunhuber S. 720

Die furchtsamen Räuber am Breitenstein: Lechner S. 190

Die Wasserjungfrauen vom Auracher Moos: Lechner S. 171 Nr. 11

Die versunkene Stadt im Auracher Moos: Ratzel, Dr. Ferdinand, Der Wendelstein. Zeitschrift d. deutsch. u. österr. Alpenvereins.1886; Lechner S. 171 Nr. 13; Roeder

Wie die Wallfahrtskirche Birkenstein entstand: Lampl, Kirchenführer von Birkenstein S. 2-5; Strauss S. 68; Lechner S. 121

Die heilkräftige Quelle von Birkenstein: Lechner S. 121; Strauss S. 68; Lampl, Kirchenführer Birkenstein S. 4; SZ vom 30.12.1994

Das Mädchen und der Wolf: Gedicht von Franz v. Kobell, Schöppner I, Nr. 67, Lechner S. 194 Nr. 76

Der unterirdische Gang in Marbach: nach mündl. Überlieferung durch: Magdalena Bucher, Sandbichl (geb.1899); Marlies Storr, Marbach; Katharina Reisberger, Fischbachau. Schriftl. Quellen: Lechner S. 130,131,292; Brunhuber S. 57/58

Der Poltergeist in Marbach: W. Wochenblatt Jhrg. 1891 Nr. 15

Geistermessen in Fischbachau: Lechner S. 178 Nr. 33; Anm. Lechner S. 173 Nr. 17

Die Marbacher: Gedicht von Ernst v. Destouches, Lechner S. 190-194 Nr. 75; Anmerkung Lechner S. 130/131

Haberfeldtreiben in Fischbachau: Sepp S. 136; Brunhuber S. 739-742; Lechner S. 157,121,230; Hampe/Herl S. 119-120; Schöppner III, Nr. 1259; Lüers S. 6-7, Wolfratsh. Tagblatt v. 1939 Nr. 278

Die Streitwiese bei Elbach: Lechner S. 186 Nr.60

Der Teufelsbündler: Lechner S. 183 Nr. 53 nach Herbert Andre, Elbach

Die Pest im Leitzachtal: Lechner S. 133, 178 Nr. 36, 186 Nr. 56

Wie die Blutkirche in Elbach entstand: Lechner S. 119, 178

Das verschwundene Heilige Blut: Lechner S. 176 Nr.36

Die Wilde Jagd in Elbach: Lechner S. 169 Nr.3

Die Elche im Leitzachtal: Stempflinger S.101; Lechner S.105

Der Jäger und der unsichtbare Wildschütz: Lechner S. 179 Nr. 38; Schmidt S. 76; Bergheimat v. 1937 Nr. 6 S. 24; Kriss, Sitte u. Brauch im Berchtesgadner Land, 1949

Die Bauern von Elbach und der Geldteufel: Lechner S. 176 nach Joh. Mellinger, Grabenau

Wie der Name Gschwendt entstand: Lüers S. 51

Der starke Bauer von Mittergschwendt: Lechner S. 189 Nr. 69

Das Schloss auf der Huberalm: Brunhuber S. 719; Lechner S. 129-130

Die Geisterkatzen in Brunnfeld: Lechner S. 189 Nr. 70 nach Martin Mellinger, Grabenau

Der Geist des Wilderers von Weißenbach: Lechner S. 182 Nr. 49 nach Jos. Bacher, Elbach; Brunhuber S. 738

Der Schimmel ohne Kopf am Auerberg: Lechner S. 170 Nr. 9 u.10 nach Bernhard Padöller, Wörnsmühl, Elis Kirchberger, Elbach, Martin Steininger, Wörnsmühl

Der unheimliche Geißbock am Auerberg: Lechner S. 175 Nr. 26

Wie die Kapelle beim Talhäusl entstand: Lechner S. 188 Nr. 63 n. Ursula Wohlfart

Der Wildschütz in der Christnacht: Lechner S. 176 Nr. 28

Der Grenzfrevler von Deisenried: Lechner S. 181 Nr. 46 nach Maria Padöller, Wörnsmühl

Der seltsame Widder bei Hundham: Lechner S. 175 Nr. 24 nach Georg Gschwendtner, Untergschwendt

Der Grenzsteinversetzer von Hundham: Lechner S. 181 Nr. 45 nach Maria Deisenrieder

Der Goaßsteg bei Oppenried: Lechner S. 175 Nr. 25 nach Michael Meier, Niklasreuth

Der Geist der Baderin von Wörnsmühl: Lechner S. 185 Nr. 55 nach Maria Markreiter, Grandau

Der Spuk in der Mühle: Lechner S. 179 Nr. 39 nach Maria Anzinger, Wörnsmühl

Der Geizhals im Baum beim Sulzgraben: Lechner S. 182 Nr. 50 u. 51 nach Berta Ostermeier und Maria Lorenz, Wörnsmühl

Die Waldfee im Sulzgraben: Lechner S. 178 Nr. 34 nach Maria Lorenz, Wörnsmühl

Die Geister in der Küche: Lechner S. 189 Nr. 40 nach Jos. Strim, Wörnsmühl

Das Marterl des Wildschützen: Lechner S. 184 Nr. 54 nach Kath. Kreidl, Wörnsmühl; Brunhuber S. 737

Der Grenzfrevler bei Sonnenreuth: Lechner S. 180 Nr. 44 nach Ursula Kappelsberger, Niklasreuth

Die Franzosen in Niklasreuth: Lechner S. 137

Der Teufel und die Kirchenschwänzer: Lechner S. 177 nach Andreas Bacher, Schwarzenberg

Die Goldmacher von Harraß: Lechner S. 129, S. 190 Nr. 74 nach Peter Zehetmeier, Irschenberg

Der Schatz in der Ruine Altenwaldeck: Weithmann S. 73-75; Lechner S. 129, 174 Nr. 22 nach Paul Harraßer, Harraß; Hatzl S. 61

Der betrügerische Wirt von Au: Lechner S. 180 Nr. 43 nach Martin Mellinger, Grabenau

Der starke Christoph in der Taxakapelle von Au: Stemplinger 101; Dehio/Gall S. 256

Das Hochwasser bei Jedling: Lechner S. 188 Nr.68

Marinus und Anianus am Irschenberg: Lechner S. 114; Strauss S. 91-94

Die heilkräftige Quelle von Wilparting: Strauss S. 93-94

Die Glocken von Wilparting: Lechner S. 178 Nr. 34 nach Fr. Schenk, Miesbach

Die Meerfräulein bei Wilparting: Lechner 172 Nr. 15 nach Kath. Niggl, Wilparting

Wie Wilparting vor den Hunnen gerettet wurde: Lechner S. 105, 114

Das Irrlicht am Irschenberg: Lechner S. 180 Nr. 42 nach M. Anzinger, Wörnsmühl

Das Steinkreuz bei Marksteiner am Irschenberg: Werner Nr. 2.15; Hatzl/Kislinger Nr. 71

Die Wilde Jagd und der Oberhaslinger: Lechner S. 168 Nr. 1, S. 169 Nr. 4; Roeder

Die Wilde Jagd bei Leiten und Loiderding: Lechner 168 Nr.1 nach Kath. Weinmayer, Irschenberg

Das Steinkreuz in Schlachtham und die Bildsäule in Pfaffing: Werner S. 23 Nr. 2.8; mündlich Franz X, Schlachtham u. Waldtraud Lettenbichler, Schlachtham

Das Sühnekreuz bei Buchfeld und die Marieneiche an der Fehleiten: mündl. Franz X, Schlachtham: Waldtraud Lettenbichler, Schlachtham; Werner S. 23 Nr. 2.12; Liste

Maria am Waldrand bei Imbuchs: mündl. Waldtraud Lettenbichler, Schlachtham

Der Heidentempel in Vagen: Lechner S. 273

Burg Schreckenstein u. d. unterirdischen Gänge bei Bergham: Sepp S. 89 u. 340; Panzer I. 61; Schöppner II. 919; Roeder; Oberbayrisches Archiv 1845, 7.Bd. II Heft 256

Die Schatzgräber auf der Neuburg bei Vagen: Weithmann S. 269+270; Lechner 174 Nr. 23; S. 124

Die Wilde Jagd am Seehamer See: Roderer

Das Burgstallmanndl vom Seehamer See: mündl. Ludwig Rauch, Großseeham, Georg Staudinger (geb.1899) Reichersdorf; schriftl. Quellen: Illustr. Sagen des Königreichs Bayern, R. Oldenburg München 1908; Lechner S. 126; Roeder

Die Burg auf dem Hundsbühel: Lechner S. 126

Der Teufel am Seehamer See: Hatzl Nr. 21; Chronik IV

Der reumütige Jäger und die Fahne von Holzolling: Hatzl Nr. 21; Chronik IV

Das verschwundene Schloss von Wattersdorf: mündl. Josef Hatzl; Hampe/Herl: S. 87; Lechner S. 125

Das „Doppelmord-Marterl“ von Neukirchen: Hatzl/Kislinger S. 24 Nr. 9

Die erschlagenen Bauern von Bach: Hatzl/Kislinger S. 93 Nr. 69

Das Steinkreuz in Kleinseeham: Hatzl/Kislinger S. 21 Nr. 6

Die Untersberger in der Kapelle von Bruck und das Pestmarterl: Lechner S. 111; Anmerkung: Steub S. 166; Bergheimat 1922 S. 88; Hatzl/Kislinger S. 29 Nr. 12

Die unterirdischen Gänge und die Kreuzgruft bei Reichersdorf: mündl. Georg Staudinger (geb.1899) Reichersdorf, Ludwig Rauch, Großseeham. Schriftl. Quellen: Panzer I. 25, Lechner S. 122-127; Weithmann S. 315

Die Entstehung der Kirche von Reichersdorf: Lechner S. 111,112,277

Die singenden Jungfrauen von Reichersdorf: Panzer I, 25; Lüers S. 68; Lechner S. 172 nach Fr. Schenk, Miesbach

Die verhexte Leonhardifahrt nach Reichersdorf: Panzer II, 40; Lechner S. 113 nach mündl. Überl. Vogt

Die Hexen von Reichersdorf: mündl. Georg Staudinger (geb.1899); Anmerkung Schmidt S. 81

Die verschwundene Burg Rattenburg: Lechner S. 126/127

Das Schloss im Ortgraben: Panzer II, 240

Die verschwundene Burg bei Esterndorf: Lechner S. 110, 125

Die Pestsäule bei Esterndorf: Hatzl S. 89 Nr. 65

Der Hexentanzplatz bei Esterndorf: Lechner S. 111

Das Marterl am Arnhofer Berg: Hatzl/Kislinger S. 88 Nr. 64

Balthasar Riesenberger, der echte Schmied von Kochel: Hampe/Herl S. 41, 119, 120; Lechner S. 135; Hubensteiner S. 272; Raff 205-207; Chr. Probst: Lieber bairisch sterben S. 260, 356, 404

Der vergrabene Schatz bei Holzolling: Lechner S. 96, 277

Die verschwundene Burg der Westerhaimer: Lechner S. 125

Die Birg bei Kleinhöhenkirchen: Chronik Holzk. S. 100; Weithmann S. 72

Die Russland-Feldzügler von Kleinhöhenkirchen: Hatzl/Kislinger S. 86 Nr. 61a

Der Schutzengel in Kleinhöhenkirchen: Hatzl/Kislinger S. 87 Nr. 62

Die Irrwurzel bei Naring: Lechner S. 188 Nr. 64 nach Rosa Millkreiter

Die unterirdischen Gänge von Burg Altenburg: Sepp S. 340; Lechner S. 123; Weithmann S. 71; Roeder

Der bestrafte Spötter in Sonderdilching: Lechner S. 176 Nr. 27 nach A. Jung, Holzolling

Die Bildsäulen bei Sonderdilching und Mittenkirchen: Hatzl/Kislinger S. 41, Nr. 29; und Nr. 30 u.31, 54-60 S. 82-85; Werner Nr. 3.25, Nr. 3.28, Nr. 3.31

Das Steinkreuz in Mitterdarching: mündlich Ulrike Hinüber; Werner Nr. 2.17

Die Tuffsteinsäulen in Mitterdarching: Werner S. 25, Liste

Das Martyrium von Bischof Emmeram bei Kleinhelfendorf: Panzer I, 250; Schöppner I, 103; DGB-Lexikon; Lechner S. 103; Strauss 38/39

Die Kapelle des Hl. Emmeram in Kleinhelfendorf: Panzer I, 250; Schöppner I,103; Lechner S. 103, Strauss 38/39

Die Quelle des Hl. Emmeram: Strauss S. 39

Das versunkene Schloss bei Kleinhelfendorf: Lüers S. 90; Panzer I, 60

Die Regenbogenschüsselchen und die unterirdischen Gänge in Valley: Mündl. nach Engelbert Reichenberger, Valley/Holzkirchen; schriftl. nach Hampe/Herl S. 99; Weithmann S. 421; Dehio/Gall S. 239; Vorwort von Hans-Günther Richardi zu Sagen und Legenden von München, Schinzel-Penth, 1979

Der Römerstein in Valley: Werner 18.21; Hampe/Herl S.99

Das Sühnekreuz bei der Fentbachschanze: Lechner S. 98: Hatzl S. 78 Nr. 51

Wie Kloster Weyarn entstand: Schöppner III, 1256, Gedicht von H. Scharff v. Scharffenstein; Roeder; Dehio/Gall S. 238; Sieghardt S. 168

Der unterirdische Gang von Weyarn: Lechner S. 112

Die drei Kreuze auf dem Taubenberg: Schmid S. 36

Die Heilige Quelle von Nüchternbrunn: Hampe/Herl S. 95: Hatzl/Kislinger S. 59 Nr. 34 u. Leonhard Wöhr, Foto

Die Gotzinger Trommel: Maier S. 63; Hampe/Herl S. 40, 41

Vier Gedenkstellen bei Gotzing: Hatzl/Kislinger. S. 51 Nr. 29, S. 102 Nr. 78; Werner S. 53 Nr. 3.40, S. 392 Nr. 15,5

Das Sühnekreuz beim Gündererhof: Werner Nr. 2.4: Hatzl/Kislinger S. 61 Nr. 36

Das Steinkreuz bei Thalham: Hatzl/Kislinger S. 101 Nr. 76

Die Tuffsteinsäule beim „Herrenmüller": Hatzl/Kislinger S. 99 Nr. 73; S. 102 u. 103 Nr. 78 u. 78 a

Das Denkmal bei Kleinpienzenau: Hatzl/Kislinger S. 99 Nr. 74

Das Miesbacher Maiensäen: Ebertshäuser S. 195+196 nach J. Sepp: Denkwürdigkeiten aus dem Bayeroberland, München 1892

Die unterirdischen Gänge von Schloss Wallenburg: Lechner S. 127; Dehio/Gall S. 236; Sieghardt S. 185; Roeder; mündl. R. Geistböck, Lore Flunger

Das Sachs-Marterl bei Miesbach: Hatzl/Kislinger S. 104 Nr. 80

Bräuche beim Dreschen in Miesbach: Panzer II, 415

Der Fastnachtschimmel zu Parsberg: Ebertshäuser S. 77 u. 78 nach J. Sepp: Denkwürdigkeiten aus dem Bayeroberland, München 1892

Die Lourdeskapelle in Kleinthal: Werner Nr. 13.12; Liste

Das Gnadenbild der Schmerzhaften Muttergottes in Miesbach: Lechner S. 134; Sieghardt-Widmann S. 188; Dehio/Gall S. 236; Maier S. 53 nach Marianisches Gnaden Paradeiß

Die unterirdischen Gänge von Miesbach: Sepp S. 340; Roeder; mündl: R. Geistböck, Wallenburg

Das Jüngste Gericht auf dem Miesbacher Friedhof: mündl. Hans-Peter Haiptmeyer, Miesbach u. Helga Gebhardt, Poing

Der Rockenstein bei Miesbach: Sepp S. 99

Wie die Kirche von Agatharied entstand: Mohr S. 39; Dehio/Gall S. 242

Die Jakobspilger in der Kirche von Agatharied: Schöppner II, 884 nach Lentner: Geschichten aus den Bergen 1851; Meyers Enzyklopädisches Lexikon 5; Sepp S. 657; Schweizer S .88

Der Urdelbach bei Schliersee: Leoprechting S. 49; Sepp S. 322; Schweizer S. 143

Der Hungerturm im Schliersee: Schöppner II, 918 nach Hefner, München 1838 S. 149; Stein 1974

Der betrogene Graf und seine Rache: Schöppner II, 921; Maier S. 10; Roeder

Der Maxlrainer und Schön Amely: Schöppner II, 921

Der Schatz in der Ruine Hohenwaldeck: Roeder

Eine gefährliche Wallfahrt nach Fischhausen: Roeder; Nagler; Archiv Dietramzell, Hans Seebauer; Anmerkung Dehio/Gall S. 230

Der Wetterpfarrer vom Schliersee: Noe S. 343, Roeder

Der Schatz im Pruffkogel: Sepp S. 36, Roeder

Der Wildschütz Jennerwein: Hampe/Herl S. 118/119

Der geheimnisvolle Strudel im Spitzingsee: Lechner S. 188 Nr. 66; Roeder

Die Hexen auf der Brecherspitze: Noe S. 341; Lechner S. 173 Nr. 18; Roeder

Die Geister auf der Brecherspitze: Noe S. 341; Lechner S. 173 Nr. 18 nach Fr. Schenk, Miesbach; Roeder

Vom Weltuntergang: Lüers S. 205; Lechner S. 142; Schmidt S. 116; Roeder; Friedl S. 71; Bekh S. 28

Das Marterl auf der Bodenschneid: Werner 5.8

Die unheimliche Waizengeiß bei der Wechselalm: Mohr S. 19

Das schwarze Kreuz „In der Langenau“: Mohr S. 51; Lüers; Brunhuber S. 731

Das Marterl auf der Langenau-Alm: Werner Nr. 2.16; 5.8

Die Tochter des Bergkönigs: Podewils S .58

Die Entstehung des Leonhardi-Rittes von Kreuth: Rattelmüller S. 296, 305; Mohr S. 57

Die Wolfsgrub von Rottach-Egern: J. Hofmiller, Bücher der Heimat; Albayr.Sagen, Verlag A. Coppenrath, Altötting S. 53; Podewils S. 63

Der Schatz im Gloggnersee am Wallberg: Sepp S. 401; Mohr S.16; Roeder

Wie die Kapelle auf dem Riederstein entstand: Mohr S. 24

Der Schlangenkönig auf der Roßsteinalm: Sepp S. 615; Mohr S. 43, Schmidt S. 25

Die Wilde Jagd auf dem Roßstein: Schmidt S. 14

Warum Kloster Tegernsee gegründet wurde: Schöppner I, 60; Sepp S. 537; Lüers S. 76; Mohr S. 5-7; Schmidt S. 31

Die Hunnen in Kloster Tegernsee: Mohr S. 9; Dehio/Gall S. 225

Die Quirinus-Quelle und Quirinus-Öl: Krempelhuber S. 37; Noe S. 278; Stein; Hl. Quellen S. 86

St. Quirin hilft in Feuersnot: Mohr S. 18 nach Codex Germanicus 4285 aus Tegernsee vom Jahre 1492

Der Trunk aus der Hirnschale von St. Quirinus: Dr. J. Sepp: Merkwürdiges an der Bahn von Wolfratshausen nach Kochel, München 1898, Münchner Handelsdruckerei u. Verlagsanstalt M. Poeßl

St. Quirin und der reumütige Ochsendieb: Mohr S. 35 nach Codex Germanicus 4285 aus Tegernsee vom Jahre 1492

St. Quirin und der wortbrüchige Ritter: Mohr S. 53 nach Codex Germanicus 4285 aus Tegernsee vom Jahre 1492

Das Gnadenbild aus Tegernsee: Raff S. 134-135

Der Geist in Kloster Tegernsee: Noe S. 285; Roeder

Die Beißwürmer im Gebirge: Noe S. 283/284; Bergheimat 1926 Nr. 15 S. 74; Der Grenzbote 1864 S. 326

Elche am Tegernsee: Lechner S. 105; Brunhuber S. 731

Wie die Insel im Ringsee entstand: Mohr S. 12; Anm. Noe S. 321

Der Kaibelplärra vom Ringsee: Noe S. 281-285; Schmidt S. 98; Mohr S. 30; Roeder

Die Raubritter auf der Insel im Ringsee: Mohr S. 14

Das tote Haus am Ringsee: Stieler S. 201; Noe S. 351

Die verschwundenen Nachbarn: Mohr S. 9

Unterirdische Verbindung zwischen Schliersee und Tegernsee: Sepp S. 351; Mohr S. 54

Die Riesenfische und der Schatz im Tegernsee: Sepp S. 351; Mohr S. 54

Der reumütige Abt von Tegernsee: Mohr S. 49 nach Joh. Nep. Kißlinger: Chronik der Pfarrei Egern am Tegernsee 1907

Der fromme Abt von Tegernsee: Noe S. 280

Der Schatzhüter vom Leeberg: Mohr S. 11; Roeder

Der Klosterschatz im Leeberg: Mohr S. 11; Roeder

Der Geist des Wildschützen vom Tegernsee: Noe S. 298; Anm. Brunhuber S. 742

Der Gespensterhund vom Tegernsee: Noe S. 351; Mohr S. 20

Der tapfere Bub vom Lieberhof: Mohr S. 58 nach Ferdinand Feldigl (ehem. Lehrer von Tegernsee, dem diese Geschichte von altem Mann erzählt wurde)

Die ertrunkenen Hochzeiter im Tegernsee: Mohr S. 41: Werner 2.5 u. 2.6; Liste

Das Rockadirl vom Tegernsee: Panzer I 24; Sepp S. 99; Mohr S. 44

Die Nixen und der Wasserkönig im Tegernsee: Podewils S. 59

Der Hl. Antonius und der vermisste Sohn aus Bad Wiessee: Münchner Merkur - lokales region tegernsee/Bad Wiessee; Artikel von Klaus Maria Mehr vom 14.01.2015: Wie Bad Wiessee ein Wunder erlebte

Die unglückliche Nonne im Tegernsee: Noe S. 284; Roeder

Die Durlhexe bei Gmund: Panzer I, 24; Lüers S. 165; Sepp S. 41, 118, 176; Holland S. 447-453 I,1853; Schmidt S. 77; Roeder; Brustgi S. 39

Die Schweden im Streitmoos und Lauffeld: Mohr S. 57, 61

Der scheue Riese vom Tegernsee: Eisenburg mündl. Überlieferung und Archiv und in Tegernseer Bürgerstiftung; Tanja Kerschbaumer

Die drei Drescherinnen: Sepp S. 295; Wir Kinder und München, Almanach zur 800-Jahr-Feier S. 61

Die Pestkapelle in Holz: Werner Nr. 9.15; Dritter Gmunder Pilgerweg Nr. 4; Liste

Wie die Lourdeskapelle in Finsterwald entstand: Werner Nr. 13.11**;** Dritter Gmunder Pilgerweg Nr.1; Liste

Die Irenenkapelle am Pilgerweg bei Gmund: Dritter Gmunder Pilgerweg Nr. 8, Internet 18.05.2024; Liste

Die Schimmelkapelle und St. Kümmernis in Georgenried: mündl. Katharina Demmel, Georgenried; Sepp S. 175 f; Lüers S. 16; Schweizer S. 60-62; Kirchenführer; Anm. Chronik Holzk. S. 88

Der Dreipfenningberg bei Gmund: Noe S. 287

Die Pestkapelle in Gmund: Kirchenführer; Liste

Der Wilde Jager von Gmund: mündl. Benno Eisenburg, Dürnbach; Hans-Peter Haiptmeyer, Miesbach; Helga Gebhardt, Poing; schriftl. Quelle Schmidt S. 76; Erich Moos S. 18; Seeseiten; Vignau S. 37-38

Das Steinkreuz i, Gasse und das Gedenkkreuz bei Berg: Eisenburg in Gemeindebote Gmund Febr. 1992; mündlich Benno Eisenburg; Liste

Die Steinsäulen bei Ostin: Werner Nr. 3.34 und 4.2; Liste

Der Bildstock in Festenbach: mündl. Benno Eisenburg, Veronika Eisenburg, Dürnbach; Liste

Die Tuffsteinsäulen von Dürnbach: Eisenburg in Gemeindebote Gmund; mündlich Veronika u. Benno Eisenburg, Dürnbach; Liste

Der Wunderheiler von Wall: Mohr S. 22

Der Waakirchener Weiher u. d. Tegernsee: Roeder; Sepp S. 352

Die Pestsäule in Riedern: mündl. Georg Schmotz, Riedern: Liste

Die Tuffsteinsäule in Waakirchen: mündl. Brigitte u. Rainer Küppers, Waakirchen; Liste

Vom Maibaum und vom Maibaumstehlen in Waakirchen: Rattelmüller S. 164, 172; Schinzel-Penth, Sagen u. Legenden von München S. 199ff

Das unheimliche Moosweiblein vom Lettenweiher: Mohr S. 48; Schmidt S. 23

Der verwegene Wilderer Hans „Lampl“: mündl. Benno Eisenburg, Dürnbach; Mohr S. 32; Werner Nr. 5.6

Der Lexenkaspar: mündl. Maria Bartl; Aberle S. 127ff; Brunhuber S. 738

Das Oberländerdenkmal in Waakirchen: Liste; Hampe/Herl S.41,119,120; Lechner S. 135; Hubensteiner S. 272; Raff 205-207; Chr. Probst: Lieber bairisch sterben S. 260, 356, 404

Das schwarze Kreuz u. d. Haberermarterl: mündl. Jos. Heuschneider, Dietramszell; schriftl. Quellen: Nagler; Hampe/Herl S. 120; Wolfr. Tagblatt Nr. 278 v. 29.11.1939

Das kopflose Gespenst im Schupfloch: mündl. Heidi Strobl, Bad Tölz/Elbach nach Erzählung ihrer Lehrerin (deren Großmutter überlieferte diese Geschichte dem damals zehnjährigen Mädchen vor 60 Jahren).

Das Freikirchl in Hirschstätt: Werner Nr. 3.28; Liste

Die Tuffsteinsäule bei Hirschstätt: Werner 3.28; Liste

Die Pestsäule von Großhartpenning: Werner Nr. 9.4; Liste

Der Schaftlacher und der Pakt mit dem Teufel: Schmidt S.44

Das Timotheus-Kreuz bei Einhaus: mündl. Andeas u. Martina Ransberger, Feldschuster; Werner Nr. 2.29; Koch, S. 1-8

Die Bildstöcke bei Warngau-Thalham: Werner Nr. 3.11, 3.32; Liste

Der Hackensee bei Kleinhartpenning: Sepp S. 324; Roeder; Schmidt S. 22; Wir Kinder u. München S . 61

Der Hackenmann im Hackensee: Sepp S. 390; Roeder; Anm. Schweizer S. 138

Die Geister am Helstein bei Hartpenning: Sepp S. 274; Anm. Meyers Enzyklopädisches Lexikon

Das Frauenbergl bei Sufferloh: Hampe/Herl S. 82

Das Marterl bei Thannseidl: Liste

Die Sufferloher Bauern und der Kälberzehent: Schmidt S. 99; Hampe/Herl S. 122

Die erzwungene Fahrt um den Misthaufen: Schmidt S. 101

Karl der Große in Holzkirchen: Hampe/Herl S. 14

Die Räuber von Marschall: Brückl. S. 119f; Hampe/Herl S. 119; Wikipedia

Der Schatz des Geizhalses von Holzkirchen: Altbayr. Sagen, Verlag der Jugenblätter München, Oswald Warmuth, Prax.der Arbeitsschule I

Die Wilde Jagd in Holzkirchen: Roeder; Panzer II, 94

Die Pestkapelle in Holzkirchen: Liste

Der unterirdische Gang von Holzkirchen und die Kapelle im Holz: mündl. nach Engelbert Reichersberger, Valley/ Holzkirchen; Werner Jennerwein-Pötzl, Holzkirchen

Georg Rabl, ein liebenswerter Sonderling verfasst von Werner Jennerwein-Pötzl, Holzkirchen, im Jahre 1995

Der Spuk im Bauwirtshaus von Holzkirchen: Hampe/Herl S. 122

Das Votivbild in der Roggersdorfer Kirche: Dehio/Gall S. 246; Hampe S. 82, 119

Der Teufelsgraben bei Holzkirchen: Holland 448 (3)

Der Herzog und der Teufelsgraben: Schöppner II, 916 nach Lexikon von Bayern Bd. III, S.479

Der schlaue Mesner von Otterfing: Eduard Moser: Otterfing, ein oberbayerisches Bauendorf im Holzlande, 1925

Wie der Mesner von Föching den Teufel überlistete: Sepp S. 442; Lüers S. 113; Mohr S. 62; Willi Rett (Münchner Vorstadtsagen) Abdruck in Altbayr. Sagen S. 42/43; Hampe/Herl S. 121

Wie die Kapelle beim Kühlechner entstand: Hampe/Herl S. 85

Die Kapelle unter den Linden bei Föching: Hampe/Herl S. 84

Die wundertätige Marienstatue von Föching: Hampe/Herl S. 83

Der Pfingsthansel von Otterfing: Ebersthäuser S. 195, 196 nach J. Sepp; Schinzel, München S. 202

Eine unheimliche Begegnung in der Hienlohe bei Otterfing: Nagler S. 66/67

Register

Namen

T

U

W

Orte

A

B

Sachregister

WEITERE BÜCHER IM AMBRO LACUS BUCH- U. BILDVERLAG VON GISELA SCHINZEL-PENTH:

Hexeneiche, Schwedenlärchen und Tassilolinde – **EAN 9783-921445-28-0**
Sagen um berühmte alte Bäume in Altbayern – gebunden – 176 Seiten,
Illustr., 22 Abb. aus „Kreutterbuch" von 1577

Zwerge, Wichtel u. Gnome – Schinzel-Penth/Schuch – **EAN 9783-921445-34-1**
Sagen aus dem deutschsprachigen Raum, Teil I Süden – gebunden –
1. Aufl. 2011, 320 Seiten, 50 Illustr., davon 10 Federz. v. Heinz Schinzel

Zwerge, Wichtel u. Gnome – Schinzel-Penth/Schuch – **EAN 9783-921445-42-6**
Sagen aus dem deutschsprachigen Raum, Teil II Mitte und Norden – gebunden –
1. Aufl. 2018, 432 Seiten, zahlr. Illustr., davon 6 Federz. v. Heinz Schinzel

Sagen und Legenden von München – **EAN 9783-921445-38-9**
Altmünchen u. zu München gehörige Stadtteile u. Vororte – gebunden –
6. erw. Aufl. 2017, 400 Seiten, zahlr. Illustr., davon 31 Federz. v. Heinz Schinzel

Sagen u. Legenden u. Fünfseenland u. Wolfratshausen **EAN 9783-921445-41-9**
Ammersee, Weßlinger See, Pilsensee, Wörthsee, Starnberger See– gebunden –
3. erw. Aufl. 2017, 416 S., zahlr. Illustr., 23 v. Heinz Schinzel

Sagen u. Legenden u. Fürstenfeldbruck u Germering – **EAN 9783-921445-26-6**
Landkreis Fürstenfeldbruck – geb. – 288 Seiten – zahlr. Illustr., 9 v. Heinz Schinzel
Unveränderter Nachdruck 2003

Sagen und Legenden um Tölzer Land u. Isarwinkel – **EAN 9783-921445-44-0**
Jachenau, Lenggries, Bad Tölz, Reichersbeuern, Dietramszell, Sachsenkam, Heilbrunn,
Penzberg, Benediktbeuern, Kochel, Walchensee, Schlehdorf, Herzogstand, Heimgarten
4. erw. Aufl. 2022, geb. – 312 Seiten – zahlr. Illustr., 10 v. Heinz Schinzel

Sagen und Legenden um das Berchtesgadener Land – **EAN 9783-921445-43-3**
Watzmann, Jenner, Hoher Göll, Hohes Brett, Hochstaufen, Untersberg, Reiteralpe
Berchtesgaden, Bad Reichenhall, Bischofswiesen, Markt Schellenberg, Piding, Högl,
Teisendorf, Laufen, Freilassing, Salzburg
7. erw. Aufl. 2018 – 288 Seiten – geb. – zahlr. Illustr., 24 v. Heinz Schinzel

Sagen und Legenden um Chiemgau u. Rupertiwinkel – **EAN 9783-921445-39-6**
Siegsdorf, Inzell, Ruhpolding, Marquartstein, Chiemsee, Prien, Rosenheim,
Traunstein, Burghausen – gebunden
5. erw. Aufl. 2016, – 432 Seiten, zahlr. Illustr., 28 v. Heinz Schinzel

Sagen u. Legenden u. Werdenfelser Land u. Pfaffenwinkel – **EAN 9783-921445-37-2**
Mittenwald, Garmisch, Eschenlohe, Ettal, Oberammergau, Schwangau, Steingaden,
Murnau, Schongau, Peiting, Peißenberg, Wessobrunn, Polling, Weilheim
3. erw. Auflage 2021, 292 Seiten – gebunden – zahlr. Illustr., 9 von Heinz Schinzel

Die Blaue Kugel – Märchen v. Gisela Schinzel-Penth – **EAN 9783-921445-35-8**
Abenteuerliche, spannende, zauberhafte, geheimnisvolle Märchen:
Das Rätsel der verwunschenen Burg - Das Geheimnis der strahlenden Insel - Die
Blaue Kugel – Das Schwert der Freundschaft - Die Königin mit dem steinernen
Herzen – Ariela im Reich der Geister – Das Glas mit der Blume des Friedens – Die
Gabe der sieben Könige – Der dicke Sultan – Der unzufriedene Spatz – Zwei gleiche
Steine – Die unbarmherzige Prinzessin – Die klugen Fische – Der Palast der
Vollkommenheit – Nurabi und das Glück der Welt
20 farbige Bilder v. Norbert Gerstlacher – gebunden – 232 Seiten

Magdalena Gregorius-Penth – Leben u. Werk einer **EAN 9783-921445-45-7**
Saarländischen Malerin. 120 Seiten – Farbdruck - Softcover
1. Auflage 2023

Sehr zu empfehlen für den Landkreis Miesbach ist auch dieses Buch von Josef Hatzl und Johann Kislinger:

ISBN 978-3-937425-06-1 – Preis 10,50 Euro zuzüglich Postversand.

Zu beziehen ist das Buch unter: foerderverein@hatzl-online.de

WEITERE BÜCHER IM AMBRO LACUS BUCH- U. BILDVERLAG VON GISELA SCHINZEL-PENTH:

Die Blaue Kugel
Märchen
von Gisela Schinzel-Penth

232 Seiten, 20 farbige Illustrationen von Norbert Gerstlacher,
Hardcover,
1.Auflage November 2011
Ambro Lacus Buch- und Bildverlag München
www.ambrolacus-verlag.de

ISBN 9783-921445-35

Mit zwei Rahmenerzählungen umschließt Gisela Schinzel-Penth ihre spannenden und geheimnisvollen Märchen, die in der Tradition von W. Hauff, H. Chr. Andersen und L. Bechstein stehen:
Das Rätsel der verwunschenen Burg ist die abenteuerliche Geschichte von drei Kaufleuten, die auf einer gemeinsamen Reise in die Gewalt eines unheimlichen Zaubers geraten. In ihrer Not verkürzen sich die Unglücklichen die Zeit mit dem Erzählen von Märchen wie – Das Geheimnis der strahlenden Insel – Die Blaue Kugel – Das Schwert der Freundschaft – Die Königin mit dem steinernen Herzen - Ariela im Reich der Geister – Das Glas mit der Blume des Friedens.
Die Gabe der sieben Könige beinhaltet rätselhafte, geheimnisvolle und besinnliche Märchen, die anlässlich der Hochzeit einer Prinzessin vorgetragen werden. Dabei kommt es aber zu dramatischen Ereignissen, die dem jungen Brautpaar fast zum Verhängnis werden. – Der dicke Sultan – Der unzufriedene Spatz – Zwei gleiche Steine – Die unbarmherzige Prinzessin – Die klugen Fische – Der Palast der Vollkommenheit – Nurabi und das Glück der Welt.
Diese Märchen, verbunden mit zauberhaften Illustrationen des Künstlers Norbert Gerstlacher, entführen den Leser geradewegs ins Reich der Phantasie zu Elfen und Feen, Riesen und Zwergen, Zauberern und Geistern und bieten Lesevergnügen pur. Die Geschichten, von denen mehrere schon im Rundfunk gesendet wurden, sind für Märchenfreunde von 7 – 99 Jahren geeignet.

Sagen und Legenden
von München
von Gisela Schinzel-Penth

Altmünchen und zu München
gehörige Stadtteile und Vororte

gebunden – 400 Seiten,
zahlr. Illustr., davon 31 Federz.
von Heinz Schinzel
6. erweiterte Auflage 2017
Ambro Lacus Buch- und Bildverlag
München

ISBN 9783-921445-38-9

- Wer ist die geheimnisvolle "Schwarze Frau" der Wittelsbacher?
- Was hatte es mit der „Eisernen Jungfrau" für eine Bewandtnis?
- Woher hat das unheimliche Fausttürchen seinen Namen?
- Was treibt der Teufel an der Turmspitze von St. Peter?
- Warum kann niemand die „Kunstreiche Uhr" im Dom richten?
- Was hat es mit dem Geisterhaus in Allach auf sich?
- Wie gelang es den Münchnern den tödlichen Basilisken zu überlisten?
- Was bedeutete der Traum Dr. Guddens vor dem Tod König Ludwig II.?
- Welchen Frevel büßt der unbarmherzige Geizhals am Promenadeplatz?
- Wo in München versteckte sich Agnes Bernauer vor Herzog Ernst?
- Wo wurde der Schatz in der Michaelkirche verborgen?
- Warum verschwand Freiherr von Unertl im Englischen Garten spurlos?
- Wer ist das angsteinflößende Gespenst in der Residenz?

Auf diese und andere Fragen gibt das Buch mit etwa 250 schaurig schönen, gruseligen, manchmal sogar heiteren Sagen Antwort. Zudem erfährt der Leser durch einen sachkundigen Kommentar geschichtliche Hintergründe und Zusammenhänge, auch Erklärungen für heute wenig bekannte Begriffe, wie Quatembermanndl oder Gugel, oder was bei der Herstellung von Wünschelrute, Liebeszauber oder Hexenschemel zu beachten ist und vieles mehr.

Sagen und Legenden
um das Berchtesgadener Land
von Gisela Schinzel-Penth

Watzmann, Jenner, Hoher Göll, Hohes Brett, Hochstaufen, Untersberg, Reiteralpe, Berchtesgaden, Bad Reichenhall, Bischofswiesen, Markt Schellenberg, Piding, Högl, Teisendorf, Laufen, Freilassing, Salzburg
8. Aufl. 2024 – 288 Seiten – geb. – zahlr. Illustr., 24 v. Heinz Schinzel

ISBN 9783-921445-4

Sagen und Legenden
um Chiemgau u. Rupertiwinkel
von Gisela Schinzel-Penth

Siegsdorf, Inzell, Traunstein, Bergen, Ruhpolding, Marquartstein, Chiemsee, Prien, Rosenheim, Trostberg, Tittmoning, Waging, Burghausen
gebunden – 432 Seiten, zahlreiche Illustrationen, 28 v. Heinz Schinzel
5. erweiterte Aufl. 2016

ISBN 9763-921445-39-6

Sagen u. Legenden
um Werdenfelser Land und
Pfaffenwinkel
von Gisela Schinzel-Penth

Mittenwald, Garmisch, Eschenlohe, Ettal, Oberammergau, Schwangau, Steingaden,Murnau, Schongau, Peiting, Peißenberg, Wessobrunn, Polling, Weilheim

292 Seiten – gebunden – zahlr. Illustrationen, 9 von Heinz Schinzel
3. erweiterte Auflage 2021

EAN 9783-921445-37-2

Sagen und Legenden um
Fünfseenland u. Wolfratshausen
von Gisela Schinzel-Penth

Gebiet um Ammersee, Weßlinger See, Pilsensee, Wörthsee, Starnberger See

gebunden, 416 Seiten
23 Illustrationen, Cover und Layout von Heinz Schinzel, dazu zahlreiche alte Stiche oder Abbildungen
3. erweiterte Auflage 2017
Ambro Lacus Buch- und Bildverlag
München

ISBN: 9783-921445-41-9

Zwerge, Wichtel u. Gnome
von Schinzel-Penth/Schuch

Sagen aus dem deutschsprachigen Raum, Teil I Süden – gebunden – 1. Aufl. 2011, 320 Seiten, 50 Illustr., davon 10 Federz. v. Heinz Schinzel

Zahlreiche geheimnisvolle, gruselige oder lustige Sagen über die Bergmännlein, Venediger, Kasermanndl, Grünstrümpfler, Wichtel, Gogwärgini oder sonstige Zwerge, die den deutschsprachigen Süden, einschließlich Österreich, Südtirol, Schweiz bevölkern.

ISBN 9783-921445-34-1

Zwerge, Wichtel u. Gnome
von Schinzel-Penth/Schuch

Sagen aus dem deutschsprachigen Raum, Teil II Mitte und Norden – gebunden – 1. Aufl. 2018, 432 Seiten, zahlr. Illustr., davon 6 Federz. v. Heinz Schinzel

Mehrere hundert, schaurig schöne, gruselige, manchmal auch heitere Sagen über Zwerge, Kobolde, Heinzelmännchen, Klabauter, Puke, Zinselmännchen, Querliche, Overmännkes, Hollen, Kröppel und wie die kleinen Wesen sonst noch genannt werden.

ISBN 978-3-921445-42-6